美国饭店业协会教育学院系列教材

○ 酒店资产管理原理与实务
Hotel Management Principles and Practice, Second Edition

○ 当代俱乐部管理
Contemporary Club Management, Second Edition

○ 当今饭店业，中文第二版
Hospitality Today: An Introduction, Sixth Edition

○ 饭店业人力资源管理，中文第二版
Managing Hospitality Human Resources, Fourth Edition

○ 饭店业督导，中文第二版
Supervision in the Hospitality Industry, Fourth Edition

○ 餐饮经营管理，中文第二版
Management of Food and Beverage Operations, Fifth Edition

○ 收益管理：饭店运营收入最大化
Revenue Management: Maximizing Revenue in Hospitality Operations

○ 饭店设施的管理与设计，中文第二版
Hospitality Facilities Management and Design, Third Edition

○ 饭店业管理会计，中文第二版
Accounting for Hospitality Managers, Fifth Edition

○ 饭店客房经营管理
Managing Housekeeping Operations, Third Edition

○ 前厅部的运转与管理，中文第二版
Managing Front Office Operation, Ninth Edition

○ 会议管理与服务
Convention Management and Service, Eighth Edition

○ 国际饭店的开发与管理
International Hotels: Development and Management, Second Edition

● **饭店与旅游服务业市场营销，中文第二版**
Marketing in the Hospitality Industry，Fifth Edition

饭店与旅游服务业市场营销

（中文第二版）

*

Marketing in the Hospitality Industry，Fifth Edition

Ronald A. Nykiel 著　　王 立 王晓宽 赵夏玲 译

中国旅游出版社

作者介绍

罗纳德·A. 奈基尔（Ronald A. Nykiel）博士，美国饭店业协会注册饭店高级职业经理人、美国饭店业协会注册高级教育导师作家，企业高管、讲师、教授和品牌创始人。

奈基尔博士的职业生涯从IBM公司人力资源部开始。他曾在施乐公司和万豪集团市场研究、战略和运营规划部门担任管理职务。他也曾在假日集团的开发与战略规划部门、华美达饭店、雀巢旗下的斯托弗饭店管理公司以及Grand Met公司旗下的Pearle公司的管理层工作过，负责公司的全球品牌管理和营销。

奈基尔博士在众多的协会、公司、公共电视台和大学担任理事。他曾担任过两届美国总统委员会委员，为各种联邦和州政府组织和很多企业做过咨询。他创建world institute associates，一家商业战略和营销咨询公司，并任主席。

他在许多公司和协会演讲，并在哈佛大学商学院研究生院和其他著名大学讲授公司战略、市场营销、消费者行为、品牌管理、卓越服务和高管人员发展等课程。他是国际公认的旅游服务业、旅游营销领域的权威，而且是一流旅游服务业市场营销教材的作者。他还是许多商业战略、非旅游服务业营销、消费者行为和卓越服务书籍的作者。经常在美国的电视和广播节目上露面，为很多期刊、杂志和出版物撰稿。

奈基尔博士获得过纽约州立大学文学学士学位、宾夕法尼亚州立大学研究生学位（西班牙语）、瓦尔登大学行政管理博士，并通过美国饭店协会教育学院注册饭店高级职业经理人（CHA）和注册高级教育导师（CHE）认证。奈基尔博士现任休斯敦大学康拉德希尔顿学院杰出首席副教授。他还是旅游服务业荣誉殿堂的创始人和《旅游服务业商业评论》的出版商。

译者介绍

王立 中瑞酒店管理学院副教授，主讲市场营销、收益管理、酒店财务管理、商务沟通和酒店商务英语等课程。具有丰富的饭店管理工作经验，对于前厅管理、饭店营销和整体运营管理有独到的见解。美国芝加哥罗斯福大学MBA，曾经在香港日航酒店、美国芝加哥柏悦酒店等进行管理实习，多次参加洛桑酒店管理学院的管理研修课程。王立长期从事酒店教育、培训和咨询工作，是典型的双师型人才。

王晓宽 中瑞酒店管理学院讲师，资深饭店前厅部管理人员。曾经任职于凯莱、万豪、洲际和费尔蒙酒店集团。主讲住宿管理、Opera系统、收益管理等课程。

赵夏玲 中瑞酒店管理学院讲师，硕士毕业于对外经济贸易大学外国语言学及应用语言学专业，主讲英语应用文写作、酒店与商务翻译、商务英语等课程。曾参与翻译《中国出境旅游发展年度报告（2011~2014）》（英文版）、《中国旅游业应对重大自然灾害机制研究》（英文版）、《金钥匙服务学——卓越服务，非凡体验》（中文版）等。

再版前言

由美国饭店业协会教育学院编写的饭店从业人员职业教育培训系列丛书于 2001 年第一次被引进中国，距今已经过去 13 年之久。回首这套丛书初次被引进中国的时节，正是中国饭店业走向一个新阶段的起点。彼时，国际竞争国内化、国内竞争国际化是国内饭店业对行业发展趋势的共识，而面对这种趋势的国内饭店管理教育在培养职业人才的系统性方面仍然存在着明显的短板，其中教材方面的缺失尤其严重。鉴于此，中国旅游出版社在考虑中国饭店业的现实情况，经过细致的比较之后，认可了美国饭店业协会教育学院的职业教育教材体系和职业培训体系，引进了这套在国际上颇有影响力的饭店管理教材。可以说，这套教材的引进，相当及时地补充了国内饭店管理教育在国际化经营方面的不足。

今天，中国饭店业的经营环境及运营管理等已然发生了巨大的变化，曾经认为的趋势已成为现实，但是又出现了一些无法预想的变化。在 21 世纪之初，饭店行业已经预见到了国内国外饭店企业集团的同场竞技，如今则早已习惯了共同存在和竞争。曾经，中国饭店行业看到了自身未来的繁荣，而如今，中国饭店业经过十几个春秋的洗礼，已经形成了国内市场、国际市场和出境市场三分天下的格局，业态进一步细分完善。与此同时，饭店企业经营的科学性和创新性不断提升，在吸收国际饭店管理经验的基础上，进一步开展本土化创新实践，本土集团成长非常迅速，其中许多已经进入世界饭店集团十强。中国本土饭店集团的发展将改变世界饭店企业的格局，同时也将带来国际饭店企业运营与管理的话语基础。

任何对未来的预测都不会是全面的。在21世纪之初，中国饭店业已经看到了很多，但是没有看到和无法看到的更多。在十几年中，大众旅游蓬勃发展，经济型连锁酒店趁势而起，把控了大众市场的半壁江山，中端酒店蓄力而发，在中产阶级成长的东风下开始风生水起，而高端酒店却遭遇了意外的困境。中国饭店行业一直梦想着走向世界，而如今我们看到了一个接一个的海外并购，其势不敢称大，但是根苗已生，令人产生星星之火可以燎原的期待。在饭店业之外，先是互联网技术运用的风靡，其后又是移动互联网的夺人眼球，这些技术风潮席卷各行各业，而作为和流行“亲密接触”的饭店业自然不可能置身于外，于是，互联网思维和智慧酒店大行其道，这是饭店业对技术风潮的回应。

比起13年前，现今的中国饭店业可以说是令人眼花缭乱。一群非传统饭店行业人士进入，以他们的外部眼光突破着饭店行业经营的传统思维和惯例，而传统的饭店行业人士也在借鉴着他山之石，思考现代科技在饭店业运用的可能，进行着自我突破。在信息爆炸的今天，我们每天接触海量的大数据，但是如何分辨信息的价值，为创新提供有效的指导，这已经成为必修课。当我们意识到这一点的时候，仔细审视，会发现自身知识结构的完整才是支撑这一切的基础。实际上，比起13年前，如今的饭店业管理更加需要完整的知识结构和良好的思辨能力，因为环境不确定性进一步加强，外部干扰更多了，内部系统更为复杂，如果无所凭借，无所支撑，必然难以驾驭更加复杂的环境。

再版前言

著名科学家钱学森曾反复地问："为什么我们的学校总是培养不出杰出人才？"而饭店业行业的教育者和从业者也在问："怎样培养一流的饭店管理人才？"曾经如此疑问，如今更加急切。不积跬步，无以至千里。系统而深入、兼具理论和实践的饭店管理教育仍然是饭店业人才培养的基础。秉承这样的理念，回顾过往，我们发现了这套书籍的闪光。

一部书籍是否能被称为经典，而不是昙花一现的时髦，是要靠时间来检验的。只有当书中的观点和逻辑，在时间的浪潮中被反复地印证、扩展和应用的时候，被相关的从业人员和研究人员在实践中认可的时候，这才有了被奉为经典的资格。这套出自"名门"的饭店业管理教材背后是整个美国饭店业的职业教育体系的支撑。美国饭店业的管理水平毋庸置疑代表目前国际的标杆，我国诸多饭店企业在发展过程中亦是多有借鉴。本套书将理论和实践进行了较好的结合，既有理论的深入，又有实践上的指导，能够使读者通过编写者的切身体会看到真实的饭店工作，帮助读者提升饭店行业的思考和实践能力，同时其系统性和全面性也是诸多其他教材无法比肩的，涵盖了国际饭店的开发与管理、饭店业督导、饭店业管理会计、饭店客房经营管理、饭店前厅部的运营与管理、饭店业人力资源管理、餐饮经营管理、饭店设施的管理与设计、会展管理与服务、收益管理、饭店业市场营销，以及当今饭店企业多个经营的环节。读者借助这套教材既能建立对饭店的全面认识，又能各取所需，有针对性地进行深入的学习。本书的译者均为本行业研究和实践的专家，确保了翻译的准确性和专业性。

本套丛书在出版之后就广受赞誉，但是编者仍然以一颗谦谨之心，

再版前言

根据饭店业管理的新变化对书籍不断地进行修改和补充，加入很多新材料、新理念和新的实践方法，为的是尽力缩小教材的滞后性，为饭店业的从业人员和学习者提供一个了解饭店业，建立起自身完整知识结构的最佳途径。

最后，本套丛书的出版和再版多有赖于中国旅游出版社的远见和坚持，同时也是中外饭店教育及出版机构通力合作的结果，对他们付出的努力表示诚挚的感谢。

谷慧敏

2014 年 8 月

AHLA

前 言

为了了解当今旅游服务业市场营销，我们必须同时深入了解市场。住宿、餐饮和其他旅游相关产品和服务的消费者已经不同以往。对于市场的细分标准——人口统计、消费心理和顾客特征等——只要稍加注意，我们就可以看到旅游服务业产品和服务的市场营销已经不再只是简单地做好销售拜访和广告宣传。旅游服务业的营销关键在于理解消费者是多样的，即便是同一个人，也会有很多特定的需求。认识到这个观念，理解消费者的需求，清楚市场如何细分，并选择最佳的接触消费者的营销工具正是本书要探讨的。

让我们想一想消费者。当他们旅行时或者是使用旅游服务业提供的产品和服务时，他们对营销信息做出的反应，可能就会触发他们从你那里购买的决定。这一购买行为带来了市场份额、销售、出租率、平均消费、房价、利润、乘客里程等界定你的营销计划成功与否的评价标准。如今的营销关键是找到营销卖点。当一个人出差旅行，和客户用餐时，他有某种需求；但当他和家人或朋友外出吃饭时，需求会很不一样。

旅游服务业对消费者变化的需求已经做出了反应。餐饮业见证了适合所有目的和场合的餐厅的兴衰，也目睹了众多快餐概念、主题餐厅和创新用餐环境的兴起。在航空业，放宽监管带来了许多变化，特殊定位的航空公司只提供一种或者是一类服务，折扣价和提前预订价格到处都是。航空业的其他反应还有常旅客计划、并购、航空枢纽概念和自动化新技术。在住宿业，许多特色产品，如：经济型饭店和全套间饭店，不断涌现。大型城市饭店来了、走了，又来了。市内汽车饭店取代了部分汽车旅馆，但是不久汽车旅馆又流行起来。诸如行政楼层这样的高科技客房和签约服务等概念产生了。20 世纪 80 年代中期每周都有新的饭店连锁出现，但是过度建设以及后期的经济衰退带来了巨大的财务损失和产业易手。到了 20 世纪 90 年代中期，对于住宿的需求再次高涨，出租率、房价和利润屡创新高。21 世纪初，旅游服务业再次经历了下滑和衰退，出租率和房价面临压力。

2005 年前后，行业复苏，但是整体经济的不景气使得 2009 年成为旅游服务业的严冬。产业深陷其中，营销战略随之调整。

充满活力的环境带来了旅游服务业产品、服务的改变和营销方法的改变，以适应不同细分市场的需求。相较于“旅游服务业的营销何去何从”这一问题更重要的是应该解答“向哪个方向改变以及现在应该做什么”这两个问题。这些问题将在本书中逐步展开。书中将探讨许多营销观点和技术，有些成功，有些却失败了。

这一版我们增加了新的材料，涉及营销趋势和相关战略，讨论了旨在帮助营销人员做出可靠的战略决定的市场研究工具，解释了科技是如何改变旅游服务业市场营销的。

致谢：

在旅游服务业工作可能是一个人最伟大的学习经历。多年以来，我从每一次的旅行经历和每一个我遇到的人，还有每一位同事和每一家公司身上学到了很多。书中的内容受到了这些经历的影响，得益于每个行业内的人士和其他行业人士的帮助。

我希望借此感谢他们：《营销结构分析》（Marketing Structure Analysis）的作者吉姆·梅尔斯博士；克莱尔蒙特研究生院市场营销荣誉教授彼得·德鲁克先生（他分享了市场营销定位和筑造品牌推崇度方面的知识）；哈佛大学研究生院塞巴斯蒂安·S·克里斯吉公司(译者注: 美国零售公司Kmart前身)冠名市场营销教授罗伯特·布泽尔博士（他引领我活跃于这一领域的学术活动中）。我还要感谢我的朋友鲍勃·安荣宁，感谢他在旅游市场中间商问题上的帮助；埃里克·奥尔金在价格和收益管理方面的帮助。特别感谢万豪集团主席比尔·万豪先生；假日集团创始人凯盟斯·威尔逊先生；教育家麦克·罗斯先生；喜达屋集团前 CEO 卓根·巴太尔先生；惠普公司前主席比尔·休利特先生和州逸饭店和度假村（Interstate Hotels & Resorts）副总裁吉姆·比格尔先生：他们给了我向饭店行业学习的机会，他们的领导魅力令我受益匪浅。

我在营销领域的成功有赖于媒体朋友的认可，特别感谢《今日美国》杂志前主席凯西·布莱克和前副主编凯罗琳·维斯普尔。谢谢福布斯杂志主编和福布斯公司主席史蒂夫·福布斯以及《常旅客杂志》创始人马丁·多伊奇。

非常感谢学术界的同行们和康拉德·希尔顿基金会。

最后让我感谢我的父亲能够与我分享他在高露洁公司40年的市场营销经验，也感谢我的儿子罗恩，他帮助我搞定计算机，教会我许多新颖的营销技巧，倾听我职业生涯中或好或坏的促销点子。

罗纳德·A. 奈基尔

目 录

第 1 章

概 要

行业品牌的成长历史

行业的市场营销视角

行业的消费者视角

学习目标

1. 了解旅游服务业营销的主要部门。
2. 描述旅游服务业品牌的兴起。
3. 了解形形色色的市场营销的受众；解释市场营销活动如何满足不同购买者的需求。
4. 解释人们外出的目的和旅游服务业消费者的变化。

了解旅游服务业

简略定义一个如同旅游服务业这样曾经经历过快速发展的行业几乎是不可能的，而且经常受到行业内不同业态的观点的局限。饭店职业经理人会将这个行业定义为能提供餐饮服务的客房；餐馆老板为行业的定义是提供高质量的用餐体验，专注于菜单和优良的服务；航空公司高管则相信对行业最好的定义是为商务和休闲客人提供旅行服务。所有这些观点都可以适合一个更宽泛的观点，即：旅游服务业为旅途中的消费者提供产品和服务。正如图 1-1 所示，这个行业宽泛的定义涵盖了交通、住宿、餐饮、会所、博彩、景点、娱乐和休闲。

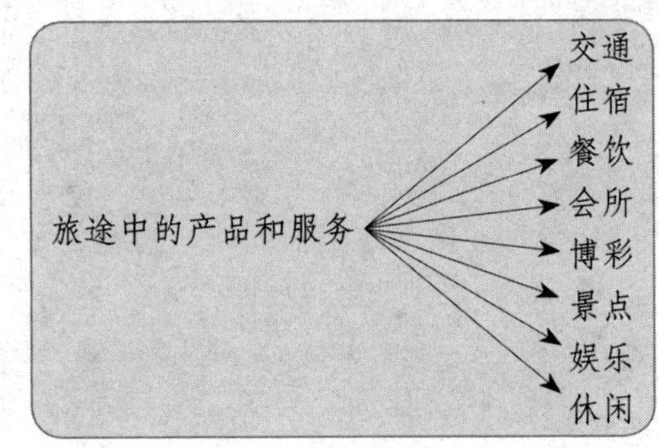

图 1–1 旅游服务业诸业态

这章我们提供旅游服务业各个主要业态中品牌的产生和发展的简要经历，探讨旅游服务业市场营销的诸多目的和营销行为如何影响不同的购买者，并同时影响从产品和服务的最终消费者到企业的老板和投资人。最后，我们从消费者的视角审视行业和其产品与服务的变化，了解消费者外出的原因和目的。

行业品牌的成长历史

铺着白色桌布的餐厅、有着恢宏宴会厅的饭店；公司高管受到自己最喜爱的航空公司的宠爱，享受专属的座位和单独为他们印制的火柴盒——这些就是传统的、在某种程度上已经过时的、旅游服务业的形象。现在，单独为客人印制的火柴盒和许多其他东西都不见了。航空公司、饭店和餐馆开发和推广新产品以适应消费者变化的需求，行业新的形象越来越丰富多彩。表1-1简要介绍了需求变化带来的一些行业发展过程中的里程碑。

表1–1 行业发展的里程碑

19世纪初	饭店提供单间成为标准。
1859年	纽约的第五大道饭店第一个安装电梯。
1860～1900年	曼哈顿鸡尾酒诞生。
	波士顿的特里蒙特饭店成为第一家埋设管道，提供免费香皂，为房间安装门锁的饭店。
	服务生和酒吧侍者全国工会成立。
1900年	美国饭店业协会成立。
1920年	1920～1930年建成的饭店数量超过历史上任何10年，造成1933年破纪录的51%的平均出租率。
1929年	第一家机场饭店在加州奥克兰开业。
1935年	豪生公司开创饭店行业加盟模式。
1940年	洲际饭店签署了第一份管理合同。
1946年	旅游服务业经历了最高的平均出租率——95%。
20世纪50年代	建在路边的假日饭店引领了汽车旅馆的时代。
20世纪60年代	市场细分和产品细分在旅游服务业开始被重视。
	城市汽车饭店和路边的汽车旅馆在洲际公路沿线迅速发展。
20世纪70年代	以亚特兰大凯悦饭店为代表的大规模建筑开创了饭店的新纪元。
20世纪80年代	计算机、电子通信和其他科技领域的重大进步创造了复杂的预订系统。
	行业放开监管。
	充分的产品细分出现，住宿业品牌包括了经济型、全服务型、全套间型、度假型和大型饭店。
20世纪90年代	某些旅游相关企业成为住宿和航空运输行业中收入达到几十亿美元的力量。
	旅游交易系统诞生，营销巨头们涉足线上交易。
21世纪初	消费者驱动的技术进步催生电子机票、无锁门、在家购物和货物快递系统。
	超音速巨型客机和计算机控制的地面管理使得旅行进入新的纪元。

过去，消费者对旅游服务业的看法主要源于全服务的独立饭店、商务旅游者以及旅行带给人们的自豪感。康拉德·希尔顿通过创建第一个强大的饭店品牌改变了消

费者眼中旅游服务业的形象。连锁饭店和希尔顿这个名字成了品牌，在美国，甚至在波及全世界的消费者心中成了饭店的代名词。

伟大的企业家推出新的产品和服务，催生了有关住宿的新的观念。凯蒙斯·威尔逊创建了世界最大的住宿连锁企业——假日集团。在20世纪50年代，假日饭店满足了在洲际公路上旅行的消费者这一迅速增长的细分市场的需求。家庭旅游普及，抹去了旅行给人带来的光环。纵观整个市场，假日这个品牌成了汽车旅馆的代名词。假日饭店在全球的不断成功应该归功于它改变产品和服务标准的能力，从而进入更多的目标市场，满足不同消费者的需求。

旅游服务业增长迅猛是伟大的饭店行业企业的缔造者们的天才和艰苦工作的结果。威拉德和爱丽丝·万豪开发了满足特定细分市场的餐饮服务理念，例如：热食餐厅和航空配餐。他们的儿子，比尔·万豪接替他们在旅游服务业的工作，使得万豪品牌在全球享有盛誉。

满足消费者不断变化的需求，新的餐饮概念催生了全球认可的品牌，如麦当劳、肯德基等不再局限于固有餐饮概念，它们致力于服务递送系统，以满足顾客需求。

现在，希尔顿、假日（已经成为洲际集团的一部分）和万豪品牌已经是收入数十亿美元的企业，即便和20年前相比也已经今非昔比。多数发展迅速的旅游服务业企业已经和10年甚至5年前不能同日而语。它们的服务和产品从顾客需求出发，它们的创新是商业模式的创新，产品和服务销售的利润增长显著。

诚如住宿和餐饮业那些创始人的名字家喻户晓、代表全球认可的品牌一样，其他的业态也有相同的经历。沃尔特·迪士尼的名字就是娱乐和经典的品牌，科特·卡尔森（译者注：雷迪森饭店和卡尔森旅游公司的前任CEO）的名字和旅游管理、服务业密不可分。这些人开发的产品和服务成了品牌，满足了消费者的需求，激励后来者开发更多的产品和服务以及品牌。

全球的消费者们对旅游服务业不同的品牌和标志形成了特有的期望。这种品牌开发与发展的模式在航空业（如美国航空、达美航空、美联航）和汽车租赁行业（如阿维斯和赫兹）同样适用。消费者对能够满足其需求的产品和服务做出反应，市场营销则将这些产品开发成品牌。

行业的市场营销视角

随着旅游服务业提供的产品和服务的演变，市场营销活动也在变化，专注于购买者的需求。在当今旅游服务业，作为营销信息受众的购买者变得极为复杂。不仅产品和服务需要购买者，公司本身也需要。如图 1-2 所示，市场营销必须有意识地与所有受众建立联系，包括公司的购买者，如：股东和投资机构、个人投资者和加盟商们。

为了更好地解释营销的诸多目的，有必要简单描述一下旅游服务业是如何实现增长和保持活力的。为了维持运转，公司需要资本，资本来源于公司运转形成的利润和形形色色的外部投资人。当一位饭店高管被问及现在美国谁拥有最多饭店的时候，他的反应很快：持有抵押饭店的保险公司们。餐饮企业的所有者实际上是银行和当地的投资人。公司的购买者的重要性说明了旅游服务业企业将公司的市场营销费用花在形象和增加知名度的广告上，以及向股东提供公司年报的原因。公司年报向计划购买公司股票的投资人传达了公司的营销信息。传达给加盟商的更为详尽的营销信息很能说明问题，加盟商年会比百老汇演出还要热闹；原因很简单，旅游服务业的公司在向最重要的受众——那些能使公司发展的人——做营销。

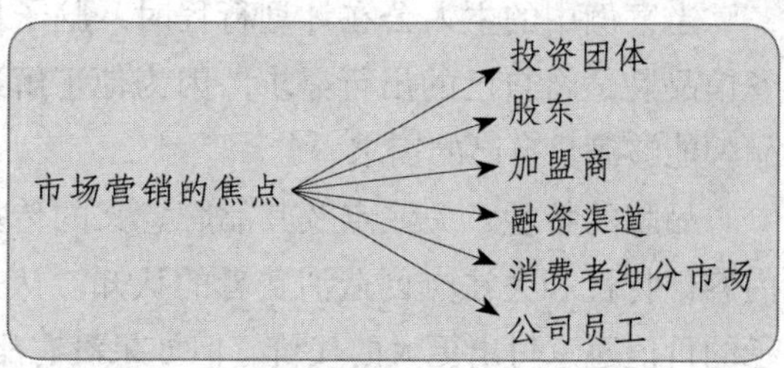

图 1–2　市场营销的受众

总之，旅游服务业营销角度是多元化的，必须联系众多不同的受众，其总体目标不仅是销售产品和服务，还是向所有受众销售公司的形象。

行业的消费者视角

营销人员了解了消费者的需求，创造了销售产品和服务的营销信息。事实上，如果营销过程完整地研究和分析消费者，就可以为旅游服务业企业提供另一项服务：影响产品研发，或者对服务提出改进建议以适应消费者的需求。反之，营销就不可能成功。

消费者的观点以产品和服务满足需求为核心。对于营销最大的挑战是：消费者的需求总是不一致。事实上，同一个消费者可能有着完全不同的需求，很大程度上由其使用产品和服务的原因决定。例如：一位公司高管公务出差，他需要的是不要中转的航班、有会议设施的全服务饭店和提供美食的餐厅。这样，他的需求只有靠某个特定的航空公司和一家特定的高档饭店来满足。同一位高管，如果和家人一起休闲旅游，他的一系列需求可能就是需要中转的航班的经济舱、经济型饭店提供的设施和附近快捷的餐饮服务（快餐）。要记住的是：消费者对行业及其产品和服务的看法和他离家旅行的目的是密不可分的。

当案例中的主人公在计划行程时，脑子里应清楚哪家特定的航空公司、饭店和餐馆品牌适合自己的出行需求，因为他了解这些企业提供的服务和产品，期望这个品牌能够满足自己的需求。

品牌的特性、关注点及其品牌意义的传播和满足消费者需求的方式就是营销的内容。特性和关注点创造消费者的认知，认知转化为价值。投资人为了这个品牌赋予的价值愿意付出更大的代价，但如果没有品牌，即便是同样的行业，相同的产业，他们也不会付同样的价钱。通过对品牌进行包装而造就的消费者认知有助于确定消费者为这一品牌而愿意支付的价格。而传达这一品牌如何能满足购买者的特定需求，则是各种营销方法和营销技术的任务。

受众（Audience）：所有产品和服务的购买者的总称，是市场营销的焦点。

品牌（Brand）：与产品和服务相关的名称，传递特定的消费者需求有关的认知。

消费者认知（Consumer’s perspective）：消费者对于满足其需求的产品和服务的态度。

市场营销（Marketing）：专注于购买者需求的产品和服务的销售。

第 2 章

概　要

地理细分法

　地区、区域和行政区

　大都市统计区域

　城市

　邮政编码

　其他地理细分工具

人口统计细分法

利益和需求细分法

心理因素细分法

综合细分方法

价值为王

学习目标

1. 描述饭店行业营销的地理细分法。
2. 解释客源城市和结对城市如何帮助企业专注于其市场努力。
3. 区分目的地城市和目的地市场。
4. 描述饭店行业顾客的人口统计资料的价值。
5. 解释通过利益和价值细分法获得的知识如何驱使行业内的营销人员和运营人员密切合作。
6. 描述心理因素细分法在营销中的价值。
7. 解释综合细分方法如何为当今旅游服务业营销提供有价值的研究工具。

旅游服务业市场细分

市场可以细分，或者说是用不同的方法分解。本章将简要描绘传统的区域概念和当代的市场细分方法，及其在旅游服务业的应用。

地理细分法

在美国，地理细分法指的是按照地区、区域、州、行政区和大都市的统计区域，以及邮政编码区域来对市场进行划分。这种细分市场的方法在旅游服务业用途广泛、应用频繁。建立市场地理细分法可以使营销人员在最恰当的地区做好销售、广告、公关和促销活动。

地区、区域和行政区 地区是指一个国家长期建立起的地理划分。自然分界线往往是地区的划分标志，如美国西部指的是落基山山脉以西。地区划分在饭店营销里有作用，因为公司人员的销售区域往往是按照地区来划分的。事实上，美国企业在某一地区内城市间的旅行占了所有旅行的 2/3。地区性的广告、销售行为、公关和促销活动可以集中在业务的来源和去向所在地理区域的市场。

客源城市是地区内为其他城市提供旅游客源的主要城市。例如：在美国西部地区，洛杉矶为棕榈泉、拉斯维加斯、太阳城和旧金山的景点提供客源。在这个地区的营销不仅要关注客源城市，如洛杉矶，还要关注向洛杉矶提供客源的城市。

有些全球运营的饭店组织会在全球范围内划分地区，如东南亚地区和北欧地区。但是，如果国内营销是主要目的，就可以用区域这个相对小的概念划分。纽约州就可以划分为阿尔巴尼（纽约州首府）、雪城和罗切斯特等区域。

一个行政区比区域更小。比如：一个饭店连锁的中西部地区分公司，为了市场目的，可以建立伊利诺伊－威斯康星区域，这个区域还可以进一步划分为芝加哥市、密尔沃基州和拉克罗斯市等行政区域。

大都市统计区域

美国国家人口普查局多年以来收集、整理和提供被它定义为标准都市统计区域

（Standard Metropolitan Statistical Areas，简称 SMSAs）的普查数据。1990 年，普查局规范了其定义和术语，用基础都市统计区域（primary metropolitan statistical areas，简称 PMSAs）和合并都市统计区域（consolidated metropolitan statistical areas, 简称 CMSAs）取代了 SMSAs。普查局还按照两个细分的分类，大都市区域和大都市统计区域，来提供数据。普查局对这些术语的定义对我们来说难以捉摸，但是有两点值得关注：第一，虽然普查局不再使用 SMSAs，但它已经被广泛地使用，大多数政府部门以外的人接受并仍在使用，对 SMSAs 数据的引用依然很普遍；第二，在后面的讨论中，我们会使用 CMSAs 和 PMSAs 统计标准，但是简化为都市统计区域（MSAs）。

都市统计区域由市区和周围区域组成，包括乡村和县，它的核心往往是一个主要城市。例如，纽约市作为都市统计区域是一个人口较大的市场，包括三个州的部分县和长岛。美国大约 50% 的过夜旅游产生于 24 个都市统计区域，下面列出了其中一部分：

洛杉矶	丹佛	亚特兰大
达拉斯	芝加哥	明尼阿波利斯－圣保罗
纽约	波士顿	华盛顿特区
旧金山	休斯敦	西雅图
底特律	匹兹堡	迈阿密 / 戴德县
太阳城	克利夫兰	

这些区域成了销售旅游产品和服务的主要战略市场。

都市统计区域在航空、巴士、铁路和住宿等旅游业市场营销中起到重要的作用。印刷品和广播中提到这些区域时往往是遵循都市统计区域的设定，相互有关联，可以提供诸如餐饮设施的数量和类型的信息。

在美国，县是很重要的地理区域，因为在烈性酒营业牌照、餐厅经营时间和餐饮服务规定等方面县与县之间的法律规定可能不同。

结对城市是指诸如纽约市和波士顿，或者华盛顿特区和纽约市那样具备城市间交通繁忙特点的两个城市。了解结对城市和都市统计区域之间的关系是在地理区划基础上评价营销费用使用是否最为优化的基础。营销费用可以更多

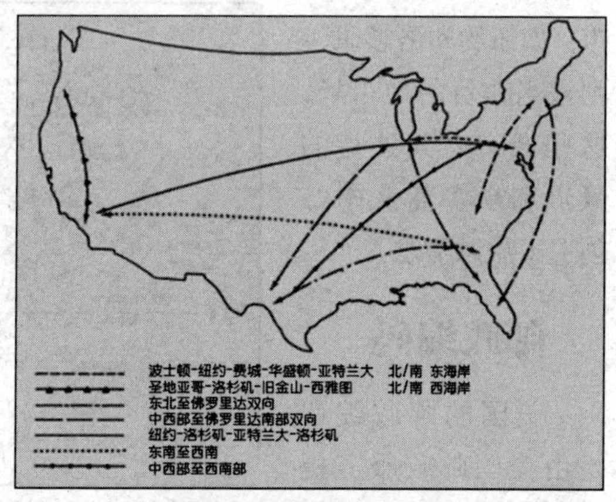

图 2–1　美国国内主要旅游客流图

地花在那些产生旅游产品和服务消费者最多的结对城市。

在主要战略市场和结对城市之间的旅行被称为旅游客流。图 2-1 显示了美国的主要旅游客流。图 2-1 描绘了主要的世界旅游客流。下面列出了主要世界旅游客流：

- 北美东海岸至欧洲；
- 欧洲至北美东海岸；
- 欧洲北部至南部和地中海；
- 美国西海岸至日本和亚洲；
- 远东至美国西海岸；
- 美国北部和南部至墨西哥和拉美；
- 日本至夏威夷和美国西海岸；
- 日本至亚洲和南太平洋；
- 英国至德国、法国和西班牙。

城市

城市经常被按照人口数量、富足程度、产业类型和其他以营销特定产品和服务为目的的标准来进行评级。目的地城市和被作为目的地市场的大城市对于旅游服务业市场营销至关重要。目的地城市有着独特的吸引物以创造旅游需求。例如，在过去 50 年里，奥兰多、拉斯维加斯、阿卡普尔科（译者注：墨西哥南部海港，是太平洋沿岸最佳天然港口，国际旅游胜地）、西棕榈滩、塔霍湖和亚特兰大城等主要目的地城市成为或者再次成为重要旅游市场。拉斯维加斯和阿卡普尔科算是纯粹的目的地城市，而许多大城市，如纽约和洛杉矶，则被当作目的地市场。这些城市以其独特的景点和众多商业中心创造了旅游需求。

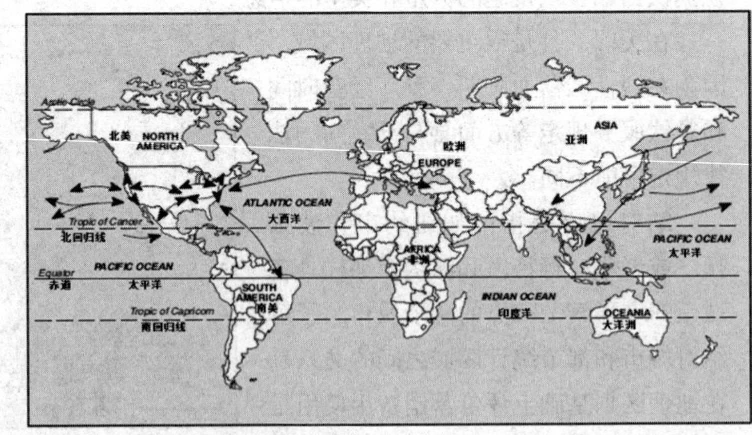

图 2–2 主要世界旅游客流图

邮政编码

美国的邮政编码是由美国邮政服务提供的五位数字和后缀

四位数字组成，某种程度上，明确了城市和都市统计区域。但是，邮政编码进一步将一个区域分为更小的区域，甚至细化到一个城市的街区。邮政编码的前三位数字对于直邮广告营销具有非常重要的意义。结合美国普查局报告中的人口统计数据，邮政编码的重要性得到进一步提高。

其他地理细分工具

与都市统计区域和邮政编码有关的其他地理细分工具包括指定市场区域（Designated Market Areas，简称DMAs）和首要影响区域（Areas of Dominant Influence，简称ADIs）。

指定市场区域是A.C.尼尔森公司（译者注：全球领先的信息和测量公司）首先使用的，区域按照电视网的集群优势来划分，在媒体计划和电视观众研究方面，是有用的营销工具。

首要影响区域是收听率调查公司阿比创公司（Arbitron Audience Research Firm）开发的地理市场划分方法。一个首要影响区域是一个多数家庭都被某个特定的媒体集群所服务的地理区域，其界限一般是由杂志、报纸和其他出版物的流通方式来决定的。首要影响区域还可以用邮政编码进行地区划分，对旅游服务业市场营销的媒体计划有着很好的应用。

人口统计细分法

人口统计细分法是按照消费者的共同特点来划分的，如性别、年龄、收入、住房所有权、婚姻状况、职业和教育等；按照人口统计细分的不同的消费者住在自己的区域、州、地区、都市统计区域和邮编区域内。美国人口普查局和专业研究人口统计市场数据的公司提供完整的人口统计数据，其结果是上百种按照人口统计数据做市场细分的方法。

几年来，直邮广告的运营商、出版商、消费品零售商和其他机构都在为自己的消费者开发人口特征概况分析。销售的产品和服务种类不同，这些概况分析也有可能不同。为了更好地展示一个好的人口特征概况和购买行为类型分析对降低成本的影响，请想象一下一个有效的直邮广告营销人员应该怎样做。对有些产品来说，35%的邮政编码区域可以产生大于80%的销售额。如果一个好的直邮客户名单能和人口特征概况分析相结合便能使无效市场区域降低65%。

在旅游服务业，收入和使用旅行服务的可能性之间有着直接的关系。从某种意义上说，收入越高，旅行的频率越高。在当今餐饮业，快餐厅、酒吧和全服务的餐馆都在建立自己的客户人口特征概况分析。

利益和需求细分法

利益和需求市场细分法按照消费者寻求的利益和希望满足的需求，将市场分为一个个消费者群组。有时候也会根据他们想避免的因素来划分。近年来，消费品行业已经采用这种市场细分工具来确定消费者从产品中期望得到什么或者避免什么。这个研究可以应用于任何因素，如颜色、气味、尺寸、形状和外观，涉及从产品、包装乃至广告信息。诚然，饭店、餐馆和航空公司由于涉及的有形产品不同，研究的深度也不尽相同，但是他们都可以运用相同的利益和需求市场细分原则，去包装和推广自己的产品。

20 世纪 80 年代，一些饭店行业的企业开始利用利益和需求研究。例如，穿梭于纽约市、波士顿和华盛顿特区之间的航班的服务对象中，有一大批旅客的最大需求就是无须预订多架次的航班；安排每小时甚至每半小时，从凌晨到深夜的航班就可以满足这个基本需求。同样的，快餐厅通过提供低价、方便的地点和送餐服务就可以满足一系列需求，或者说是提供不同的利益。

想想那些想周末去饭店度假的夫妻们，他们需要在放松的环境下有一个值得纪念的体验。另外他们试图避免那些欢迎儿童的设施或者总是开商务会议的饭店。如果一家住宿企业想成功吸引这一类客源，就必须既了解他们的需求是什么，也要知道他们想要逃避什么。这样的细分市场的营销和产品研究必须密切关注运营和产品开发。

营销和运营协同合作才能达到产品和服务销售的最大化，同时满足客人不同的需求。试想一下，饭店可以促销两种“周末躲清静”式的特惠活动：一种是第二次蜜月，另一种是家庭周末度假。第二次度蜜月的客人想要的是躲开孩子、享受清静、放松和值得纪念的体验；而家庭周末度假者出行是为了和孩子一起寻求活动和刺激。两者的需求截然不同。饭店的营销和运营团队应该提供相应的解决方案。所有家庭周末度假的客人可以住在邻近泳池、娱乐室和咖啡厅的房间。第二次蜜月的客人则应该被安排在高楼层或者邻近室内泳池和酒吧的房间，而且向他们提供床上早餐，预订饭店的高档餐厅，远离家庭度假客人用餐的咖啡厅。

由于细分市场经常寻求不同的利益，或者有着不同的需求要满足，利益和需求的细分方法对旅游服务业提出了挑战。那些商界大佬们为了要给客户留下深刻的印象，签署重要的合同，需要一个适合商务谈判的环境。一家餐厅里提供特殊座位的高档饭店可以满足这样的需求。但是同一位商界大佬在休闲旅游时肯定会避免谈生意时需要的环境。

心理因素细分法

心理因素市场细分是将市场按照消费人群的类似需求和心理动机进一步细分的方法。心理因素市场细分和利益需求因素市场细分的方法相结合能够洞察购买者行为的心理原因。

杨克罗维奇·克兰西·舒尔曼公司（Yankelovich Clancy Shulman，曾经的 Yankelovich, Shelly and White 公司）在开发和使用心理因素市场细分方面处于领先地位，提供被称为“显示器”（MONITOR）的研究报告，定期为美国人口测量60多种以下趋势：

- 节约食品购买支出；
- 增减外出就餐；
- 增减度假计划；
- 增减度假时长；
- 推迟主要购买决定；
- 信用消费的慎重程度；
- 增减追求享乐的购买。

“显示器”将参与调查的人按照其相同价值观进行心理因素的市场细分。例如：“显示器”测量了美国人口中坚持传统新教工作伦理（强调勤奋工作、有效利用时间与节俭）的百分比。其他确定的分组由信奉共同价值观的人群组成，包括：先行派（forerunners）、新循规蹈矩派（new conformists）和守旧派（conservatives）等。每个按照价值观的细分市场都从人口统计和地理区域的角度进行了归类。

许多行业在使用“显示器”报告的研究成果，指导诸如产品研发、广告、促销和创造与维护品牌形象等市场营销活动。报告中旅游相关的元素足以支持更加细化的研究。20世纪90年代初，叶萨维奇·佩珀代因·布朗公司（Yesawich, Pepperdine, and Brown）收购了“显示器”报告中关于旅游部分的业务。现在Y伙伴（YPartnership）和杨克罗维奇（Yankelovich）公司每年共同发行《国家休闲旅游观察》（National Leisure Travel MONITOR）和《国家商务旅行观察》（National Business Travel MONITOR）两份报告。

心理因素市场细分趋向于专注行为、兴趣和观点等重要领域。类似“显示器”的研究表明，社会态度帮助预测旅行的倾向、未来增长率的可能、支出的意愿和价值决定因素的重新定义等，也可以包括活动相关的因素，如对休闲旅游和休闲活动的喜好。兴趣的高低和排名每年都有人分析，以便确定态度的变化。对于当前问题和事件的观点也会影响消费者的行为。

“显示器”报告研究和旅游相关的比较全面的因素，而另一些心理研究项目则专注于饭店行业具体的领域。SRI 国际公司开发的 VALS 研究方法［译者注：VALS 表示价值（Values），态度（Attitudes）和生活方式（Lifestyles）的缩写］专注于餐饮服务领域，将人群（市场）按照不同的餐饮喜好分为不同的类型（细分市场）。研究态度、生活方式以及当前的和隐现的趋势，从而预测潜在的消费习惯和媒体喜好。餐饮服务公司习惯于借助 VALS 研究方法制定新的餐厅概念、餐饮主题、菜单和设施规划等，也被广泛用于媒体选择和规划，以及广告和促销活动的策划创意过程。

另一个应用于餐饮服务营销的，专注于顾客态度的市场细分工具是“CREST 研究”。该研究调查质量、服务和洁净因素，同时也关注营养问题，将消费者分为态度鲜明的组群，进而为每个类别命名，如营养健康、传统品味、节制膳食、忙碌市民等，对快餐、便餐和高端餐饮企业帮助很大。

综合细分方法

地理、人口、利益需求和心理细分方法单独或者组合使用，对于当今旅游服务业来说是很有价值的营销研究工具。例如，人口和其他市场细分方法组合起来可以圈定重度用户——那些反复使用产品和服务的顾客。对于快餐行业，重度用户指麦当劳、汉堡王、肯德基和温迪快餐的常客。对于航空公司和住宿产业，重度用户是能够成为回头客的常旅客。表 2-1 显示了常旅客的特征，综合了人口、地理和一些心理调查数据。对于经常商务旅行的客人来说，有效的营销工具是主要信用卡公司的邮寄名录和航班上的杂志广告。

综合细分方法帮助确定和监督定量的和定性的趋势。旅游服务业组织和市场研究公司一起将市场细分越做越细，不仅关注心理因素（态度、观点、兴趣等），还关注地理和人口特性（每种具备相同特征的人群数量和他们的居住地）。由于生活

表2–1 常旅客特征

年龄:	25 ~ 44 岁
收入:	4.5 万美元以上
教育背景:	大学以上
职业:	高管、销售、营销、工程师、技工、商界精英、采购和咨询师
行业:	电子、医药、化工、服务、生产、出版、银行、财务
旅行习惯:	每年 10 次以上
	经常乘坐航班
	区域内和跨区域旅行
	每年 2 次以上休闲旅游
地点:	郊区和市中心
	相应的区域中心 / 邮政编码
	高收入地理人口普查追踪区域

方式变化、价值观和信仰的持续演变，理解顾客的想法和购买目的正在不断地向旅游服务业市场营销提出挑战。

价值为王

价格细分方法明确了某一市场的消费者群体在购买产品和服务时消费金额的区间。这样的细分对于旅游服务业一直很重要。在通货膨胀严重时期，生意惨淡、经济波动、价格细分方法显得格外重要。

鉴于人们每日的旅行、住宿和膳食都有可能有预期额度，消费者群体经常可以按照价格进行细分。例如，政府雇员、销售员和军队人员由于每日的补贴限额，经常被分在价格敏感的细分市场中。价格敏感和相关细分市场在旅游服务业中得到广泛应用，家庭外出时简单用餐需要便宜的快餐；销售人员需要公司标准以下的舒适、便宜的房间；公司高管需要给客户深刻印象而忽略其他经济因素。

价格敏感总是很重要，但是旅游服务业市场营销的终极目标是向消费者提供价值，确保满意。我们可以忽略市场细分，只要旅游服务业的组织可以通过合理的价格、高品质的产品和服务提供价值。

重视价值对于任何细分市场都重要，这一点从下面即将提到的某个研究中的特定问题受测者的回答中可见一斑。问题是对沃尔沃和奔驰车的购买者提出的："为什么要买这部车？”买车人都回答：“它的质量和价值。”同样的问题也提给在麦当劳用餐的家庭：“为什么选择在麦当劳吃饭？”虽然来麦当劳吃饭的家庭和去购买沃尔沃和奔驰车的人来自完全不同的地理、人口统计和心理因素细分市场，他们购买的原因却相同：“因为价值、价格合理和好的质量。”可见无论人们在人口统计因素特征上、心理类型上和经济条件上多么不同，其需求特点无一例外地都指向价值。价值便是今后 10 年中市场营销工作必须满足的关键性需要。

主要术语

以利益和需要为标准的市场细分（Benefit and need segmentation）：以消费者对利益的理解和期待满足的需求（个别时候为期待避免的需求）为基础，将市场分为不同的消费者人群。

结对城市（City pairs）：指诸如纽约市和波士顿，或者华盛顿特区和纽约市那样具备城市间交通繁忙特点的两个城市。

人口特征概况分析（Demographic profile）：人口特征数据描述的是与特定产品和服务相关的消费者的特征。

以人口特征为标准的市场细分（Demographic segmentation）：按照诸如性别、年龄、房屋所有权、婚姻状况、职业和教育等共同特性对市场进行的细分。

行政区（District）：一个以顾客为关注点的地理范围，通常比一个区域（zone）更小。

互通客源的城市（Feeder cities）：是地理地区内相互为其他城市提供旅游客源的主要城市。例如：在美国西部地区，洛杉矶为棕榈泉、拉斯维加斯、太阳城和旧金山提供客源，反之亦然。

以地域人口特征为标准的市场细分（Geodemorgraphic segmentation）：以地理和人口特征两个维度对市场进行的细分。例如：在特定的地理区域内锁定具备某些（年龄或收入等）相同特征的人群。

以地理因素为标准的市场细分（Geographic segmentation）：按照地区、区域、州、行政区、都市统计区域，或者邮政编码将市场进行的细分。

重度用户（Heavy user）：可以用人口特征因素和其他市场细分标准锁定的某种产品和服务的多次消费者。

都市统计区域 (Metropolitan statistical areas，简称 MSAs)：一个城市区域和其周边区域（包括县）的总称，其中心通常是一个大城市。

每日补贴（Per diem）：雇主给予员工的每日差旅消费的补贴。

价格细分（Price segmentation）：按照在某个市场消费者购买产品和服务的金额区间进行的市场细分。

心理因素市场细分（Psychographic segmentation）：按照消费者群组相同的需求和心理动机进行市场细分的方法。

地区（Region）：按照自然边界（如山脉或者主要河流）对一个国家内的地理区域进行划分的方式。

区域（Zone）：一个国家或者全世界范围内以国内或国际营销为目的的地理区域划分。

第3章

概 要

最终用户

- 商务旅行者
- 休闲旅行者

旅行中间人

餐饮服务市场细分

- 用餐体验需求
- 价格敏感度
- 地点与方便程度

学习目标

1. 了解在旅游和旅游服务业市场中如何区分最终用户和中介。
2. 描述商务旅行市场细分的特点。
3. 描述休闲旅游市场细分的特点。
4. 介绍为商务和休闲旅行服务的旅游中介。
5. 描述餐饮服务市场中消费者细分市场的特性。

按照消费喜好进行的市场定位

旅游服务业市场营销的成功有很多重要环节。多数人认为应该从理解消费者喜好开始，营销就是在沟通向特定消费者细分市场所提供的产品和服务时，要针对这些喜好。

本章第一部分分析了两个宽泛的旅游服务业产品和服务的消费者类别——最终用户和中介。最终用户是指产品和服务的最终使用者。中介是影响最终用户购买决定的个人或公司。接下来我们重点谈谈不同类型的最终用户的需求以及如何锁定那些饭店行业特有的主要中介。

本章第二部分深入探讨餐饮服务业的市场细分。我们探讨就餐体验需求和外出就餐的目的，从而分析普通消费者的喜好。餐饮服务市场的价格市场细分和消费者选择外出就餐时的便利和地点因素的重要性也是我们的研究内容。理解消费者的喜好对于正确定位产品和服务是基本要求。

最终用户

最终用户可以按照他们的总体出行目的，即商务旅行还是休闲旅行，进行市场细分。图 3-1 指出了一些主要的住宿行业的产品和服务的最终用户。每一个细分市场都很活跃。旅行在数量和类型上的差异源自企业内部因素，如公司的旅行政策和个人的品位和习惯。其他差异还可以是由于外部因素引起，如当前的经济情况和社会、政治事件。

商务旅行者

商务旅行的细分市场可以进一步细分为三个主要市场：

- 会议、研讨会和展会的与会者；
- 相对没有费用限制的旅行者；
- 价格敏感的商务旅行者。

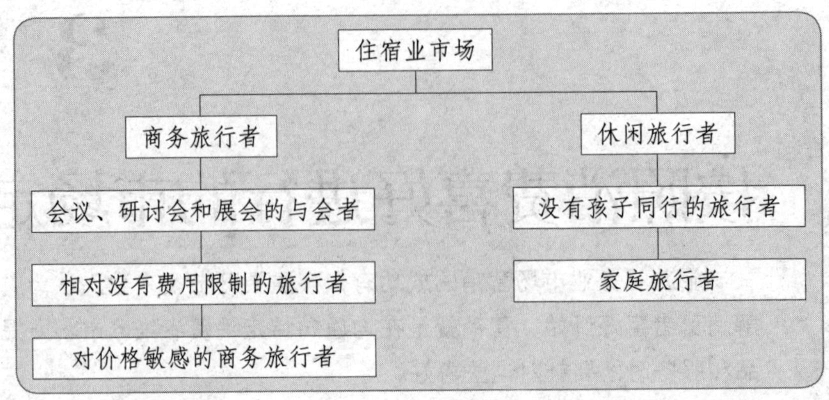

图 3–1 最终用户

会议、研讨会和展会的与会者 来参加会议、研讨会和展会的商务旅行者通常选择不了住宿和房价。有些情形下，他们只能选择是否来参会，但有些时候参会也是强制的。参加行业会议的商务旅行者对价格比较敏感，而参加公司会议和研讨会时则不然。通常这些个人旅行者都会在到店之前预订，或者在涉及的团组、组织或公司提前注册。

在上述细分市场，客人的基本需求包括了舒适的会议环境和足够的交流设备帮助他们在会议前、会议间歇和会议后保持业务联系。在结束一天的紧张会议和活动后，与会者还需要娱乐和其他形式的放松机会。

相对没有费用限制的旅行者 这些人一般寻求舒适、可靠、全服务的住宿，与其他类型的商务旅行者比较，经常对于价格不很敏感。属于这个细分市场的人，可能是业务高管、国际旅行者、高收入的自由旅行者。这些最终用户可能偏好某个特定位置的饭店或者是特定的饭店品牌。他们的房间预订经常是有担保的，且多数是通过旅行社或者公司的行政助理进行预订。他们对于旅行的主要需求和关注点包括安全、方便的地点和与商务相关的服务，诸如传真、留言、房间内的互联网接入以及工作空间。

对价格敏感的商务旅行者 随着公司和政府部门的成本意识的增强，对价格敏感的旅行者在商务旅行市场增长迅速。他们可能受每日差旅限额限制，费用常要包括旅行和食宿。虽然他们对于旅行产品和服务的成本很敏感，但是仍然需要最大限度地享受舒适和服务。通常是由公司的旅行部门、签约的旅行社或者公司的行政助理们为他们提供旅行安排和客房预订服务，这些商务客人有时候在到达目的地之前不会预订。

休闲旅行者

休闲旅行市场由两个细分市场组成：没有孩子同行的旅行者和带孩子的家庭旅行者。

没有孩子同行的旅行者 这类旅行者包括个人、夫妇和休闲旅行团组。他们不受和孩子有关的责任约束，可能会对居住条件、不同的餐厅和娱乐设施比较感兴趣。经常会追求舒适和服务，但有可能对价格比较在意。

家庭旅行者 带着孩子旅行的成年人比那些没有孩子同行的旅行者更加受到限制，经常会关注基本的日常活动，如喂孩子、照顾和安排孩子睡觉，较少关注住得是否开心。包括经济的、随意的餐饮设施，房间内的互动电视游戏，游泳池和其他令照顾孩子变得方便和简单的特色是他们重要的住宿要求。

家庭旅行者中的一个细分市场是那些对价格非常敏感的度假者，他们对于任何免费的礼遇和额外服务都不感兴趣。他们只是寻求一个在旅行途中能够休息、吃饭、睡觉的地方。另一个细分市场寻求简单的户外休闲和享受旅行体验的自由。这些家庭对饭店服务不感兴趣，追求非程式化的、自助式的假期。他们试图避免服务、小费和饭店以及度假村的各种费用，喜好露营地、海滩小屋、山上木屋和公寓。

旅行中间人

旅行中间人分为两种：收取佣金的商业机构和将此类工作当成本职工作的人（为其他人安排旅行计划是他们的日常工作，如行政助理）。中间人通常不是产品和服务的最终用户，但是他们影响和帮助最终用户做出旅行和住宿选择，对于营销活动至关重要。图3-2展示了一些商务和休闲市场的旅行中间人。

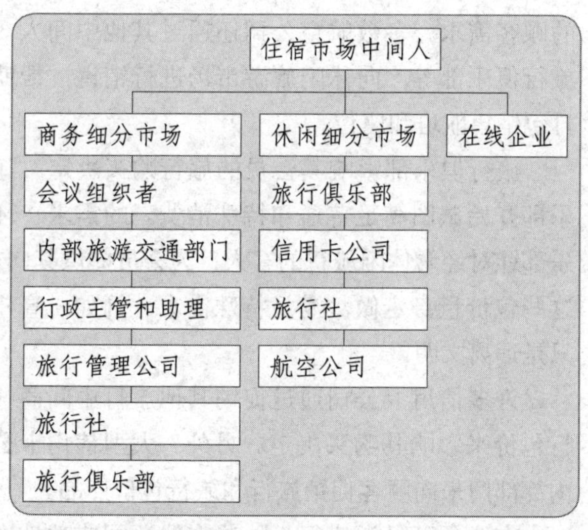

图3-2 住宿市场的中间人

会议组织者是指协会、公司、培训机构的高级管理人员，他们作为会议组织者的主要目的是计划和组织成功的展会、研讨会和其他会议。对他们而言，会议室的设施、会议相关的服务和宴会运营水平通常比房型或者是餐厅和餐饮服务的种类更重要。会议组织者大体上都对价格敏感，但是也会随着机构和公司的政策而不同（译者注：此处原作者对会议组织者的理解与行业上的普遍理解不同，多数人将会议组织者理解为会务公司）。一些大公司还建立了内部旅游交通部门来管理和计划大量的公司差旅。

行政主管和助理在商务旅行中间人中占了大多数，但是他们对旅行购买决定的影响千差万别，即使是在同一家公司。有时候，行政助理或者是办公室员工是旅行安排、租车和住店的决策者；但是另外一种情况下，他们只能执行公司的经理和高管们的决定。

旅行管理公司为公司、政府部门、协会和其他有商业旅行需求的机构提供旅行管理服务，签署合同或者是收取费用。美运通旅行服务（American Express Travel）、卡尔森 - 维根里茨（Carlson-Wagonlits）和罗森布鲁斯旅行（Rosenbluth Travel）公司是旅行管理公司中规模较大的。

旅行社为商务和休闲旅行者安排飞机、轮船、铁路旅行以及租车和住宿预订。它们感兴趣的是与能为客户提供可靠、信守预订承诺和服务水平稳定的公司合作。旅行社偏向于和预订流程简单的饭店企业合作，而且预订的佣金要能够保证及时支付。

借助成熟的预订系统，航空公司可以扮演旅行中间人的角色，处理饭店和租车的顾客需求。多数航空公司还通过其他中间人，例如：旅行批发商、旅行零售商、旅行俱乐部等，向休闲旅游市场进行销售，帮助这些中间商向顾客销售，同时还能打包销售航班和座位。

旅行俱乐部影响其会员的旅行购买决定。随着休闲旅游市场逐渐成熟，旅行俱乐部开始试图满足普通和特殊消费者的需求。环球俱乐部和地中海俱乐部等旅行俱乐部针对经常休闲旅行的客人，为会员提供其向往的旅行目的地的特殊包价。而且，这些包价量身定做，满足特殊需求，例如：高尔夫、网球、历史古迹的参观，或者只是远离文明。

许多信用卡公司通过促销其他旅行中间商（如旅行批发商）为消费者提供的旅行包价来影响其购买决定。另外，大型信用卡公司、银行和主要百货商场经常设立内部部门来向顾客促销旅行和旅行包价产品。

在线预订日渐盛行，一些在线公司成功地在网上提供它们的服务，例如：捷达集团（Expedia）、奥比兹公司（Orbitz）、低价连线公司（Priceline）和旅游城市网站（Travelocity）（译者注：以上公司名还没有行业统一认可的中文译文）。

餐饮服务市场细分

餐饮服务市场，或被称为外出就餐市场，可以根据很多以营销为目的的维度进行市场细分。图 3-3 展示了向特定消费者细分市场开展营销的几种餐饮服务机构。以下内容简要探讨餐饮服务市场的消费者特点，主要针对用餐体验需求、价格敏感度和地点与方便程度。

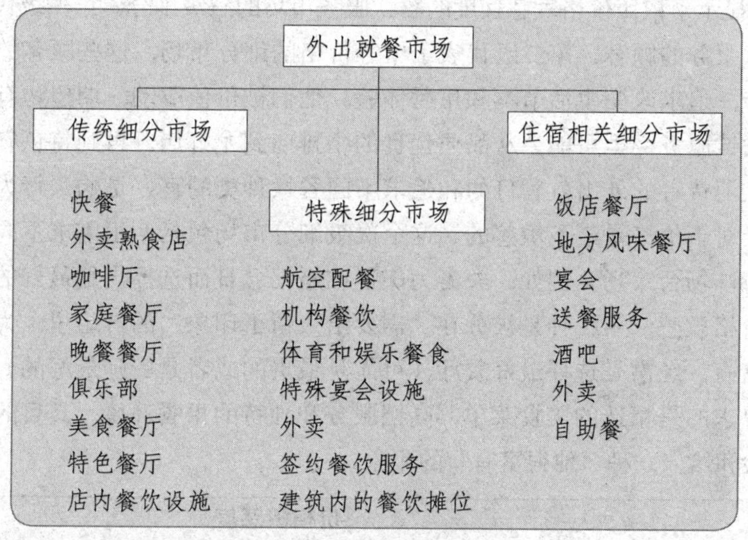

图 3–3　特定消费者细分市场的餐饮服务机构

用餐体验需求

餐饮服务市场可以按照用餐体验需求进行市场细分。外出用餐的需求不同，消费者被进一步分组，例如，商务客人可能寻求给客户留下深刻印象，夫妻会看中浪漫的环境，家庭客人可能只想离开家，等等。菜单和期望得到的服务水平随着消费者的目的不同而不同。营销信息应该按照消费者的用餐体验需求进行调整，重点关注消费者外出就餐的目的。

分析用餐体验需求可以着眼于消费者个体的品位和食品种类喜好。我们所处的是一个文化差异巨大的社会，可以按照菜式偏好（墨西哥菜、意大利菜、中餐等），甚至口味的偏好（淡一点还是辣一点），来细分市场。还有很多细分市场的方法，如营养、健康、食材喜好（肉类或者土豆）、自己烹调、比萨、意大利面、牛肉、鸡肉、鱼等。

价格敏感度

按照价格和相关人口统计特征进行顾客市场细分一直是许多餐饮服务行业的研究课题。通常，收入越高，消费者的外出用餐倾向越强。但是快餐或者快捷餐饮市场是个例外的市场，包括麦当劳、汉堡王、温蒂和比萨连锁店，以及当地人开的便捷食品店。在这个细分市场里，顾客寻求方便但是对价格还是比较敏感。

图 3-4 显示了依照价格敏感程度的餐饮服务市场的三级细分。第一级代表了快餐和快捷餐饮服务的顾客。第二级代表了中等价格的细分市场，这些顾客的需求比快餐更进一步，追求改变生活节奏和用餐体验，他们被价值驱动，期望物有所值；这类市场的餐饮服务类型可能会从品质优良的牛排店到龙虾店，再到特色餐厅。需要强调的是，消费者的外出就餐目的和追求不同餐饮种类的喜好是购买行为的决定因素。第三级对于价格是最不敏感的。这个次级细分市场包括两组需求不同的人群：第一种是特殊场合市场，例如：夫妻为庆祝结婚纪念日而选择当地最好的餐厅，目的超越了价格敏感；第二种是被分在“需要给人留下印象”的群组里，为了让人觉得自己很富有，经常是选择最好餐厅（可能是最贵的或者是厨师最好的）的主要动机；他们寻求的是精选的美食菜单、高档服务和独特的用餐环境，其目的是为自己的用餐体验和给人一种“他很富有”的印象。

	价格敏感度		
	低	中	高
第一级 方便			快餐连锁 比萨店 熟食店 店内餐饮设施
第二级 价值和体验		牛排店 海鲜餐厅 特色餐厅	
第三级 特殊场合	美食餐厅 高档主题餐厅		

图 3-4　餐饮价格细分市场

地点与方便程度

当时间成为消费者选择外出就餐的决定因素时，方便和地点的选择超越其他需求。这不仅是地理位置或者是距离某种餐饮服务类型远近的问题，事实上，“方便”经常意味着服务的快捷。当时间决定用餐选择时，这常常被认为是唯一重要的因素。方便和地点的考虑促成了店内餐食设施的建立，例如沃尔玛之类的大型超市里的就餐区、餐饮连锁店和摊位等。

主要术语

行政主管和助理（Administrators/administrative assistants）：旅行中间人之一，通常是由旅行服务需求的机构聘用的负责商务旅行的专职人员。

信用卡公司（Credit card companies）：旅行中间人之一，可以通过促销和销售其他旅行中间商打包销售的旅行产品来影响消费者的购买决定。

最终用户（End user）：旅行产品和服务的最终消费者。

中介（Intermediary）：在旅行消费者和旅行产品供应商之间起到促进交易达成的个人或公司。按照收取佣金的商业行为和本职工作（如行政助理为别人做旅行安排）分为两类。

会议组织者（Meeting planners）：负责制订和执行展会、会议和研讨会的协会、公司和培训机构高级管理人员。

在线企业（Online enterprises）：在互联网上提供搜索、比较、预订和其他服务的公司。

公司内部旅游交通部门（Traffic departments）：公司内部为雇员管理和计划差旅的部门。

旅行社（Travel agents）：为商务和休闲旅行者安排飞机、轮船、铁路旅行以及租车和住宿预订的公司或个人。

旅游俱乐部（Travel clubs）：针对经常休闲旅行的客人，为会员提供其向往的旅行目的地的特殊包价的机构。

旅行管理公司（Travel management company）：为公司、政府部门、协会和其他有商业旅行需求的机构提供旅行管理服务，签署长期合同或者是按每单收取费用。

第4章

概　要

分销渠道
- 旅行中介
- 电子旅行分销系统
- 地接旅行社
- 航空公司
- 欧洲和日本的分销渠道

政府对旅游业的管制
- 美国政府对旅游业的管制
- 其他国家政府对旅游业的管制

纵向、横向与上下游整合

学习目标

1. 描述旅游服务业的分销渠道。
2. 列出并简要描述美国和其他国家政府机构对旅游业的影响和政策。
3. 描述旅游服务业的纵向，横向与上下游整合。

旅游分销渠道

旅游服务业为许多消费者市场服务，已经建立了营销其产品和服务的分销渠道。分销渠道是消费者用来直接或间接购买全部或部分旅行产品和服务的机构。技术的进步在现有旅行分销渠道中创造了充满活力的环境，为购买过程添加了新的系统。行业日趋复杂，体现在多种旅行产品和服务由一个公司或者业务关联的多个公司提供。本章的目的是描述旅游服务业的分销渠道，涉及了政府对旅行的管控，讨论了饭店行业公司整合的趋势演变和对营销的影响。

分销渠道

旅游服务业的分销渠道包括了旅行中介（如旅行社、旅行运营商、计算机预订系统和旅行网站）、电子分销系统、旅行社地接和航空公司。下面我们将逐一讨论每个分销渠道，还将分析欧洲和日本的情况。

旅行中介

消费者旅行的目的有走亲访友、生意往来、休闲、观光、娱乐、其他个人和家庭原因、进行博彩活动或者只是要去某个特定的目的地或是景点（图 4-1）。无论是为了出差还是为了休闲，消费者都可自己直接去购买旅游产品和服务，并且通常都是就相关旅游产品进行一连串购买（从航空旅行、住宿到饮食）。但是，现在的消费者更倾向于依靠内部专职人员或者是商业化的旅行中介。

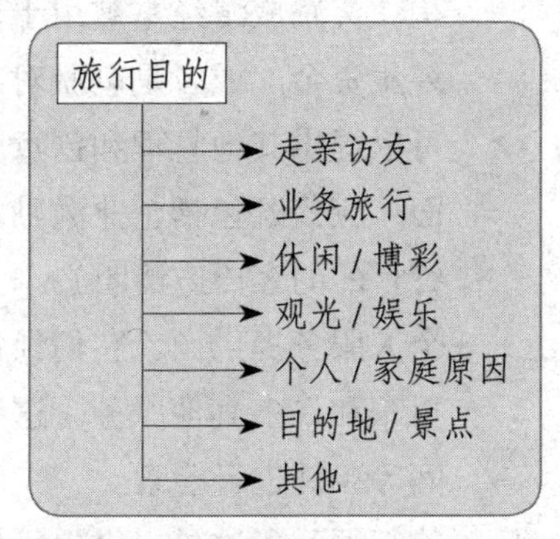

图 4–1　旅行目的

内部专职人员是帮助别人安排旅行但是不收取佣金的个人，如行政助理、办公室经理和公司的旅行管理部门的员工。商业化的旅行中介是为个人或者消费者团组安排旅行，并从旅行供应商那里获取佣金的个人或公司。无论是内部专职人员还是商业的中介都是通过特定的分销渠道获取旅行产品和服务的。

商业旅行中介包括如下几种:

- 零售旅行代理。为旅行批发商和运营商销售行程、饭店客房、机票、船票等。零售代理的收入全部或者部分来自佣金。佣金的比例各个供应商不同，各个国家也不同，但是通常在 10% ~ 40%。
- 旅行管理公司。提供多种旅行管理服务，包括财务管理和信用卡服务，甚至是一家公司所有旅行操作的管理。由于政府和公司的旅行越来越成为成本控制的关注点，旅行管理公司增长很快。许多大型旅行管理公司还拥有或者运营众多的零售旅行代理。
- 旅行零售运营商。它们组织旅行产品，包括机票、住宿和地接服务，然后通过各种营销工具(如印刷品和广播媒介)、门市、旅行社和直邮广告提供给消费者。在有些国家（如德国和英国），旅行产品大量通过零售店铺直接向消费者销售。
- 旅行批发运营商。它们通过单独购买交通、住宿和景点并整合旅行产品，再通过零售旅行代理销售出去。旅行批发商服务于零售旅行代理，组织旅行产品、订购宣传册和海报，并且打广告。旅行批发运营商和零售运营商最大的区别在于: 批发运营商从不直接向消费者销售，而零售运营商可能会这样做。
- 打包 / 零售商。是指住宿或交通企业的拥有者，将旅行产品和服务打包后利用其自有零售公司垂直整合进行销售。以地中海俱乐部为例，它拥有自己的度假村，包租交通服务，甚至直接向个人消费者进行零售。
- 奖励旅行公司。专门从事打包和向个人、团组、公司和协会销售旅行奖励、礼品和奖品等。奖励旅游的行程通常作为完整促销价格的一部分，销售给使用机构。奖励旅游经常被用于销售和营销领域，为一个团体（教会或者其他组织）筹集资金，或者是刺激对某个新产品的兴趣。除了旅程以外，奖励旅游公司还可以提供其他管理和创意服务给购买者（译者注: 作者对奖励旅游的理解不全面，应该既包括企业激励员工的旅游，也包括以旅游为诱因、以开发市场为最终目的的客户邀请团）。
- 个人服务提供商。它们经常自己创建网站，使用户可以直接预订机票、饭店、租车和许多其他服务。这些网站有搜索功能方便用户按照日期、地点、价格区间等条件进行检索。
- 旅行网站。这是提供旅行信息和旅行产品与服务的网站，信息包括了专家和消费者关于目的地和旅游服务的点评。许多旅行网站可以让用户直接在线预订。旅行预订是如今的电子商务中占有最大份额的服务之一。

- 汇总式搜寻引擎也被称为元搜寻引擎。和比价网站基于计算机系统，从众多旅行网站中收集数据，免去用户的麻烦不同，汇总式搜索引擎其实是在搜索许多独立的搜索引擎，提供即时（及时到分钟）的信息，处理收集到的信息，避免重复的搜索结果。比价网站从一些主要的在线旅行服务网站收集信息，将数据集成为单一的展示形式。当用户做出选择的时候，将被转接到提供服务的网站去完成交易。比价网站收取转接的佣金，同时也通过广告赢利。比价网站的例子有：Kayak, Mobissimo, SideStep, Cheepflights, Skyscanner 和 Booking Navigator（译者注：去哪儿网属于此类别）。
- 展会交通公司。此类公司专注于将人们送到展会上去，或者从展会上将人拉回来，经常使用的是主要航空公司的正常航班，还可以提供展会前和展会后的旅行。
- 旅行俱乐部。这是相对新颖的商业模式，通常以折扣价向付费会员提供类似团队价格的旅行机会和度假目的地设施。住宿上，旅行俱乐部提供从豪华到经济的不同选择。地点、气候、地形和其他特色度假的选择多种多样。独特的气候和特殊的区域、事件和活动是旅行俱乐部的卖点。
- 旅行包租公司。它的特色是将有相同兴趣的团组组织起来，使得个人能够在某些特定规则下享受包机特惠。旅行包租公司还可以帮助团组为旅行付费和参与运营管理。
- 在线旅游中介（OTA）。它以信息渠道和直接预订服务的形象出现，如美运通的旅行服务公司、捷达集团和其他打折网站。美国在线（AOL）和微软公司的即时通信软件（MSN）等多数互联网服务商都和一个或多个在线旅游中介公司签有协议。

电子旅行分销系统

电子旅行分销系统在20世纪60年代开始酝酿，航空公司创建了第一个计算机预订系统。20世纪70年代，旅行社安装了航空预订计算机终端，添加了饭店和租车预订功能。这样，航空公司预订终端安装到了哪里，新的旅行预订分销终端就能开通到哪里。随着航班预订系统的全球拓展，全球范围内的自动旅行预订功能实现了。

20世纪80年代，随着美国航空业的放宽监管，全球电子旅行分销系统成为为旅游行业服务的新兴行业。进一步的快速扩张，加之技术的进步，使得大多数旅行社和公司内部旅行部门实现自动化，与选定的电子旅行分销系统的关系变得十分密切。美国的电子旅行分销系统有阿波罗（Apollo 也被称为 Covia），SABRE（译者注：快速工程智能应用蓝图 Smart Application Blueprint for Rapid Engineering 的简称，IBM 公司 1960 年建成），第一系统（System One）和世界空间（Worldspan）。加拿大的系统有 Gemini，欧洲的系统有 Amadeus 和 Galileo，亚洲的系统有 AXESS、Fantasia 和 Abacus 。阿波罗系统最初是美联航的预订系统，S A B R E 最初则是美洲航空公司的预订系统，目前这两个系统在全球分别占有近 30 % 的市场份额。

20 世纪 90 年代，全球电子旅游分销系统对其受理饭店预订的功能做了改进，从而使可供选择的多种房型、价格代码、协议价格以及其他有关的住宿信息都能被纳入其服务。产品展示图像、声音、录像等增强效果的技术，也在不断地引入这些全球电子旅游销售系统之中。随着新的网络系统的发展，更多与全球电子旅行分销系统中的饭店预订与管理系统、中央预订以及收益管理等无缝连接的手法开始出现，并将持续发展。

在 21 世纪初的 10 年里，全球分销系统通过提供更多的服务，更全面的链接和新技术得以进一步发展。截至 2006 年，Amadeus、Galileo、Sabre 和 Worldspan（2006 年被 Galileo 的所有者 Travelport 收购）稳居前四强。

总部位于西班牙马德里的 Amadeus 为全球的旅游业同行提供在线分销、营销和销售工具。Amadeus 是 1987 年法国航空、西班牙伊比利亚航空、德国汉莎航空和北欧航空共同建立的。刚刚建立不久，北欧航空将它的股份出售给了 Amadeus 数据处理公司。现在 Amadeus 被称为 Amadeus 信息技术集团，提供广泛的旅行和技术服务。虽然全球分销系统是它的核心业务，但它同时也开始提供电子商务和信息技术服务。Amadeus 报告称：超过 10 万家旅行社和机票销售点在使用其服务。Amadeus 代理了航空公司、连锁饭店、租车公司、铁路、旅行运营商、邮轮和保险公司的产品。

Galileo 和 Worldspan 都隶属总部位于纽约的 Travelport，其全球分销系统覆盖 160 家公司，为 63000 家旅行社、429 家航空公司、280 个饭店连锁、25 家租车公司和 400 条邮轮线及其他旅游线路提供服务。另外，Travelport 的业务还包括了技术解决方案、销售、营销和其他旅游相关的产品和服务。它的全球分销系统的业务由三部分组成：Galileo、Worldspan 和 THOR。

Galileo 是世界上最大的旅游内容提供商之一，致力于“为旅行社、公司客户和旅行供应商们提高效率和运营收益”（摘自其公司网站），同时降低合作伙伴的运营成本。Galileo 的合作伙伴包括了爱尔兰航空、加拿大航空、 意大利航空、 英国航空、瑞士航空、葡萄牙航空、美联航和全美航空。另外，租车公司 Orbitz，订票网 ebookers 和 Cheaptickets 也都在使用 Galileo 的服务。

Worldspan 提供旅行分销和技术，并向旅行社、公司客户和旅行供应商和网站提供服务。其互动的交易工具帮助旅游机构降低成本，增加产量。它的合作伙伴包括美国达美航空、饭店竞拍预订网站 Hotwire 和 Priceline，以及好订网（Hotels.com）。

THOR 网站上把自己描述为国际旅行服务公司，它为世界主要旅行提供商提供销售、营销、专属产品和服务。THOR 的全球饭店业务为 3 万家饭店提供服务。它的会员旅行社能享受折扣价和其他利益。

Sabre 隶属 Sabre 控股，总部位于得克萨斯州的南湖市。Sabre 控股向旅游行业提供分销和技术相关的产品和服务，主要包括了 Sabre 航空公司解决方案（为航空公司、机场和政府机构提供提高运营效率和降低成本的服务），Travelocity（深受欢迎的在线旅游服务公司），以及 Sabre 旅行网络（Sabre Travel Network）。

Sabre 旅行网络在网站上宣称它们通过世界上最大的旅行市场平台——Sabre 全球分销系统为阳光下所有类型的旅行提供商服务。Sabre 连接了超过 55000 家旅行社营业点、400 个航空公司、88000 家饭店、24 个租车品牌、13 条邮轮线路和其他多种旅行供应商。Sabre 在 59 个国家开展业务，业务高峰时期每秒钟处理超过 100 万个交易。许多人都将全球旅行行业的变革归功于 Sabre。它的主要贡献有:

- 1964 年，Sabre 的网络成为最大的私人实时数据处理系统，仅次于美国政府的网络系统。
- 1976 年，第一家旅行社安装了 Sabre 系统，从而引发了旅行社自动化浪潮。
- 2004 年，Sabre 发布了桌面在线预订产品。
- 2007 年，Sabre 和 Amadeus 合作发布了行业支付处理系统——Moneydirect。

地接旅行社

所谓地接旅行社是指那些在旅游目的地提供地面接待服务（如食宿安排等）的旅行社企业。这种地接旅行社可能是某一旅行运营商设在当地进行独立经营的下属单位，也可能是同某一旅行运营商有其他某种直接或间接关系的独立企业。在旅行运营商规模较大并且专门经营该目的地旅游的情况下，往往会派一名有经验的旅行团领队负责提供全部或部分这类地接服务。

航空公司

航空公司对整个旅游服务业的发展起着巨大的推动作用。经营客运的航空公司有两类：定期航班承运商（scheduled carriers）和非定期航班承运商。

定期航班承运商在特定航线上按照特定的航班时刻提供航空运输服务，因而对外公布有航班时刻表。20世纪80年代中期以前，美国各定期航班承运商的机票价格和运营航班都由美国民用航空局进行管制。为了精简政府机构，美国总统和国会撤销了民用航空局。虽然有一些管辖工作移交给了交通部和司法部，但是大部分管制内容都已削减，以便允许所谓的“航空自由化”。随着航空自由化政策的实施，在价格战、资金短缺以及航线竞争激烈的共同压力下，实力弱小的航空公司被淘汰出局，航空运输业中的公司并购开始盛行。

在航空自由化条件下，联邦航空管理局交通部以及司法部（在涉及公司并购的情况下）成为对航空业行使管制的主要政府机构。联邦航空管理局和交通部至今仍对航空业中的飞行航线、飞行安全、空中交通管理、机场发展以及其他一些方面的情况严密监管。因此，航空自由化政策的影响主要体现在价格领域，这一点过去是如此，现在也是如此。

经营国际航线的美国航空公司必须得到美国交通部的批准，此外还必须同国际航空运输协会达成协议。国际航空运输协会是一个行业组织，全世界绝大多数在国际航线上经营定期航班业务的航空公司都是该组织的会员。美国航空运输协会则是代表经营定期航班业务的美国航空公司的行业组织。

非定期航班承运商是指那些获准经营包机业务的航空承运商。它们不受固定航线的限制，有权在较大的航区范围内开展业务。美国航空承运商协会则是代表美国非定期航班承运商的行业组织。

欧洲和日本的分销渠道

旅行分销渠道或旅行中间商同样也存在于世界其他地区。欧洲人和日本人用于推销旅游（包括营销和分销服务）的做法是为了适应成熟的大众市场。在欧洲和日本，人们通常都有较为固定的“放假”时期，这意味着大量的人会在每年的同一时间外出旅游度假。旅游行业会以各种能够想象得到的方法，面向这些大众人群推销其产品，包括通过媒体促销和直接通过零售网点推销。

在欧洲各国，旅游业一直受到人们的高度重视。除了国家旅游组织的促销宣传之外，旅游企业用于推销旅游的手段还包括：

- 大众传媒，通过各种商品目录、报纸、杂志、直邮促销宣传品、广播和电视进行宣传和推销。
- 陈列销售 merchandising，通过各种旅游和娱乐俱乐部进行。
- 直销网点，旅游经营商通过门市、银行和百货商店直接向大众零售（德国和瑞士就是这样做的）。

航空公司、旅游公司（经营零售业务或批发业务）、银行、旅游活动组织人、旅游运营商、饭店、国家旅游行政组织、地方旅游当局以及其他的旅游组织都在宣传和推销旅游。包机公司以及旅游运营商或旅游批发商批量购买座位、饭店客房、床位、食品等，从而使得大众消费者可以获得低成本的旅游度假产品。

在美国，旅游营销人员正开始采用某些在欧洲和日本已被证实是成功做法的旅游营销战术。这些战术包括在促销和广告、定价策略、产品组合以及产品推销等方面的一些创新举措。在促销和广告领域中，美国的航空公司正在加大采用直邮宣传品以及直接针对消费者开展特别促销等做法的力度。美国旅游行业在利用特价机票、短途旅行以及旅馆住宿的折扣价等诱使消费者购买方面，变得更加激进。旅游业广告工作的重点正在更多地集中于推销包价旅游产品，其中包含机票、住宿、饮食、租车以及其他服务内容。在陈列销售举措方面也有很多新的发展，例如，通过旅游俱乐部、百货商店、信用卡公司等较为直接地向消费者进行推销。此外，另一发展动向则是从事零售业务和从事批发业务的旅游企业正在走向合并，从而导致批发商和零售商的传统角色发生变化。

除了上述渠道外，消费者还可以通过很多其他途径购买旅游产品，包括但不限于汽车俱乐部、度假俱乐部、分时度假计划以及假日俱乐部等。

政府对旅游业的管制

美国以及国际上的很多政府机构都对旅游业行使管制或施加影响。

美国政府对旅游业的管制

在美国，对旅游业行使管制的政府机构很多。其中包括：

- 州际商业委员会：负责管辖铁路和公共汽车（含大型旅行车）行业。
- 联邦海事委员会：负责管辖从事国际航运的美国船舶。

- 交通部：负责管辖联邦航空管理局。
- 美国国务院：负责同其他国家商谈双边协定以及处理外交相关的事务。
- 司法部：负责执行反托拉斯法案，其反托拉斯处有时会介入涉及公司并购和企业扩张的案件。
- 商务部：其下属美国旅行事务处负责宣传、促进国际入境旅游和美国国内旅游。
- 财政部：关注国际收支平衡问题。
- 美国国会：其参议院商业委员会中的航空事务分会和对外贸易与旅游分会负责主管与国际旅行有关的立法。

其他国家政府对旅游业的管制

实际上，所有国家的政府在制定本国国内旅游和国际旅游的政策方面都起着主要的作用。外国政府介入旅游业的程度远远大于美国政府，其介入程度之所以大，有着多方面的原因。其中一个因素是：同美国政府相比，绝大多数的外国政府对旅游业的重要性，特别是其对经济的影响，有较高的认识。同时，经营国际航线的航空公司几乎无一例外的都是由其国家政府所拥有和控制的。

政府中的旅游部可对其国家旅游政策发挥很大的影响。同美国政府相比，绝大多数的外国政府，特别是欧洲各国政府往往都更多地参与引导或支配其旅游业的发展方向。此外，欧洲各国政府还往往较多地参与政府间组织的活动，例如国际民用航空组织、欧洲民用航空会议和官方旅游组织国际联盟（译者注：现已更名为联合国世界旅游组织）。

此外，世界上很多地区都设有以旅游事务为其首要领域，并且影响力巨大的大型社团组织。例如，太平洋地区旅游协会后更名为亚太旅游协会（Pacific Asia Travel Association）便是以促进亚太地区旅游业发展为宗旨的大型社团组织。

大多数以旅游业闻名的国家都鼓励国际入境旅游，特别是鼓励美国人到它们的国家去旅游，而不鼓励其国民到其他国家去旅游。这一态度的形成是出于经济和财政方面的动机。

如今，在美国乃至全球，两个主要的机构是美国旅游产业协会和世界旅游组织。

美国旅游产业协会这个位于华盛顿特区的非营利组织，自 1941 年诞生以来，一直代表美国旅游业的各个组成部分的共同利益和关注焦点发表其观点。它是得到广泛认可的促进美国入境游和国内旅游的领袖，旨在使美国成为世界第一的旅游目的地。它还是权威的和公认的研究、分析和预测整个行业的机构，得到国内外媒体的密切关注。

美国旅游产业协会努力提高人们对于旅游影响力以及旅游对于国家经济、社会和文化的重要意义的理解。它通过大量营销活动、论坛以及营销和研究出版物，来为行业内的所有大大小小的组成部分提供机会，借此实现其目标。它保护行业不受那些歧视旅游者和旅游产业，限制旅游发展的政府措施的影响。它不复制其他旅游产业协会和组织的目标，只代表特定的行业利益，专注于5个主要目标：

- 推广旅游产业作为国家主要产业，为国家经济利益做出巨大贡献的广泛认知。
- 促进旅游行业的融合，为行业领袖提供沟通平台。
- 充当旅游行业研究、分析和预测的权威机构。
- 向政府提出适应行业需要的发展计划、政策和立法建议，并与政府合作实施；干预直接影响入境和国内旅游推介的问题和方案制定。
- 制订并执行有利于旅行供应商和消费者的计划。

世界旅游组织是在旅游领域起引领作用的国际组织，是全球旅游政策问题的论坛和旅游专业技能和数据的实用性资源。其会员包括139个国家、7个地区和大概350家代表地区或当地旅游促进委员会、旅游业协会、教育机构和包括航空、饭店集团和旅行运营商的企业。

总部位于马德里，工作人员由90名国际知名旅游专家们组成的世界旅游组织是联合国所辖的政府间的机构，起到促进可靠的、可持续发展的和对全世界大众开放的旅游的作用；通过旅游达到刺激经济增长和创造工作机会的目的；提供激励措施，保护环境和文化遗产，促进和平、繁荣和人权。

世界旅游组织相信政府在旅游中起到至关重要的作用，它的存在是帮助世界各国最大化旅游的正面影响，例如：创造就业、兴建基础设施、赚取外汇，同时试图将对环境和社会的负面影响降到最低。

纵向、横向与上下游整合

整合通常定义为对同一企业所生产或提供的两种或多种旅游服务和产品的拥有、控制和合资生产的行为。旅游和住宿行业有着丰富的整合案例。各种整合形式在营销战略中起到至关重要的作用。让我们审视一下各种整合形式：

纵向整合：它是在一家公司从事多种购买和分销的情况下出现。例如卡尔森公司（Carlson）就同时经营饭店、度假村、商旅管理（包括会议和节事服务以及旅行者的服务）和餐馆。

横向整合：它发生在一家公司在某个行业细分市场里的份额不断提高的时候。例如万豪国际拥有众多住宿品牌，包括万怡、万豪饭店和度假村、万丽和丽兹卡尔顿。

上游整合：这种情况发生在一家公司收购原来由供应商提供的业务，例如一家快餐公司收购土豆供应企业，或者航空公司兼并供餐公司。

下游整合：它发生在旅游服务企业开始控制产品和服务的销售网点时，例如旅游产品销售公司快乐假日在旅游目的地拥有自己的饭店。

旅游住宿行业中许多企业在产品、服务、分销渠道和营销的角度具备不同的业务功能，这一点可能是独一无二的。当考虑旅游和住宿行业整合的深度和广度问题时，只要我们去想一想卡尔森、万豪国际、希尔顿或者是美联航，就可以理解了。

分销渠道（Channels of distribution）：旅游相关的产品和服务通过它们得以被供应商销售或者被消费者购买。

计算机预订系统（Computer reservation systems）：用于旅游和住宿行业储存和获取信息，达成交易的计算机系统。

比价网站（Fare aggregators）：从主要在线旅游服务网站收集信息，整合数据，为用户提供单一显示界面的计算机系统。

全球分销系统（Global distribution system，简称 GDS）：旅行社使用的预订机票、租车、预订饭店和其他旅游服务的计算机系统。

奖励旅游（Incentive travel）：作为奖励的旅行安排。

整合（Integration）：一家公司拥有、控制和合作提供两个或更多旅游和住宿业产品和服务。

汇总式搜寻引擎（Metasearch engines）：搜索多个搜索引擎的搜索引擎。

在线旅游公司（Online travel agent，简称 OTA）：预订旅游产品的在线旅行社。

旅行零售运营商（Tour operator-retailer）：专注于计划和运营预付假期的企业，通过旅行社将产品销售给公众。

旅行批发运营商（Tour operator-wholesaler）：为旅行社零售业务提供包价、订购、收账和广告业务的公司。

旅行中间人（Travel intermediary）：促成旅行消费者和旅行供应商之间交易的公司或个人。它分为两类：挣佣金的商业中间人和作为本职工作，为他人安排旅行计划的，不挣佣金的中间人（如行政助理）。

旅行网站（Travel websites）：提供旅行信息以及产品和服务的网站。

第5章

概　要

营销工作的资源规划

目标对准能够带来赢利的消费者细分市场

影响目标市场

学习目标

1. 了解旅游服务企业营销战略需要灵活性的原因。
2. 了解零基预算法对市场营销工作的意义。
3. 熟悉内部分析和外部分析在决定企业营销任务中的作用。
4. 熟悉“细分市场获利能力”这一概念在营销旅游服务产品时的应用。
5. 掌握旅行中介影响旅游和住宿企业营销活动的主要促进因素，找出影响市场的工具。

认识消费者和市场营销

今天，市场营销战略比过去任何时候都更加需要灵活性。在一个同行众多和高度竞争的市场中，“变化”是市场营销的关键。营销人员必须拥有灵活应变的能力去调整战略，迅速回应市场状况的变化或者竞争对手的大胆行动而带来的各种挑战。这便是近些年来旅游服务业中出现了多种多样的营销战略的原因，如常旅客计划、回头客奖励措施、价格战以及打折广告等。

本章将通过研讨旅游服务企业为什么需要采取某些特定的营销措施以及这些措施如何通过有效的预算从而得到经费支持，去认识市场营销。虽然市场营销活动的焦点在于消费者的需求，但是为这些活动提供经费支持的预算工作则在于本企业特定的营销需要。本章还将说明旅游企业如何通过将目标瞄准那些利益最大的市场，从而使其营销资源得到最佳的利用。本章的最后部分将简要地探讨如何选择最有效的营销战术去影响所选定的目标市场。

营销工作的资源规划

饭店、餐馆以及其他旅游服务企业都面临着同样的挑战，即如何策划营销活动，从而能够使有限的营销预算得到最佳利用。

这一挑战往往因为预算工作操作不善而被复杂化。我们常常可以见到这样的情况，年复一年，很多企业参照其去年的营销预算去决定今年的营销活动费用，而去年的营销预算则又是依照前年的营销预算制定。实际上，采用这种做法去编制营销预算并不能适应一个企业当前和未来营销工作的需要。旅游服务业市场是动态发展的，消费者的需求在不断变化。竞争对手的情况也在不断变化，因而应该针对新的消费者需求变化调整其营销活动和营销信息。依照上一年营销开支制定的营销预算，往往会使一个企业的营销活动停留于过去的常规做法。

营销经费应当根据企业设定的目标来确定，因为企业目标决定着企业需要做哪些业务以及何时做这些业务。以这种方式去制定一个企业的营销预算，被称为零基预算法。零基预算法要求所有各项开支都有其正当的理由。这种方法假定企业中任何一个部门，包括市场营销部门在内，其工作经费的预算都应从零开支开始，并且每一笔预算都必须有其正当的理由。任何一笔开支都不能仅仅因为去年如此而被认为正当合理。企业每年都要对各项营销预算开支进行重新分析并论证其合理性。所依据的原则是，同其他费用使用方式相比较，本年度如此使用该项开支将会收到更为有利的效果。

市场营销的计划工作首先要明确所要营销的产品，并且认清实现目标业务量所需要的“核心”营销开支项目。例如，某提供简餐的餐馆一周 7 天只供应午餐和晚餐。如果周一至周五午餐时间的业务量已经达到或超过客满的程度，则该餐馆不必进一步增加营销开支去招徕更多的顾客前来用餐，因为其目前营销活动的程度和营销经费的水平足以维持理想的业务量。同样，假定有一家拥有 1000 间客房的饭店，其周一和周二晚上的客房出租率已经接近 100 %，并且这些客源主要来自本饭店的预订系统。在这种情况下，该饭店除了交纳预订系统的使用费外，不必再花任何营销经费去为这一时间段招徕客源。这两个例子都说明，通过对业务活动的分析，可以告诉我们哪些情况下不宜再增加新的营销活动，并且可以认清保持理想的营业量所需要的“核心”营销开支项目。根据零基预算法的原则，“核心”营销开支项目属正当合理的开支，应成为总体营销预算中的一部分。下一步的工作则是摸清本企业打算在哪些领域扩大业务，并确认相关营销开支对于实现这些目标的必要性。

目标对准能够带来赢利的消费者细分市场

为营销活动（除了维持目前营业量所需要的核心营销开支项目之外）做资源规划的工作始于识别企业有哪些特定的业务需要，并将目标市场对准那些赢利能力最强，能够满足这些特定需求的消费者细分市场。

为了说明这一点，我们回到刚才提到的那家拥有 1000 间客房的饭店。该饭店经营的现状是周一和周二几乎天天满房。假定对该饭店目前营业状况做进一步分析之后，我们发现每周五的客房平均出租量仅为 330 间，每周六的客房平均出租量仅为 250 间。由于这两个时间段的客房出租率分别仅为 33 % 和 25%，所以周五和周六这两天明显需要提升业务。市场营销的任务便是将目标对准那些有可能在周五和周六这两天光顾该饭店并且能给该饭店带来最大利润的消费者人群。

这种情况下我们不要考虑大部分商务旅行市场，因为公务旅行人员不大可能会在周末外出旅行。事实上，这一点可能也是该饭店周五和周六客房出租率低迷的首要原因。因此，该饭店所需要做的便是对休闲旅游市场进行内部和外部分析。通过内部分析，可识别现有顾客，即该饭店目前能够以最低的营销开支争取到的那些休闲旅游者。内部分析的另一目的则是了解这些顾客的需求及他们在周末住饭店的原因。所谓外部分析则是分析该饭店的竞争对手，其目的是摸清这些竞争对手的顾客对周末住店有哪些需求。

根据内部分析和外部分析的结果，该饭店可将所选定的各目标市场人群按潜在业务量的大小进行排序。例如，排序的部分结果可能是：

第一，二次蜜月的夫妻；

第二，周末度假家庭；

第三，观光旅游团；

第四，当地体育团体。

在为上述任何一个细分市场分配营销经费之前，首先应分析各个细分市场的盈利率。

细分市场盈利率是通过分析向某一特定类型的消费者或者向某一特定细分市场出售产品和服务所能带来的营业收入和利润来决定的。正如在任何行业中都能见到的那样，从盈利的角度看，某些顾客比其他顾客更值得经营。一个饭店企业可通过分析过去顾客的购买行为去判定各细分市场的盈利率。从客史资料中获得的信息可以显示属于目前正在分析的各细分市场的那些顾客的购买次数和购买的产品种类。虽然各细分市场的盈利率因企业而异，但是下面所列有关细分市场盈利率的排序情况可适用于许多饭店：

第一，消费开支不受限制，并且逗留天数较多的国际企业高管；

第二，消费开支相对不受限制的企业高管；

第三，出席公司会议的人员；

第四，出席社团会议的人员；

第五，二次蜜月的夫妻；

第六，当地体育俱乐部和体育运动队；

第七，带小孩的家庭；

第八，消费开支受限制的个人。

前面提到的案例中的那家饭店需要增加周末业务，所以它的第一反应可能是将营销资源集中用于吸引二次度蜜月的消费者。但是，在使用宝贵的营销经费之前，一项很重要的工作便是要考虑是否有可能利用实现销售一间客房所付出的营销开支，去争取更多客房的销售。也就是说，所采取的营销举措能否吸引所谓“家庭重聚”之类需要多间客房的团体，而不是仅针对二次度蜜月的夫妻所开展营销活动，因为后者一次只能带来一间客房的销售。在这方面，该饭店或许应将其营销活动集中于吸引全美捷豹或者克尔维特汽车车主俱乐部的当地分会或本州分会。如果这一点做不到的话，那么就营销经费的投资回报效果而言，同面向二次度蜜月的夫妻推销的周末度假产品相比，从体育俱乐部和体育运动队这一细分市场中去争取周末客源可能会更为有利。

影响目标市场

在明确了本企业的业务需求并且选定了最有利、最能够达到理想效果的目标市场之后，便要确定所需的营销资源，以便能够有效地去影响这些目标人群。不同的消费者人群对不同的营销做法有着不同的反应。错误的营销做法和错误的营销信息将会导致适得其反的结果。

最为有效的营销方法或营销技术需要依据目标市场的特点加以确定。每一个目标市场都是受到某些特定需求的刺激，才去购买旅游服务产品。因此，仅仅知道有哪些细分市场、有哪些分销渠道以及有哪些销售方法可供选择，而不理解消费者看重什么，即不明白消费者需要哪些刺激使他们去寻求旅游服务产品，这样的营销将是毫无用处的。

让我们假定上述案例中那家饭店的市场营销战略是通过吸引观光团体以及当地体育俱乐部和体育运动队去提高其周末业务。那么，实施这一战略所采用的营销方法之一便是去影响和联络为这些细分市场提供住宿预订服务的旅游零售商和旅游批发商。但是，中间商的行为也是由他们的某些需求所激励的，而且中间商的需求同其客户的需求这两者之间有着很大差异。了解中间商的需求将有助于创造使他们最感兴趣的营销信息。

图 5-1 中列出了一些促使旅游零售商和旅游批发商对该饭店的营销举措做出积极响应的关键性激励因素。这仅仅是一个例子，说明销售链中两个不同的群体如何被不同的需求所激励。针对其他的销售渠道以及针对每一个最终消费者人群或每一个

细分市场，我们都可以分别为其列出一系列类似的激励和反应要素。这些激励和反应要素将会指导人们在营销工作中去选用最有效的营销方法。

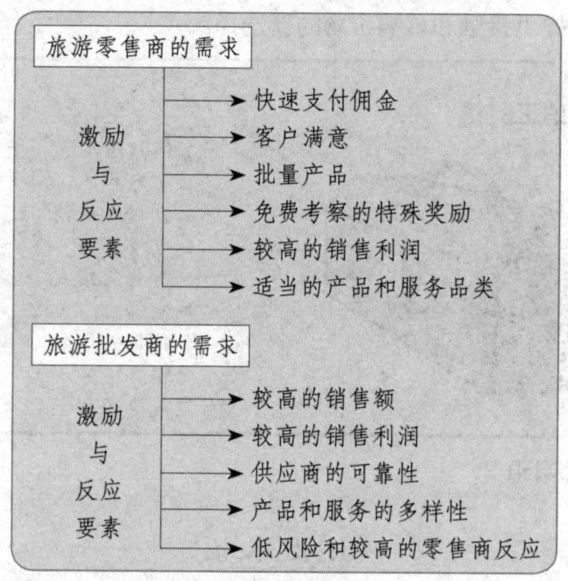

图 5–1　分销渠道中的市场营销

图 5-2 以图解方式对旅游服务业市场营销进行透视，显示最有效的营销方法的选择过程，并说明只有在对以下三个重要领域有了透彻的了解之后，才有可能选定最为有效的营销方法：

- 目标消费者细分市场及其需求。
- 旅游服务企业所提供的产品和服务以及该企业的特定业务需求。
- 旅游服务产品的分销渠道中，各类有关中间商的激励因素和反应要素。

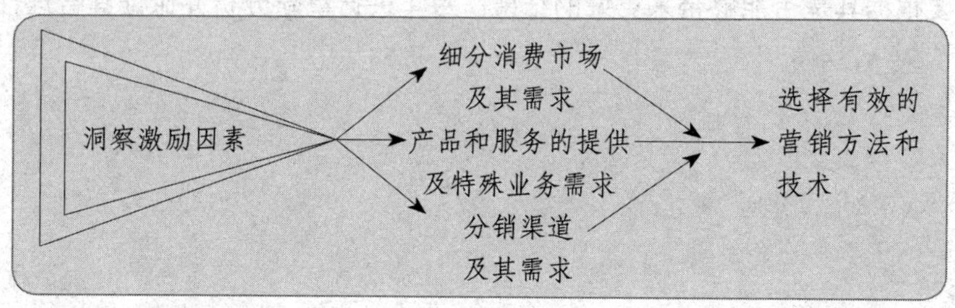

图 5–2　透视市场营销

对于任何商业企业、产品、服务或者品牌来讲，理解“营销工具箱”中的每一个工具的功能和何时、以何种方式使用这些工具是营销战略中的另一个关键部分

（图 5-3）。在最近的几十年里，技术进步提供了新的工具，如商业互联网服务、电子广告牌和路标，以及通过手机和其他个人交流设备的移动营销工具等。博客、社交网络和微博都在提供接触和影响市场的新选择。

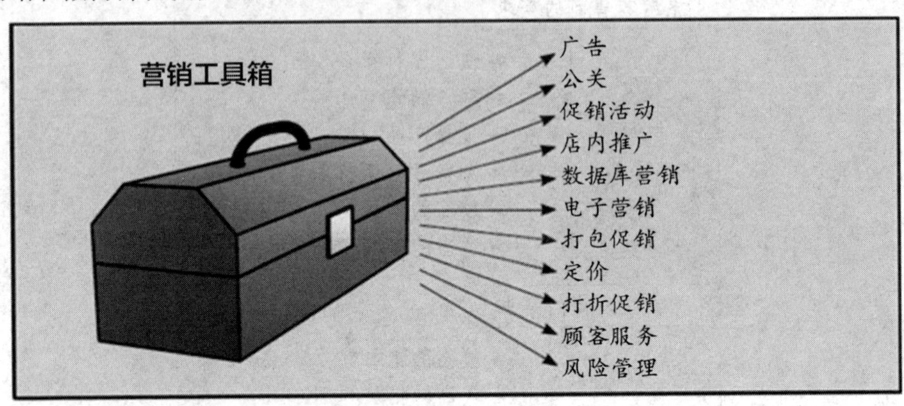

图 5–3　营销工具箱

主要术语

营销工具箱（Marketing toolbox）：诸如广告、店内推广、定价和打包促销的营销工具的组合，营销人员借助它们实现商业目标。

细分市场盈利率（Segment profitability）：通过对特殊消费人群或者细分市场销售产品和服务的分析而得出的该细分市场的盈利水平。

零基预算法（Zero-based budgeting）：零基预算法要求所有各项开支都有其正当的理由。任何一笔开支都不能仅仅依据去年的做法而被认为正当合理。各项营销预算开支要根据其是否能够带来更好的结果，每年进行重新分析并论证其合理性。

第 6 章

概　要

营销调研

营销调研的类型

营销调研技术

5 个基本营销情报工具

营销调研成果的展示手段

学习目标

1. 掌握营销调研的目的，熟悉营销调研的类型。
2. 掌握三项基本的营销调研技术。
3. 讨论 5 个基本营销情报工具。
4. 熟悉营销调研成果的展示手段。

主要营销方法的应用：营销调研

在着手制定营销战略以及选择营销工具去实现某一营销战略之前，企业先得去了解自己的产品，了解目标市场及其需求，并且了解它的竞争对手。企业的营销战略应当以合理的调研为基础，应当采用恰当的营销工具，并且应当直接瞄准其目标市场。本章的目的是介绍开展调研的方法，并推荐一些有关如何分析产品以及如何分析市场状况的方法和技术。

营销调研

在制定营销战略的过程中，最重要并且也是最困难的任务之一便是客观地了解自己的产品或服务同竞争对手以及市面上所有的产品和服务相比，究竟怎样。营销调研的目的在于提供有关的事实情报，以帮助企业对其产品、价格和营销战略做出恰当判断。一般来讲，企业所获得的情报愈是客观，对营销战略的选择就会愈加合理。

对营销调研进行分类以及实施营销调研的方法很多。在下面的内容中，我们将集中讨论营销调研的主要类型，介绍有关的调研技术以及探讨展示营销调研材料的一些方法。

营销调研的类型

概括来讲，营销调研可分为定量调研和定性调研两种。定量调研旨在通过计算、预测等工作将调研结果数量化。定性调研旨在识别、分析或汇集与消费者的态度、行为等有关的消费者特点。定量调研和定性调研既可以是原始调研，也可以是二手调研。所谓原始调研是指需要你自己收集原始资料的调研方式；所谓二手调研则是指利用别人已有的调查资料开展调研。

营销调研还可以从以下方面进行分类：

- 市场。
- 产品或服务。

- 消费者。
- 竞争对手。
- 环境。
- 趋势。

下面将对这些类型的营销调研分别简要介绍。

市场调研 就住宿企业而言，市场调研亦称区域需求分析，是对需求进行的量化和细分。在住宿业中，标准的客人类型分为散客、团体客人、商旅客人和休闲客人。此外，住宿需求通常还可按周日、周末、价位和需求来源进行分类。常用的需求来源包括当地客源（饭店/汽车旅馆附近区域）、零售客源、服务和制造企业的需求、旅游景点、会议设施、文化集会，以及与交通流量和运输干线有关的需求来源。

产品和服务调研 核心内容通常在于同竞争对手的产品和服务进行对比，自身的产品和服务有哪些优势和劣势。在住宿业中，这种调研也常常被称为物业调研。一个饭店的有形特征，又被称为有形资产，通常都需要查清并记录在案，例如，客房数、会议厅的面积与布局、娱乐设施、服务设施等。同样，饭店的无形资产或称为品质资产，也需要查清并记录在案，例如，客人感知、质量和顾客服务等级、声誉、由旅游组织（例如美国汽车协会）评定的等级以及在市场中的竞争定位等。产品调研的内容还包括对其他一些因素的调查，例如，产品的可替代性，即相同或相近等级饭店的存在情况；产品的近便性，即本饭店坐落地点的优势；产品的价格情况，即对同类饭店价格的调查。有些饭店只对那些同本饭店价格存在一定价格差幅（比如15%）的饭店进行价格调查，而另外有些饭店则将整个供给市场作为其价格调查的范围。

消费者调研 在旅游服务业中，消费者调研有多种不同的形式。就饭店和度假村而言，最为常见的一种便是所谓的预期顾客调研。这种调研旨在提供有关目前以及未来客人的基本情况。调研资料的来源包括预订资料、入住登记信息、结账离店记录以及客源地市场资料和目的地市场资料。

客源地市场指旅游者来自的地方，客源地市场资料可以用多种方式进行分类。其中应用最广的是按地理范围，如按国家、地区、州、城市等进行分类。客源地市场还可以按都市统计区和邮政编码进行分类。

由于市场营销常常有赖于将大众传媒作为影响预期顾客的一种方法，所以饭店企业可以按指定市场区域（根据A.C.尼尔森公司的解释，指某几家电视台的覆盖地域）或主要影响区域（根据阿比创听众调查公司的解释，指某一主要报纸的发行区域）对其目前和未来的客人进行分类。

消费者调研旨在摸清消费者使用旅游产品的基本模式，如一般的旅游习惯以及在选择饭店或汽车旅馆方面的偏好。消费者调研的目的还包括对消费者按年龄、收入、受教育程度等人口统计因素进行类别划分，以及发现他们喜恶习惯。对于所有这些方面的调查结果，则始终强调应尽可能量化。今天的消费者调研实际上包括对从消费者的购买习惯到消费者的态度和行为等所有方面的情况进行探察。

竞争性调研　成功开展市场营销的要诀之一便是了解自己的产品或服务如何有别于主要竞争对手的产品或服务。竞争性调研的任务是将你的产品或服务同竞争对手的产品或服务进行比较，努力发现消费者如何看待和感受你所提供的产品或服务以及如何看待和感受竞争对手的产品或服务。所要调研的问题通常涉及价格、设施质量、服务水准、购买的方便程度等。

环境调研　市场营销不仅必须考虑消费者和竞争对手的情况，而且还必须考虑整个行业经营环境中正在出现的情况以及即将影响到整个行业经营环境的有关情况。环境调研工作集中于调查那些正在或者将会以某种方式对你的产品或服务产生某种影响的外部因素（经济、社会、政治、科技因素等）。

环境调研中一项关键性的核心任务是预估将会遇到何种形式的机会和威胁，以及这些机会和威胁将会如何影响你的业务。通常，环境调研和竞争性调研是密不可分的。这些调研评价的结论往往按照英文首字母缩写被称为 SWOT 分析（分别代表优点 strengths、弱点 weaknesses、机会 opportunities 和威胁 threats）。该分析在制定市场营销行动计划时有助于保证其合理性。

趋势调研　趋势调研包括定量趋势调研和定性趋势调研。定量趋势调研旨在识别在顾客偏好、购买方法、购买频率以及影响未来需求量的其他因素等方面出现的重大变化。定性趋势调研则旨在识别消费者在态度、兴趣、所追求的利益等方面的变化。趋势调研的成果可帮助营销者制定战略营销决策。

营销调研技术

很多类型的营销调研技术都可用来帮助人们做出正确的营销决策。至于哪一种营销调研技术最为奏效，则取决于很多的因素，如所提供的产品或服务、问题或机会的性质、可用资源的数量、时间的紧迫程度、预算多少，等等。在当今的旅游服务业中，为人们广泛使用的营销调研基本技术包括直接调查、问卷调查和焦点小组讨论。当然，还有很多其他的定量和定性调研技术也在旅游服务业中使用，但是本章节的目的是让你熟悉以上三种基本的调研技术。不论选用哪种调研技术，其目的都是一样的，都是为了获得信息并应用调研成果去改进市场营销工作，提高产品或服务的适销性（marketability）。

直接调查 直接调查用于了解消费者的观点、揭示事实真相以及领悟潜在的趋势。直接调查可以在不同的地点，以多种不同的方式在现有顾客或潜在顾客中进行，甚至可以在竞争对手的顾客中进行。直接调查的开展方式包括当面调查、电话调查、网上调查和邮寄调查。

直接调查是系统收集数据的工具，通常根据测试对象对某些特定的陈述同意或不同意的百分比进行量化统计。有时还测量测试对象对问题赞成或反对的程度。例如，“如果你非常赞成，请圈画选项1；如果你非常反对，请圈画选项5”。通常，打分制可以使用5分制、7分制和10分制。此外，直接调查法还可用于收集定性的信息，特别是在所问的问题为开放式问题的情况下，例如，“您此外还想看些什么？”或“您此外还想要些什么？”直接调查可以是一次性的，也可以按计划定期开展，例如，一年一度的常旅客的偏好调查。多次性定期调查（如每半年一次、每月一次等）往往旨在确定某些领域的情况（如本企业的服务水平或者受消费者欢迎的程度是在提高还是在下降），从而为营销、运营或开发决策提供可靠的依据。

问卷调查 问卷调查也许是旅游服务业中应用最广的调研技术，形式和目的不尽相同。作为收集信息资料的手段，问卷调查既可用于收集事实性信息，也可用于收集观点性信息。人们设计问卷并收集的信息资料包括客人的意见、顾客的基本情况、产品和服务的需求信息、有关顾客人口特征和心理类型的资料、有关顾客态度观念的信息、消费者使用商品的习惯和偏好等。所收集到的信息资料可用于评价企业的绩效、改进产品或服务、锁定和争取潜在顾客、制定邮寄名单、确定顾客的价格敏感度和分析菜单等。

同直接调查的做法一样，问卷调查的开展也可有当面调查、电话调查、邮寄调查和网上调查等多种方式。问卷调查往往是接续进行的，包括客人意见问卷和新顾客/新购买者问卷等。另外也同直接调查一样，问卷调查也可采用打分制的做法，以便获得量化的信息资料或者按重要性程度对调查结果进行排序。

在很多情况下，“直接调查”和“问卷调查”这两个术语往往可互换使用。但是，问卷调查往往要比直接调查简短，并且在内容上通常也不像直接调查那么复杂。

焦点小组 焦点小组是一种通过小组讨论的形式，围绕系统的预设问题去征求个人观点的营销调研技术。召开焦点小组座谈会时，由一名主持人根据事先设计的讨论计划，组织焦点小组成员围绕预设的主题发表自己的看法。在有些情况下，座谈会上还规定出自由漫谈的时间。为了便于会后分析，可将焦点小组的讨论发言进行录音（录像）或者通过单向镜进行观察和记录。与会的小组成员可能是自愿捐出时间参加讨论，或者也可能有酬劳。

焦点小组座谈有若干种类型，包括从单一区域焦点小组座谈到地区 / 市场区域间焦点小组座谈直至多地区焦点小组座谈。单一区域焦点小组座谈是指与会人员都来自同一个市场。地区 / 市场区域间焦点小组座谈是指在国内多个地区举行的多次性的焦点小组座谈。此外，还有产品 / 服务使用者的焦点小组座谈以及非产品 / 服务使用者的焦点小组座谈。总之，构成焦点小组的人员可能是你的现有顾客，也可能是竞争对手的现有顾客，抑或是潜在顾客或者是上述人员的任何组合。

同直接调查和问卷调查相比，开展焦点小组座谈比较费时，营销者要花很多时间去组织和跟踪。焦点小组座谈这一调查技术涉及撰写讨论计划，雇用专业的小组主持人，实施焦点小组座谈以及分析座谈情况和人们的反应。总之，同问卷调查或直接调查相比，焦点小组座谈这一调研技术可以更深入地提供有关消费者态度和行为等方面的定性调研成果。焦点小组座谈过程中有时会提出一些有价值的问题，这些问题可留给日后的问卷调查和直接调查使用。

5 个基本营销情报工具

在制订战略营销计划之前，需要审视企业内部、周围环境和展望未来。下面提到的 5 个营销情报工具可使任何企业主要调研发现并减少失误。

第一，SWOT 分析。记录和分析你的哪些能力和资源可以提高你的竞争地位和绩效。通过审视公司内部数据，可以获取相关情报。SWOT 分析（优势、劣势、机会和挑战）帮助明确使你的机构绩效不佳或者丢失市场份额的资源和能力问题。关注竞争对手和展望环境趋势研究的是外部问题，为你提供营销情报、找寻机会、佐证新的营销战略，明确哪些趋势会改变营销战略。

第二，顾客满意度指数分析（customer satisfaction index，简称 CSI）。不断地测量顾客满意度指数对营销战略来说是基本要求。开发诸如顾客满意度指数这一系统营销情报工具为你提供即时的、定期的公司表现分数。如果可以，顾客满意度指数应该与绩效评估和机构内的所有层级的奖励系统密切相关。

第三，顾客认知审计（customer perception audit，简称 CPA）。这个营销情报工具为整个售前和售后体验提供业务绩效和承诺兑现的客观的外部评价。按部就班地循着顾客接触点研究顾客的认知。通常可以雇用神秘顾客或者聘用第三方机构来完成。

第四，差异分析（Gap analysis）。作为一个营销情报工具，差异分析试图明确管理者对业务绩效的看法和顾客满意度以及了解顾客如何评价公司的不同表现。这个不同被称为“差异”。好的差异分析可以使用指数进行量化测量。例如，管理者对于某项顾客满意度的百分制评分是85，而顾客本身体验的分值是65，那么管理者和顾客的差异分数为20。

第五，第三方调研数据（Other people’s data，简称OPD）。不是所有企业在有限的资源压力下都可以负担全面营销调研。解决方案之一是使用被称为第三方调研数据的营销情报工具。公司感兴趣的第三方调研数据包括行业和某个产品类别的情报。许多公司或机构（包括竞争对手、政府官员等）经常向公众报告和分享其调研结果，我们可以好好利用这些免费的或者很便宜的营销情报。

营销调研成果的展示手段

营销者可用以帮助人们理解和分析调研结果的展示手段很多。其中有些手段是简单易懂的图示法，例如，三角图或金字塔形图、环形图或映射图、直线图、方块图或矩形图、矩阵图以及方格图等。有人可能会认为这些展示做法未免过于简单化；但是，绝大多数的调研结果和模型都是利用这些简单易懂的形式从视觉效果上进行展示的。下面介绍几个你将来在旅游服务业工作期间可能会遇到的调研成果展示手段。

金字塔形图 它常常用来描绘市场规模的大小、服务水平的高低、价格的高低以及产品/品牌的定位。图6-1中的金字塔形图便是通过显示服务水平和价格的高低，去描述住宿业中的几个品牌。这种展示方法还可用于显示价格体系或反映市场和价格战略。

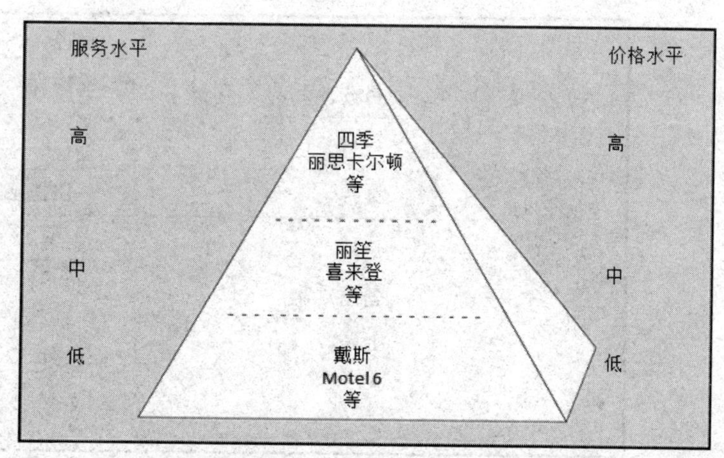

图6-1 金字塔形图样例

环形图 它常常用于标示所处的位置。你可以利用环形图比较你的产品与顾客需求的关系，或者比较你的产品与竞争对手的产品（图 6-2）。这类“认知图”可帮助你专注于这样的问题：同竞争对手的产品相比，从顾客所感知的质量和价值方面进行考虑，你的产品目前处于何种地位。在图 6-2 中，横轴表示“质量”，纵轴表示“价值”。顾客对你的产品的感知情况在图中标示了所处的位置。这类认知图可以帮你认清你在市场上和竞争中存在的问题和有可能利用的机会。同时，这类认知图在制定广告策略或定价策略以及在决定是否有必要提高产品质量或服务程度方面，也具有很大的价值。

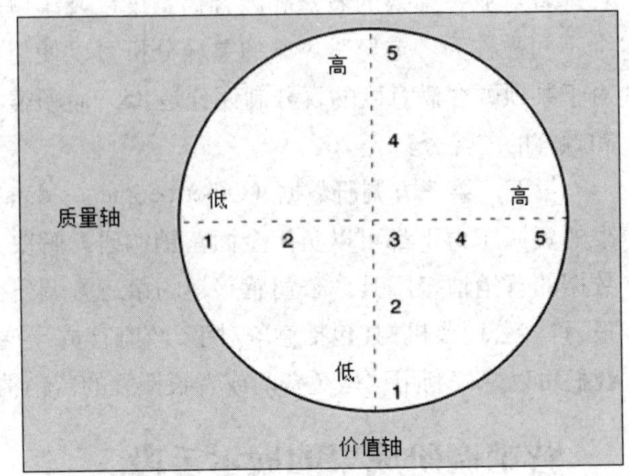

图 6–2　环形图样例：认知图

直线图　直线图常常用于明示通向目标的“途径”，显示可供选择的战略，开发网络与合作伙伴，从而帮助决策。其中最常见的直线图之一便是“决策树”（图 6-3），常用于展示产品 / 服务的市场延展和市场扩张，目标市场选择以及产品 / 服务的组合等。决策树可展示为了实现某一目标而有可能采用的各种途径。在产品或服务的开发、公司运营和营销等工作领域，决策树都有其实用性。它的好处在于可以清楚地表明实现目标的各种备选路线。

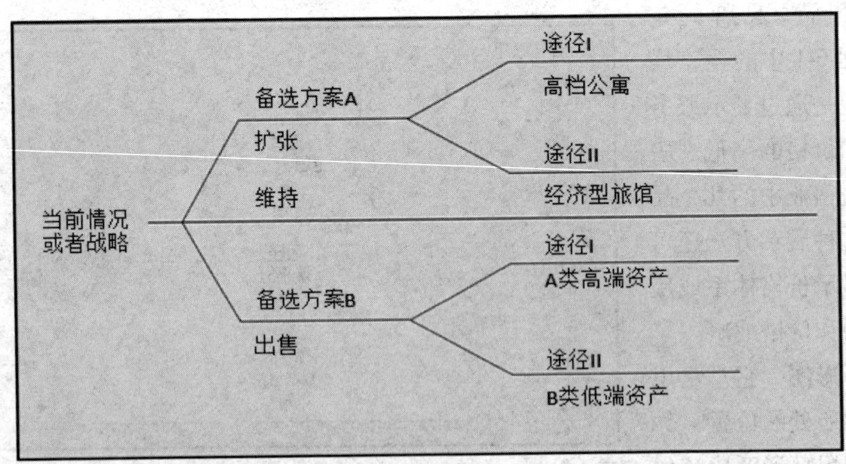

图 6–3　直线图样例：决策树

方块图/矩形图/矩阵图 多年来，方块图和矩形图对于营销者来说一直是很有用的展示工具。其中最著名的方块图原创自美国波士顿咨询集团（Boston Consulting Group）。这家一流的管理咨询公司提出：一个企业可根据有关产品的市场增长率（即整个市场销量的年增长率）和本企业同最大的竞争对手相比所占的市场份额，去评价自己的产品。然后将各个产品置于"波士顿市场增长率——相对市场份额矩阵"中（BCG Growth-share matrix，也被称为波士顿矩阵、波士顿咨询集团分析法、产品系列结构管理法）相应的象限内（图6-4）。通过将产品市场增长率划分为高增长率和低增长率，以及将市场份额划分为高份额和低份额，便可以识别出4种类别的产品：明星产品、现金牛产品、问号产品和瘦狗产品。这些类别名称的含义可汇总如下：

第一，明星产品：明星产品是指那些在快速增长的新市场中，本企业占有较高市场份额的产品。明星产品的增长速度很快，因而一般需要加大资源投入。在这种情况下，企业应调动其资源发展明星产品，以便在维持该产品市场增长率的同时，保持自己在市场份额上的领先地位。伴随着这种必要投入，市场增长持续不衰，明星产品便将转化成为现金牛产品，从而带来高于费用付出的收入。

第二，现金牛产品：现金牛产品是指那些在缓慢增长的成熟市场中占有较高市场份额的产品。它们带来的营业收入可用于支持那些市场增长率高的产品，或者用于承担那些遇到问题的产品所产生的费用。

第三，问号产品：问号产品是指那些在快速增长的市场中仅占有较小市场份额的产品。企业所面临的问题是：究竟是增加对问号产品的投资，争取使其成为明星产品；还是减少或终止对问号产品的投资，以便将资金转投其他更具投资价值的项目。

第四，瘦狗产品：瘦狗产品是指那些在增长缓慢或正在萎缩的市场中占有较小市场份额的产品。由于瘦狗产品通常不但赚不到什么钱，甚至会亏本，所以企业会做出放弃这类产品的决策。尽管瘦狗产品无利可图，但有些时候，企业出于种种原因还会继续经营它们。不过，企业经营管理者必须要记住：用于维持瘦狗产品的资源应该是本企业无法用于其他机会的资源。

波士顿咨询集团市场增长率——相对市场份额矩阵还可用于分析公司、品牌或市场。

另一个方块图/矩形图工具是由通用电气公司和麦肯锡咨询公司发明的"GE——麦肯锡9盒矩阵"，在波士顿矩阵的基础上，通过增加市场吸引因素和企业优势等设计，丰富了波士顿矩阵的内容。但无论是波士顿矩阵还是"GE——麦肯锡9盒矩阵"，抑或是其他方块图形式的组合图，都可以用直观的手段帮助营销者理解调研资料以

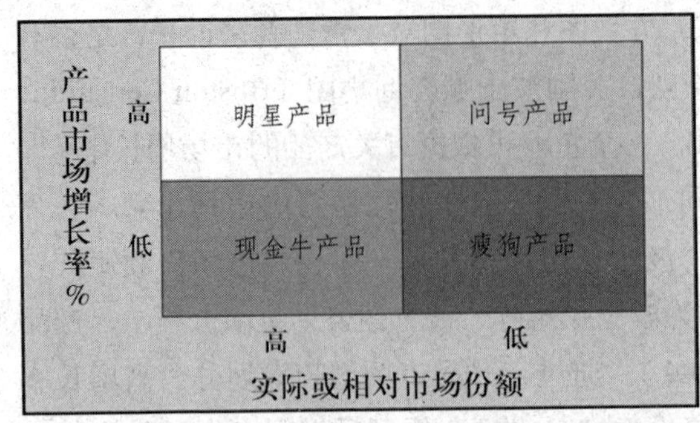

图 6-4　波士顿市场增长率——相对市场份额矩阵

及制定或选择市场营销战略。

方格图　延伸方块图概念使我们得到方格图。在帮助企业制定营销战略和营销计划方面，方格图是一极好的工具。例如，营销战略方格图便是通常用来观察目前以及未来市场和竞争状况的有力工具（图 6-5）。它使你能够通过对你的产品或服务所做的真实而客观的评价，正确地了解你所处的地位。为了客观地选择适宜的营销战略，你必须了解你所处市场的状况（包括目前状况和未来状况），必须了解该市场的发展方向，必须了解你的产品以及竞争对手的产品在目前和未来市场中的地位。

营销战略方格图可用于描述你的产品或服务是否成功。某一产品或服务在方格图上的位置是该产品市场的潜力与该产品在市场中的竞争地位这两者的函数。方格图中的横轴指该市场的潜力，而纵轴则代表该产品或服务在市场中的竞争地位。这两条轴上的位置皆按从强至弱顺序排列。如果你要将你的企业作为一个整体进行评定，那么你的企业竞争地位则取决于有关定量和定性两方面分析的综合结果。例如，你需要分析竞争的程度和性质，本企业所在地、交通条件、形象、设施、规模、价格等方面的优势以及本企业满足现有目标市场需求的能力。一种较好的做法是制作两张方格图，一张是关于你目前所处竞争地位的方格图，另一张则是你预计 2 ~ 5 年后所处竞争地位的方格图。这样做有助于你专注考虑市场和竞争的动态因素。

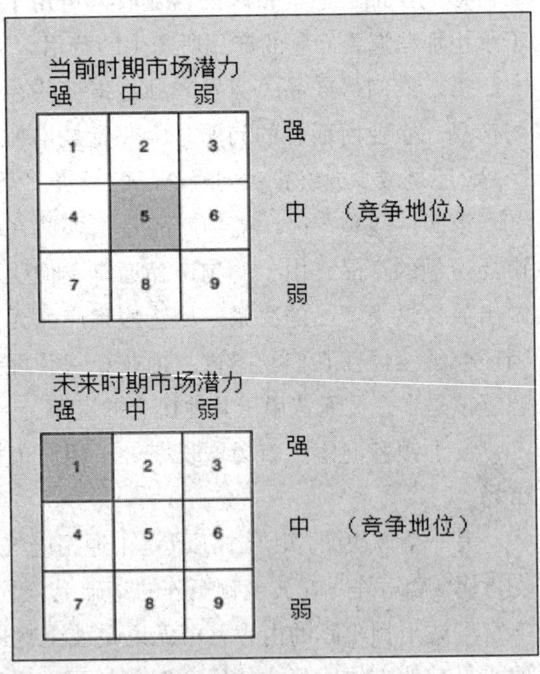

图 6-5　营销战略方格图

显然，某一特定产品或服务在方格图中放置的位置，都是有其具体含义的：

- 方格1、2、4指顺利、有利或可行。形成条件是，市场潜力和竞争地位这两项因素的程度都是“强”，或者“中”。
- 方格3、5、7指不大顺利、不大有利或谨慎。形成条件是，市场潜力和竞争地位这两项因素中，有一项因素的程度为“强”，另一项因素的程度为“弱”，或者这两项因素的程度皆为“中”。
- 方格6、8、9指不顺利、不利或不可行位置。形成条件是：市场潜力和竞争地位这两项因素中，其中一项因素的程度为“弱”，另一项因素的程度为“中”，或者这两项因素的程度皆为“弱”。

根据这些解释，方格图上的最佳位置是位于左上角的方格1，即市场潜力和市场竞争地位这两个方面的“强”“强”结合。最糟的位置是位于右下角的方格9格，即市场潜力和市场竞争地位这两个方面的“弱”“弱”并存。

由于所评价的这两项因素（即市场潜力和竞争地位）都是动态的，因此方格图内的位置可能会发生变动，也就是说，某一特定产品或服务所处的位置随着时间的推移而可能发生变化。方格图中的横向移动所反映的是市场潜力的变化，这种变化的发生是由于总体的和局部的外在经济因素和社会因素的压力所致。方格图中的纵向移动可能始于较低的6个方格。这些方格可看作是“行动格”，因为任何一个企业，如果其产品或服务的竞争地位是处在这些格内，都会打算采取行动向上移动。这种纵向移动代表着该产品/服务在市场中的竞争地位发生变化，可以通过改进管理和营销工作，对产品、设施进行升级换代以及提升服务水平来完成。

方格图概念的使用基于两项重要的假设：第一，为了尽量满足各个目标市场的需求，以及保持有利的形象和较高的市场份额，我们可以假设：无论何时，只要有可能，企业总是谋求方格1、2、4的位置。第二，无论你将你的企业置于方格图中哪一位置，其假设前提都是，本企业短期内不会有重大的改进措施或其他的策略改变，营销方面也不会有什么重大的变化。如前所述，你可以使用两张方格图，一张用于评价目前的状况，一张用于预估未来5年的状况。

让我们举一个例子来说明这种营销战略方格图是如何应用于旅游服务企业的。第一个步骤便是客观地评价你的企业，并确定其在方格图中的位置。让我们假定你拥有一家餐馆，并且它在方格图中的位置是方格1。这意味着你的餐馆处在一个潜力很大的市场中，并且是一家竞争力很强的餐馆，甚至可能是该市场中经营得最好的餐馆。那么面对这一情况，你应当采用哪些营销战略呢？

你的行动计划之一便是尽一切可能去捍卫你的地位，这不仅需要继续保持菜品质量和运营质量，而且还需要维持使你能够处于这一位置的核心顾客群。因此，你可采取的一项战略便是针对这一核心顾客群制订特别奖励计划。强化你第一地位的另一个战略是考虑利用你的市场地位提高你的产品价格，从而使利润最大化。

并非所有的企业都可处在营销战略方格图中1号的位置。让我们以一家处于营销战略方格图4号位置的饭店为例。该饭店是一家坐落在市场潜力很大的旧金山市的中等饭店。该饭店所在街道的对面有一家竞争对手饭店，不仅所处的市场潜力很大，而且其产品的竞争力也很强。那么，旧金山市的这家中等饭店若想尽量提高其获利能力，能够做些什么？让我们假定该市场目前的平均出租率为87％，也就是说，该饭店所处的市场是一个非常强劲的市场。根据预测，不仅市场需求会继续走强，而且进入该市场的新增客房数量也不多。目前的情况是：处在1号位置的竞争对手饭店的房价为每晚170～195美元，所实现的平均房价为181.75美元；处在4号位置的那家中等饭店的房价为每晚140～148美元，所实现的平均房价为144.85美元。这两家饭店目前都在以80％的客房出租率经营着。

在这个例子中，这家中等饭店机敏的营销部经研究决定采取下列战略：第一，通过在饭店门外添设遮阳篷和迎宾员以及对饭店的公共区域进行重新装修来改变本饭店的形象。第二，将房价提高到每间夜161～175美元。结果怎样呢？出租率没受损失（因为市场需求强劲），且盈利能力大大提高。

有很多不同的营销战略可供选用。具体选择哪些战略取决于你的企业在营销战略方格图中所处的位置。产品升级（重新装修）和提升价格是上述案例中起作用的两项营销战略。实际上，还有很多其他的战略可以考虑，但这需要以你的企业在营销战略方格图中的位置为基础。

图6-6中的9幅方格图展示9种可能的方格位置和与之相应的营销战略：

方格1：强势市场／强势（最好的）产品或服务

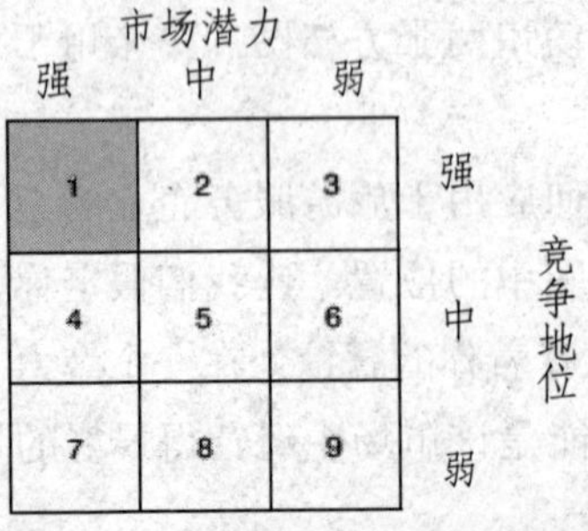

市场潜力

强	中	弱	
1	2	3	强
4	5	6	中
7	8	9	弱

竞争地位

1. 保持地位。
2. 培育核心顾客。
3. 通过定价使利润最大化。
4. 通过增添服务或产品升级保持竞争领先。
5. 丰富产品或服务（如更多的客房、餐位、航班、博彩器具等）。

图6-6　营销战略方格图和可能的营销举措

方格2： 中势市场/强势（最好的）产品或服务

竞争地位 \ 市场潜力	强	中	弱
强	1	2	3
中	4	5	6
弱	7	8	9

1. 通过竞争性定价争取市场份额。
2. 如果今后几年市场趋势强劲，努力进入方格1。
3. 如果市场趋弱，争取赢得更多目标市场（如培育核心市场或考虑改变定价策略等）。
4. 努力成为所在城镇中首选的住宿或用餐场所；成为唯一的航班选择。

方格3： 弱势市场/强势（最好的）产品或服务

竞争地位 \ 市场潜力	强	中	弱
强	1	2	3
中	4	5	6
弱	7	8	9

1. 如果市场正在向中势或强势发展，培育现有的核心市场，保持顾客对本企业产品的忠诚度。
2. 利用多种定价策略或提供多种产品/服务去争取所有的细分市场。
3. 大力强调成本控制和有针对性地进行促销。

方格4： 强势市场/中势产品或服务

竞争地位 \ 市场潜力	强	中	弱
强	1	2	3
中	4	5	6
弱	7	8	9

1. 通过将价格定得稍低于方格1的竞争对手，尽量增大利润。
2. 如果未来市场走强，可考虑将你的产品/服务升级，以贴近或进入方格1。
3. 争取"价值取向"的细分市场。
4. 突出你的产品/服务特色，使之成为取方格1竞争对手的产品。

方格 5： 中势市场 / 中势产品或服务

市场潜力：强	中	弱	竞争地位
1	2	3	强
4	**5**	6	中
7	8	9	弱

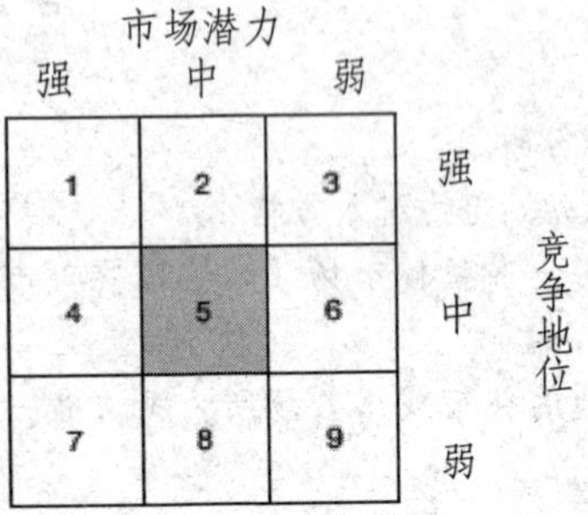

1. 如果市场发展势头趋强，通过将产品升级，使你的产品或服务升至较强的竞争地位。
2. 通过开展专题性促销，扩大目标市场数量。
3. 通过制定有竞争力的价格去争取市场份额。

方格 6： 弱势市场 / 中势产品或服务

市场潜力：强	中	弱	竞争地位
1	2	3	强
4	5	**6**	中
7	8	9	弱

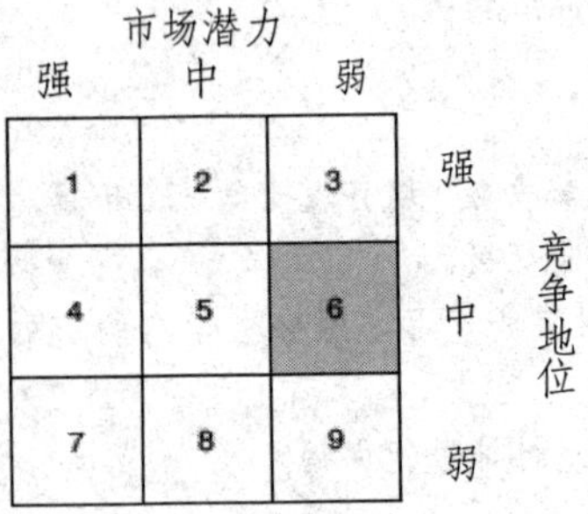

1. 保持地位。
2. 培育核心顾客。
3. 通过定价使利润最大化。
4. 通过增添服务或产品升级保持竞争领先。
5. 丰富产品或服务（如更多的客房、餐位、航班、博彩器具等）。

方格 7： 强势市场 / 弱势产品或服务

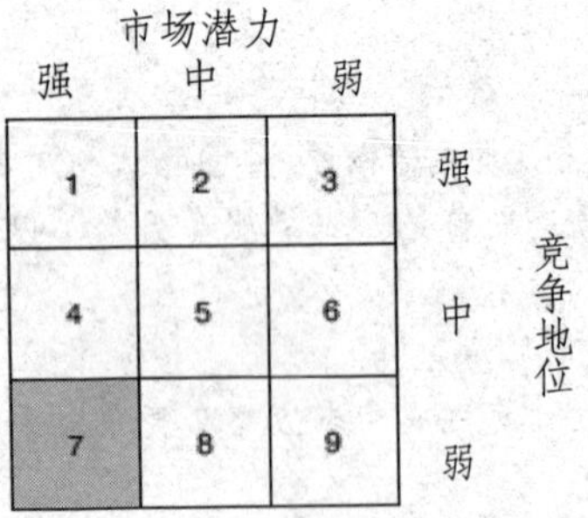

市场潜力：强	中	弱	竞争地位
1	2	3	强
4	5	6	中
7	8	9	弱

1. 对产品或服务中最具吸引力的方面进行升级。
2. 一旦升级工作完成，利用供不应求和客满的时段，提升你的产品 / 服务价格。
3. 在强劲的竞争对手尚未注意到的某些细分市场中争取成为最佳服务提供者。
4. 在特别功能上开展主题促销，争取扩大营业额。

方格 8： 中势市场 / 弱势产品或服务

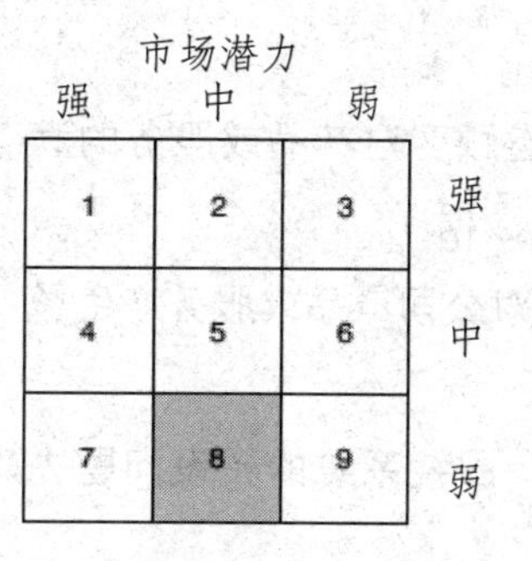

1. 如果市场未见走强，可考虑采用特价或特殊的价格体系去扩大市场份额。
2. 如果市场正在趋强，则尽全力去提升产品 / 服务，以便与市场共进。
3. 如果市场正在走强，运用促销、推销和广告等手段向市场推荐产品 / 服务及其价值定位。
4. 考虑围绕某一主题，专注于某些细分市场的营销，从竞争对手那里获取更多的营业额。

方格 9： 弱势市场 / 弱势产品或服务

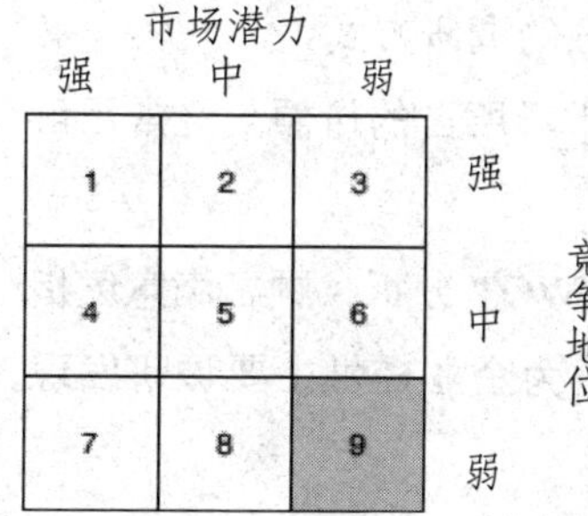

1. 该处理你的产品或服务了。
2. 在如此恶劣的环境下，考虑改变你的产品或服务的用途。

以上 9 个方格中所附的各项营销战略只是一些建议。实际上，选择营销战略时需要考虑的变量很多，况且每一项产品或服务自身都可能有某种独特之处，这一点在选择某一营销战略之前也是需要考虑的问题。营销战略方格图这一工具的设计目的是帮助你思考如何找出能带来最佳效果的营销战略。归根结底，真正主宰战略选择的是企业管理人员的判断，而营销战略方格图的作用只是帮助促成其敏锐判断而已。

主要术语

竞争性调研（Competitive research）：竞争性调研的任务是将你的产品或服务同竞争对手的产品或服务进行比较，努力发现消费者如何看待和感受你所提供的产品或服务以及如何看待和感受竞争对手的产品或服务。

顾客认知审计（Customer perception audit）：这个营销情报工具为整个售前和售后体验提供业务绩效和承诺兑现的客观外部评价。按部就班地循着顾客接触点研究顾客的认知。

顾客满意度指数（Customer satisfaction index）：为测量顾客对产品或服务的满意度而设计的营销情报工具，提供即时的、定期的公司表现数据。

环境调研（Environmental research）：对正在或者即将对公司产品或服务产生影响的外部因素（经济、社会、政治、技术等）的研究。

焦点小组（Focus group）：一种通过小组讨论的形式，围绕系统的预设问题去征求个人观点的营销调研技术。

差异分析（Gap analysis）：作为一个营销情报工具，差异分析试图明确管理者对业务绩效的看法和顾客满意度以及顾客如何评价公司的不同表现。

市场调研（Market research）：对需求进行量化和细分的调研方式。

市场份额（Market share）：某一产品或服务在整个市场所占的份额，经常用百分比或者总分占比的方式显示。

营销情报工具（Marketing intelligence tools）：包括 SWOT 分析、顾客满意度指数、差异分析和第三方数据分析等营销情报工具，目的是为企业提供主要调研发现并减少失误。

营销战略方格图（Marketing strategy grid）：用来观察目前以及未来市场和竞争状况的动态工具。它使你能够通过对你的产品或服务所做的真实而客观的评价，正确地了解你所处的地位。

第三方数据（Other people’s data）：由第三方操作并整理的研究成果。

潜在顾客调研（Prospect research）：旨在描述当前和未来潜在顾客的营销调研方法。

问卷（Questionnaire）：和直接调查类似的旨在收集数据的工具，通常比较简洁，内容相对简单。

直接调查（Survey）：直接调查用于了解消费者的观点、揭示事实真相以及领悟潜在的趋势。

SWOT 分析（SWOT analysis）：从优势、劣势、机会和挑战四个方面，帮助企业明确绩效不佳或者丢失市场份额的资源和能力问题。

趋势调研（Trend research）：通过量化和定性分析，研究市场或者细分市场在态度和行为方面的变化趋势。

第 7 章

概　要

销售工作的组织

人员推销

电话推销

部门间沟通的重要性

技术和经济改变了销售

学习目标

1. 了解饭店销售部常用的推销手段和工作流程。
2. 总结人员推销工作的三大要诀。
3. 总结电话推销工作的关键环节。
4. 了解部门间沟通对销售工作的重要性。
5. 解释技术和经济的变化如何重塑企业的销售工作。

主要营销方法的应用：销售

本章的目的是探讨销售工作。我们将讨论销售工作的组织、人员推销、电话推销，以及技术和经济的变化如何重塑企业的销售工作。我们的讨论将集中于旅游服务业中的饭店行业，因为饭店的销售工作内容繁多，超过其他大多数旅游服务企业。

本章中所列举的各种销售表格只不过是一些例子，类似的表格在很多饭店中都可以得到。利用计算机处理的表格也是可以得到的，这类表格可以有不同的设计，以适应单体饭店或连锁饭店的个性化需求。本章将讨论饭店销售部开展工作时所使用的基本销售方法和基本销售形式，但切记：饭店和饭店连锁集团往往会对这些方法和形式进行修订，以适应自己工作的需要。

销售工作的组织

这部分我们讨论饭店销售部用于销售会议和其他团体活动的基本工具和工作步骤。下面所列的是饭店使用的销售工具清单：

第一，宣传册。饭店的宣传册中应包括下列内容：介绍本饭店的各种会议厅，其中包括各会议厅的摆台方式（剧场式、“U”形、教室式等）和容纳能力；列出本饭店的各种服务设施；本饭店提供的服务项目；前往饭店的方法及饭店的方位图；交通服务指南；本饭店的电话号码和通信地址；可以联络的销售人员姓名，等等。

短评：如今印制得很漂亮的饭店彩色宣传册很多，翻看一下这些宣传册，你会发现很多好看的图片，但是如果缺少了上述任何一项内容，都不会是有效的销售宣传册。

第二，活动和附属设施指南或宣传册。销售部应该为客人制作饭店内部或者周边可以参加的活动的指南或者宣传册。列出可供夫妻和儿童选择的娱乐活动，还应包括商店、娱乐活动项目、附近的旅游景点等内容。

短评：谁都不想带自己的家人去一家地处文化娱乐“荒原”的饭店或者到这样

的饭店去同亲友会面。告诉客人饭店里和饭店周边有哪些文化活动和娱乐场所有助于最大限度地扩大你的市场。

第三，VIP 客人预订需求表。这一重要销售工具的设计目的是为了记录 VIP 客人的姓名、头衔、机构名称、地址、电话号码；抵离日期及具体时间；同行人数；来访目的；住宿要求；房价说明；有无特殊要求如葡萄酒、鲜花等；负责接待的员工姓名；以及适当的审批（表 7-1）。

短评：不要怕麻烦，确保准确填写表中所有各项内容。如果可能，还要在 VIP 客人到达之前，会同值班经理一起对 VIP 客人提出的各项要求进行复查。

表 7-1　VIP 客人预订需求表

姓名＿＿＿＿＿＿＿＿＿＿＿＿　到店日期＿＿＿＿＿＿＿＿＿＿＿＿

头衔＿＿＿＿＿＿＿＿＿＿＿＿　到店时间＿＿＿＿＿＿＿＿＿＿＿＿

机构名称＿＿＿＿＿＿＿＿＿＿　离店日期＿＿＿＿＿＿＿＿＿＿＿＿

地址＿＿＿＿＿＿＿＿＿＿＿＿　离店时间＿＿＿＿＿＿＿＿＿＿＿＿

电话号码＿＿＿＿＿＿＿＿＿＿　同行人数＿＿＿＿＿＿＿＿＿＿＿＿

来访目的　个人私事

公司视察

其他（请注明）＿＿＿＿＿＿＿＿＿＿＿＿

住宿要求　单人间　大床房

双人间　特大床房

两张大床的双人间　小套间

景观房　套间

房价说明　免费

特价（请注明）＿＿＿＿＿＿＿＿＿＿

结账方式说明＿＿＿＿＿＿＿＿＿＿

特殊要求　葡萄酒和奶酪　水果

消毒酒具　只要葡萄酒

香槟　其他（请注明）＿＿＿＿＿＿＿＿

申请人＿＿＿＿＿＿＿＿＿＿＿＿　日期＿＿＿＿＿＿＿＿＿＿＿＿

批准人＿＿＿＿＿＿＿＿＿＿＿＿　日期＿＿＿＿＿＿＿＿＿＿＿＿

第四，意向确认函。你的饭店有规范的意向确认函吗？这种意向性的确认函的内容应包括：暂定会议召开日期、抵离店日期、明确的房价说明、准备预留房间的数目和房型、会议要求要点（包括会议厅的摆台、用餐安排、预订器材和会间茶歇等）（表7-2）。这很重要，因为它是你同顾客签订最终“合同”的基础。介绍本饭店及其各种服务设施的宣传册可随同寄出。

短评：介绍要齐全，并且不要忘记说声“谢谢”。

表7-2 意向确认函样例

20____年10月11 日

密歇根州兰辛市

安科尔街811号

密歇根保险公司

营销副总裁

菲尔·杰克逊先生

亲爱的杰克逊先生：

昨天在电话中同您谈及我们花园大饭店承接密歇根保险公司20　年2 月会议的可能性，委实令人兴奋。

我打算为您的公司预留120间客房，20___年2月4日（周三）到店，2月7日（周六）离店。此次会议用房的房价如下：

单人间：	95.00美元
双人间：	105.00美元
小套间：	125.00美元
园景套房：	150.00美元
城市全景套房：	175.00美元

会议需求如下，请审阅：2月4日，120人的招待会和晚餐；2月5日、2月6日、2月7日，可容纳120人的会议厅，使用时间为上午8:00至下午3:00。

我店宴会和会议服务部总监比尔·罗宾逊将同您联系，进一步确定所有细节，如会间茶歇和音响设备等。

所有房费、税费和杂费将直接计入总账。

（续）

杰克逊先生，请最迟 1 月 6 日前将排房单寄来确认预订。6 日以后房间要看空房情况安排。

随信寄去饭店的会议和附属设施的详细宣传册。真诚希望通过我们的努力，贵公司的会议能够圆满成功。

杰克逊先生，随信寄去这封确认函的复印件，请签署寄回作为最终确认。

再次感谢您的来电，我们期待能为您和密歇根保险公司服务。

此致敬礼

保罗 · J · 温斯洛

营销副总裁

确认人:

____

菲尔 · 杰克逊先生　营销副总裁

日期: ______________________________

第五，销售检查表。销售检查表是一种工作文件，应该和有关客户档案钉在一起。该表的空白处用于记录（必要时用于修改）所有的安排事项，这样销售部的任何成员都可以从中准确地了解该顾客的需求、联系人和到目前为止的答复情况。这种销售检查表中应留有空白，用于记录销售人员的姓名；意向确认函和催单 / 最后确认函的寄发日期；会议的起止日期，以及这些日期是否得到确认；房间情况，包括商定的房价、给前厅部的说明（应附上意向确认函和催单 / 最后确认函），特殊排房要求和免费客房信息；结账方式要求；给餐饮部的说明，包括日期、价格以及酒水、饮料的特殊安排；展览要求；关于抵 / 离店时间、航班、车辆接送要求等方面的调查资料，以及其他备注信息，如特殊房间、附属服务设施、预计可能发生的问题等（表 7-3）。

短评：认真填写该表，不要遗漏任何内容。销售人员一定要同本饭店中所有其他有关部门直接联络，以保证所有细节填写齐全。

表 7–3　销售检查表样表

销售部经办人______________________________日期______________________________

确认函是否寄出______________________________日期______________________________

重点日期：是否已确认　是　否

（续）

如已确认，时间＿＿＿＿＿＿确认人＿＿＿＿＿＿

如未确认，有何提议＿＿＿＿＿＿＿＿＿＿＿＿＿＿联络人＿＿＿＿

是否已记入预订台账　　是　否

用房资料：＿＿＿＿连同确认函已经送交前厅部

＿＿＿＿连同用房类型、数量及特殊要求等资料已经送交前厅部

＿＿＿＿所有各类用房的房价已送交前厅部和财务部

＿＿＿＿特殊住宿需求，名单和 VIP 客人等

＿＿＿＿涉及免费客房（数量、位置等）

＿＿＿＿最终确认日期＿＿＿＿＿＿＿记录人姓名缩写＿＿＿＿＿＿

＿＿＿＿记入预订台账

＿＿＿＿预订卡＿＿＿＿＿＿是否需要回复

结账要求：＿＿＿＿个人

＿＿＿＿总账　总账账号＿＿＿＿＿＿＿＿

＿＿＿＿其他，请注明＿＿＿＿＿＿＿＿＿＿

餐饮要求：＿＿＿＿计划单已得到客户确认

＿＿＿＿确认日期 副本寄出＿＿＿＿＿＿＿

＿＿＿＿每人或每餐的价格已确认

＿＿＿＿酒水特殊安排

展览要求：　有　无　如果有展览要求，日期和方案

＿＿＿＿价格　＿＿＿＿＿＿＿＿进场　＿＿＿＿＿＿撤场

＿＿＿＿特殊需求清单＿＿＿＿＿＿＿＿＿＿＿＿＿＿＿＿＿＿＿＿

＿＿＿＿＿＿＿＿＿＿＿＿＿＿＿＿＿＿＿＿

重要信息：＿＿＿＿已记录抵达时间/航班号

＿＿＿＿已记录离店时间/航班号

＿＿＿＿需要车辆接送

特别说明：＿＿＿＿有无特殊人员要求（残疾人、孩童等）

具体说明＿＿＿＿＿＿＿＿＿＿＿＿＿＿＿＿＿＿＿＿＿＿＿

＿＿＿＿有无预期会出现的问题（如果有，明确说明）以及何人负责预防问题发生

＿＿＿＿＿＿＿＿＿＿＿＿＿＿＿＿＿＿＿＿＿＿＿＿＿＿

第六，客户联络报告单。这种报告单是一种按日期顺序简要记录同某一客户单位联络情况的工作记录表。该表的内容应包括：客户单位名称；主要联络人姓名、头衔、地址和电话号码；行政助理的姓名；按日期顺序列出并简要记述各次联络的情况（表7-4）。

短评：这种报告单不仅能帮助销售人员避免行为过度（即同预期客户联络过勤），而且能起到“要事提醒”的作用，因为你不仅可以用其记录上一次联络的时间，还可以计划下一次联络的日期。

表7-4　客户联络报告单样单

日期____________

客户单位____________
主要联系人____________
头衔____________
地址____________
电话号码____________
行政助理姓名____________

拜访日期和情况小结____________
日期____________
日期____________
日期____________
日期____________
日期____________

应做事项____________

禁忌事项____________

第七，催单/最后确认函。这一信函的内容应涉及需要最后确认的全部细节，因而应包括先前意向确认函中所列及的所有内容。该信函对有关顾客来说起着催单的作用，对于销售人员来说，则可利用这一机会去印证一下所有细节和顾客所提的要求是否都适宜和无误。该信函还有助于预防顾客临时取消预订或预订未到等突发情况的发生。这种催单/最后确认函应由双方共同签署，从而起到“合同”或有约束力的协议的作用。

第八，电话跟踪工作流程。这些工作流程可帮助销售人员给客户打跟踪电话，目的是核查客户所收到的催单 / 最后确认函的内容是否准确无误以及双方是否达成一致。对于销售人员来说，这是最后一次机会去更改有关的事项，也可用于向客户进一步销售。

第九，会议正式预订表。该表用于正式记录会议预订。该表的编号与客户单位的档案编号一致。表中应包括下列内容：销售人员姓名；预订团体的单位名称和地址；主要联系人的姓名、头衔、地址和电话号码；计划与会人数；担保客房数；计划入住日期；计划离店日期；保留客房的截止日期；最后决定日期；单人房、双人房和套房的价格；结账方式要求；免费客房情况；必要的特别说明，等等（表 7-5）。

第十，指派主要联系人。在会议期间，饭店应指派专人（最好是由成功销售并经手办理全部有关事宜的销售人员担任）随时帮助处理一切可能出现的问题。这可能是使顾客体验圆满的最大关键。

短评：一旦出现什么问题，销售人员一定要做到现场亲自处理。不要告诉顾客“请打电话给工程部”或“请打电话给餐饮部”。切记，销售人员要自已亲自去做，应是销售人员为顾客工作，而不是让顾客为饭店工作!

表 7–5　会议正式预订表样表

档案号__________ 销售员姓名__________

是否已确认______ 时间______ 批准人______

预订团体单位名称__________

预订团体单位地址__________

____

主要联系人姓名、头衔、地址和电话：

____

____

____

主要情况：

会议人数

订房数______

到店日期______ 到店时间______

离店日期______ 离店时间______

保留房间至______ 负责人______

（续）

承诺的房价：单人间______ 双人间______

小套间______ 套间______

结账方式：个人　　总账

有无特殊要求______

具体说明______

预订手续：销售部已登记______

其他______

免费房：数量______ 客人姓名______ 批准人______

星期日	星期一	星期二	星期三	星期四	星期五	星期六	核准人______	
							用房量	日期

到店日期______

离店日期______

第十一，集会活动时间表 / 工作计划表。这一工作文件应公布出来，供所有参与该团体服务工作的人员查阅。文件内容应包括：该团体的名称；主要联系人姓名和电话号码；负责结账和批准账目等事项的签署人；结账支付形式要求；集会活动的名称；房间保留信息；声像及其他设备的需求；特殊要求；会议厅的收费政策（免费还是收费）；以及按时间顺序逐一列出各主要集会活动，并具体说明场地布置、鸡尾酒、酒吧服务、菜单和其他细节，以及每一集会活动的负责人员（表 7-6）。

短评：集会活动时间表 / 工作计划表是整个饭店开展有关工作的依据。有这样一份填写齐全的工作计划表有助于使会议成功，令顾客满意。

表 7–6　集会活动时间表 / 工作计划表样表

活动团体名称______

主要联系人______ ______

电话号码______

□上述人员是否有权签单结账

□团体总账 / 结账号______

□个人账户 / 要求______

______

（续）

活动名称______________________

房间分配______________________

声像设备需求______________________

特殊要求__________☐__________☐__________☐__________☐__________

会议厅免费 ☐

会议厅收费 ☐ 如果收费，说明协议内容

日期	时间	活动	说明（所有具体细节）	负责人

第十二，入账流程。销售部应该有规定明确的入账流程供大家遵守。开账单时，应做到简明、准确，并且严格依据协议，不能有任何改动或突发变动。清楚而准确地开具账单不仅能使顾客满意，而且能确保快速付款。

第十三，会后报告单。这一报告单于会议接待工作完成之后填写，目的是确保账单准确和顾客满意。内容包括：客户档案号；客户单位名称；入住和离店的日期；客户方联系人的姓名、头衔、地址和电话号码；客户 / 集会活动的历史记录；争取未来业务的跟进行动步骤（包括跟进行动的日期安排和负责人姓名）；预订客房量和实际使用量（包括免费客房在内）；提前入住和延期离店情况；历史房价；会议厅收费情况；宴会使用的历史资料；以及特别备注（如顾客评语、投诉意见和重要的非常规要求）（表 7-7）。

表 7-7 会后报告单样单

档案号______________

客户单位名称______________

入住日期______________ 离店日期______________

联系人______________ 头衔______________

地址______________ 电话______________

（续）

会议历史记录____

____

____

行动步骤 1.____________________负责人____________________

2.____________________负责人____________________

3.____________________负责人____________________

跟进事宜 日期____________ 步骤____________ 电话________

____________ ____________ 信函________

____________ ____________ 拜访________

预订客房数量________________ 客房实际使用量________________

提前入住____________________ 延期离店____________________

历来房价________单人间______双人间______小套间______套间______其他

会议厅____________收费____________台型

宴会________________次数

________________菜单存档编号

特殊备注____

____

预订人________________________

第十四，致谢工作流程。致谢工作应包括两项具体行动。第一，由实际受理预订并经办该项业务的销售人员以私人信件形式发信致谢。第二，销售人员打电话给客户表示感谢；这也使该销售人员能够一对一地消除对方对某些问题的不满。

第十五，“欢迎再次惠顾”信。此信不仅是本次销售工作的终结，而且极有可能给你带来宝贵的回头业务。它使你有机会再次感谢客户，并征询满足其未来会议需求的可能性。

即便你已将上述所有销售工作可能用到的工作表单和流程都预备到位，并相信可以放手进行销售了，你还有许多事情要做。假设某VIP先生或女士打来电话时，你没在办公室，情况将会怎样呢？你的销售部秘书都受过训练吗？你应确保他们都受过训练。正像销售部的销售人员需要有一份工作手册或工作方案一样，销售部的秘书也需要有这类工作指南。

案头办公手册应是销售部每一位文秘人员办公装备的组成部分。该手册的内容应包括如何接听电话、接待来访的顾客以及填写销售部的各种表格等方面的工作说明和工作要求。

- 电话接听工作说明。在任何企业的销售部，正确地接听电话或许是最重要的工作，但是往往会处理不当。销售部应为文秘人员提供电话记录表，用以记录致电人的姓名、地址、头衔、单位、电话号码以及致电人提出的会议日期和基本要求。该表中还应对价格有清楚说明，可以告知文秘人员一个大致的报价范围，或者只是由文秘人员告诉对方价格可以商量。该表中的内容还应包括本饭店宣传册中所介绍的有关本饭店的一些基本情况，文秘人员可提供给对方的销售人员的姓名以及该销售人员将会给对方回电话的时间。

饭店企业之所以会丧失很多业务机会，是因为没有制定接听电话的须知事项或者虽已制定但却不去遵守。销售部应明确告诉其所有的文秘人员，掌握这些须知事项是岗位工作之一，所有要求必须遵守。

- 未曾预约来访客户的接待程序。饭店应为所有接待客户来访的人员制定一套热情、友好，同时符合业务规范的接待程序。如果销售人员一时不能到场，销售部秘书应为来访客户倒咖啡，并提供介绍饭店情况的宣传册或其他印刷品资料。所有这一切的目的都是为了保持来访客户的“热情”不减。
- 填表指南。在如何填写销售部的各种表单方面（如申请单、定购单、宣传材料索取单、意向性会议预订单、预订取消表、VIP预订申请单等），饭店应训练所有的文秘人员（以及销售人员），并为其提供填表指南。此外，文秘人员还应知道如何去建立、查找和删除有关档案。

销售工作的组织是重要而基础的环节。本节所提出的组织工作清单中列举了一些基本的销售工具和程序。销售人员可利用这些工具和程序正确地开展销售工作和预订业务。坚持使用这些工具和程序的结果，不仅将使销售部的工作井井有条，而且还会带来满意的回头客。

人员推销

讨论人员推销（即面对面与客户沟通）的文献很多。有些作者关注得体的装束和符合职业要求的仪表在推销工作中的价值；有些作者探讨销售心理学；还有一些作者则讨论诸如如何利用人的生物钟去促成销售之类的课题。其中很多推销理论都不乏可取之处，可以帮助你开展推销工作。

但是，人员推销得以成功的基础也可以说得非常简单，即你必须充分了解你的产品或服务；必须充分了解你客户的需求；必须充分了解你的销售形象，也就是说，必须充分了解你在客户心目中的印象如何。如果你了解自己的产品或服务，并且知道如何去识别客户的需求，你就能够使你的产品或服务与客户的需求相匹配，从而实现销售，如图 7-1 所示：

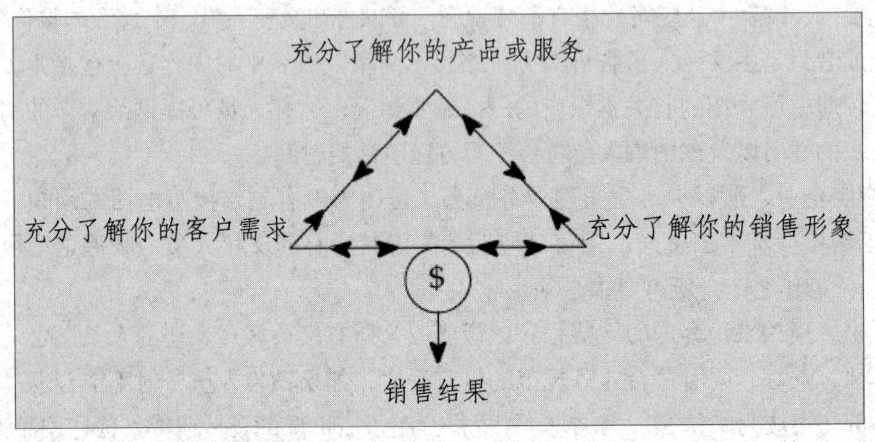

图 7–1　人员推销成功基础

果真如此简单吗？从理论上看的确如此，但是要将理论付诸实践，则需要认真的研究和大量的艰苦工作。让我们稍加详细地讨论一下人员推销工作的三项要诀：

要诀 1：充分了解你的产品或服务　除非你对你的产品或服务熟悉到无须查对有关资料便能娓娓道来的程度，否则就不能算是完全了解你的产品或服务。例如，假定你正在为某大型饭店推销团体业务，并且正在走访 E B M 公司的国内销售经理哈斯克尔女士。你能否很快地说出你们饭店的各类房价，各种服务设施，每个会议厅（室）的面积、布局、容纳人数、空间维度以及各种音像设备的性能等方面的情况吗？如果你能做到这些，那么你就算是完全了解你的产品或服务了。

要诀 2：充分了解客户你的需求　如果你对客户的需求有充分的了解，那么你也就做好了功课。你已知道 E B M 公司是干什么的、哈斯克尔女士是何许人也、她通常召集哪类会议，以及她召开的会议通常花多少钱。即使你事先并不知道这一切，你也应当在同哈斯克尔女士的秘书或哈斯克尔女士本人谈话时的开头几分钟内，将这些情况了解清楚。在试图向客户推销你的产品或服务之前，你首先应摸清客户的需求。比这更为重要的是：你需要理解，哈斯克尔女士的考虑比你所想象的要多。如果在规定的预算之内开成一个成功的会议，则会使哈斯克尔女士得到上司的赏识。

你在推销时要记住一点："我们知道你们想要开一个成功的会议，你们的成功就是我们的成功。"牢记此话，并且在推销会议设施过程中的某些时候应当讲出这样的话来。

要诀3：充分了解你的销售形象 把握自己的销售形象实非易事，特别是如果你不是严格要求自己这样做的话。通过你在装束、言谈、举止等方面的表现，你要向客户传递何种形象？在拜访哈斯克尔女士期间，你认为何种形象才能打动哈斯克尔女士？如果你的形象同哈斯克尔女士对你的期待不符，你则需要调整自己去适应哈斯克尔女士的期待。不错，这甚至可能意味着你需要去理发以及把皮鞋擦亮。你可能非常了解你的产品和你的客户，然而你的推销工作仍然可能会失败，因为你没能意识到你给别人造成的印象，或者你没能调整自己的形象去适应客户的预想。

人员推销的一个案例 最近出版的一本教科书中编入了多篇由旅游服务行业的经理人们撰写的关于推销的文章。这些文章中有很多关于如何成功开展销售拜访的建议。其中有这样的一句话："如果你修饰得体，身着整洁的西装或套装，你肯定会赢得这笔生意。"我最喜欢的一句是："你看上去像一位时尚达人，多数人都喜欢同这样的人相处！"不过，你我都知道，潜在客户之中有着众多不同的态度和信念，因而推销的成功并非完全取决于你是一个"时髦人物"或"穿着入时者"。

这类建议使我想起了有一次我在乘坐从波士顿至纽约的飞机上见到的一件事。在我前边不远的前排头等舱座位上，坐着一位"饭店大佬"先生，他是一家饭店的销售总监，出门总是坐头等舱。他的举止实在是令人看着难受。在其后面几排的经济舱座位上，坐着一位"拼命三郎"女士。她是另一家饭店的销售员。"饭店大佬"先生的饭店比"拼命三郎"女士的饭店在条件上要好一些。当时"饭店大佬"先生正在请某一大型医务团体会议的决策者们喝酒吃饭。他坐在位子上晃着腿，喝着他的第二杯苏格兰威士忌酒（这是头等舱的免费待遇）。当他的潜在客户们就要吃完饭或他认为这些人就要吃完饭时，他想给他这些新认识的"伙计们"表演一下再免费索要第三杯酒的老把戏，作为最后的快乐收场（他这样做显然没有把这些人作为潜在客户）。当空姐从他身边走过时，他故意伸出胳膊，将快要喝完了的酒杯碰了一下空姐的后背。酒杯掉在地上，他张口便说："糟了，女士，你把我的酒碰洒了！"满脸窘态的空姐先是道歉，然后迅速给他端来了免费的第三杯酒。"饭店大佬"先生满以为此举无疑会打动他的这些"伙计们"。他想，事到如今，签下这笔业务只不过是手续问题而已。飞机降落后，"饭店大佬"先生用口腔清新剂喷了喷嘴，往嘴里扔了一块口香糖，然后带着这些潜在顾客前往自己的饭店。"可怜的""拼命三郎”女士只好等晚些时候再寻机会晤这些潜在顾客，努力使他们相信，虽然她的饭店档次稍低一点儿，并且房价稍高一点儿，但却是他们应当预订的饭店。

当天下午，这些潜在顾客来到了“拼命三郎”女士的饭店。“拼命三郎”女士回答了他们提出的每一个问题，表现出她对自己的产品以及对这些顾客的需求有着充分的了解。她确实做了功课，也应该得到回报。

当“拼命三郎”女士安排这些客人在她的办公室坐下，并给他们每人斟了一杯咖啡（这是他们在中午用过“饭店大佬”先生盛情招待的酒饭之后所真正需求的）之后，随便地说了一句：“你们的与会人员会带他们的夫人来吧？”客人们答道：“那是肯定的。”“拼命三郎”女士伸手从办公桌内拿出一张该城市的地图铺到了桌上，图上清楚地标有该城市的娱乐区和购物区。客人们谢过“拼命三郎”女士后，问道：“地图上那些红颜色区域是什么意思？”

“是犯罪高发区。”“拼命三郎”女士回答说。

“所有红颜色区域交会的地点不就是我们今天上午待的那个地方吗？不就是‘饭店大佬’先生的饭店所在的那个地方吗？”客人们问道。

“不错，就是那儿，”“拼命三郎”女士说，“不过不必担心，‘饭店大佬’先生的饭店有出色的保安人员，甚至有巡逻警犬，他们考虑得很周全。”

第二天上午 9 点整，“拼命三郎”女士办公室的电话铃响了起来。电话是这些潜在顾客打来的，希望预订她的饭店来开这次会议。他们认为，考虑到与会人员都有眷属陪伴，“拼命三郎”女士的饭店可能比较适合他们的需求。

当你外出推销时，要想想这个故事，并且要记住上面提到的开展人员推销的三项要诀。

拓展阅读

销售技巧清单

1. 入住竞争对手的饭店，比较彼此的房价，以便必要时调整你的房价。
2. 专注于提高收益，而不是只考虑房价或出租率。
3. 保持同预订部员工的沟通。他们是本饭店接触客人的最前线。
4. 为每个团体客户准备些“甜头”，帮助达成交易，比如说茶歇和套房等。
5. 增销，即提供更高的房价和档次更高的菜单。
6. 如果对方对价格提出异议，可尝试将宴会或集会活动的时间调整至销售淡季。
7. 定期检查你的销售档案，注意将意向性预订转化为正式预订，或者检查失去某桩生意的

（续）

原因。

8. 检查所有重点客户的拜访记录。了解本饭店是否定期派合适人选去走访他们。

9. 追踪多次下榻本饭店的散客，对所有那些一年中来本饭店下榻累计50天以上的散客，要为其建立档案记录并进行追踪；要像对待你最好的团体客户那样对待这些客人。

10. 定期检查宴会预订记录簿。尽量往需求“低谷”时段安排，特别是将那些意向性不强或有疑问的宴会预订安排在“高峰”时段以外。

11. 检查所有“损失业务报告”。考虑下一次如何才能将这些生意挽回，并付诸行动。

12. 同主要联系人（key contacts）保持接触并招待他们。这些人包括当地租车公司、航空公司和长途汽车公司的经理们。

13. 开具证明信。要求你的总经理或老板给你写一封证明信。这对你所要争取的团体客户可能非常重要。

14. 在推销过程中，不要搞与推销无关的活动。用于推销的时间越多，实现销售的可能性越大。

15. 定期会晤主要的会议组织者。向其表明你个人对他们业务的兴趣。

16. 向客户寄送会后跟踪感谢信以及“我们如何才能再次为您效劳”的调查问卷。

17. 每天查阅竞争对手的“会议告示牌”，将牌上所列的各个会议记录下来，并制定计划以便下一年或下一季度将这些会议客户争取过来。

18. 结交那些消息灵通人士（你所在当地社区的报社、杂志社、广播电台和电视台的工作人员）。他们往往最先得知某某要来本市了或某某大型活动将在本地举办之类的信息。

19. 结识你的散客们。他们可为你提供线索，从而使你得到下一笔团体业务。结交这些客人及其当地的联系人。

20. 经常关注为你的饭店代理预订量较大的旅行社，并同他们交朋友。

21. 检查你的邮寄名单是否已经过时。

22. 检查预订部门的工作，如VIP是否得到关注，住宿登记是否准确。

23. 定期认真审阅你的团体房价。没有比客房空置再糟糕的事情了。如果平均房价下降了一定要当心。营业收入是关键。

24. 争取常年业务，做好服务保障。

25. 确保公布你的房价，使其在当地旅游企业名录中可以找到。

26. 参加城市/地区公民集会活动，广泛的社交活动会带来业务。

27. 使用电话和企业名录，搞好调研，编列潜在客户名单，并安排走访。

28. 为团体客户提供升级。假如你需要回头客，请将优质客户和新客户升级到闲置的行政楼

（续）

层或套房。他们会更多地光顾。

29. 按半价预订。如有客人特别关注廉价住房，而且通常都住在你的竞争对手的饭店。可以以低于竞争对手的任何房价，为他们提供淡季的半价预订。有收入总比房间空着好。

30. 亲自致谢，表达对客户的关注，培养客户。不要支使手下人去做这些事情。

电话推销

有很多时候，旅游服务产品的销售是在你没有机会采取直接面对面推销的情况下实现的。通过打电话去争取业务，其本身就是一门艺术。在这方面，有几条“黄金法则”可助你成功。其中前 3 条法则同我们在上一节所讨论的人员推销的三项要诀是一样的，即充分了解你的产品或服务，充分了解你的客户的需求以及充分了解你的销售形象。现在让我们来看一下这些要诀在电话推销中的应用。

第一，同人员推销中的情况一样，你应当充分了解你的产品或服务。对于客户问及的问题，你不能迟疑或者回答“等我查清这方面的情况后再告诉您”。第二，在你走访客户之前，应通过调研了解该客户的情况，不要等到双方见面时，再去了解对方。第三，确保你的销售形象专业而且积极。你说话的语气和打电话的风格既可以凸显，也可以损害你的销售形象。

电话推销的第四个要诀或许是所有各项要诀中最重要的一个，这便是倾听对方的谈话！回想一下我们在前面提到的那个关于人员推销的案例，如果当时“饭店大佬”先生和“拼命三郎”女士最后都不得不通过打电话的方式去商定那笔销售业务的话，你可以想象一下将会是怎样的情形：“饭店大佬”先生可能是只顾自己说话，给他的潜在顾客讲笑话，使对方记起他在飞机上索要第三杯免费酒水的把戏。他说了那么多，唯独当对方提及他们的眷属将陪同他们一起去开会时，他竟全无反应。而“拼命三郎”女士在通话过程中则专心致志地聆听这些潜在顾客的谈话，早已准备好了满足其眷属娱乐需求的信息，并且对他们提到的每一个问题都马上给予清楚而准确的回答。“拼命三郎”女士在结束通话时可能会说“让我一项一项地复述一下您提出的需求”，此后还会说：“既然我们已清楚所有各项具体要求，我们可否初步将您的会议预订在下个月的 3 号至 5 号？”“拼命三郎”女士的这些话所反映的恰恰是电话推销的第五个要诀：请求对方购买。第六个要诀便是说声“谢谢”。“拼命三郎”女士此后要做的工作则是确保使这一初步预订转化为正式预订，使这些潜在顾客的需求得到满足，并且使这一会议成功召开。

部门间沟通的重要性

一个饭店中所有部门间彼此相互沟通是至关重要的。对于销售部来说，沟通工作尤为重要。其原因在于销售工作终究会牵涉到饭店中的各个部门和领域。例如，如果餐饮工作不属于销售部的任务（餐饮工作是餐饮部的职责或者是某一独立职责），那么销售部同餐饮部的沟通则会特别重要，因为销售部和餐饮部这两个部门可能会同时把饭店中的宴会厅出售给同一天需要它的两个不同的团体。显而易见，这个例子说明实际上还有很多同其他部门的相互关系都是销售部在其日常业务活动期间应当持续关注的。

预订部是整个销售过程中往往被忽视的环节。然而你不可忘记，预订业务不是机械的，或者是计算机系统自动完成的，它是接触顾客的一个关键环节。如果你在开展直接销售，切记每周应拿出一定的时间同预订部交流，告诉预订部哪些团体快来了，当这些预订开始涌入时该做哪些事情，必要时还要告诉预订部如何去做。房间是否足够、付款的程序、房价和收益管理、团体入住 / 离店的时间等都是应当涉及的主要内容。你要确信自己同预订部人员关系紧密，以便能够随时请他们配合你的工作。同其他员工一样，预订部工作人员也喜欢受人重视，所以对他们的工作不时地多给予一些关注，的确能带来良好的效果。作为销售专业人员，你有义务确保你的客户的预订得到妥善的办理。

下面再列举几个例子，说明部门间沟通的重要性：

- 在明确 VIP 客人的需求、会议时间的安排等方面，销售部和房务部必须配合一致。
- 在团体宴会的接待计划、会间休息时间的安排以及所计划的菜单等方面，销售部和餐饮部都应清楚了解。
- 在会议团体到来之前，销售部和工程部应复查其特定的技术性需求（如照明、供暖、通风及空调系统等）。
- 面对 VIP 客人及贵重设备的安全保卫工作，销售部必须与保安部进行沟通。

技术和经济改变了销售

技术和经济在改变销售业务的过程中起到了重要的作用。技术首当其冲，使得销售人员可以在任何地方进行沟通，展示会议空间的图片布局，提供即时的价格信息，维护电子日历，并且只要可能，还能让顾客使用这些工具。销售工作的进一步改变来自于销售人员在家工作的经济影响。这种方便允许销售人员待在自己家里，降低了通勤和办公的成本。这两个驱动因素使得团体销售对于各个饭店来讲，各有特点。

技术和经济改变了销售流程，预订需要更快的反应时间和更短的前置时间，销售活动的组织和对细节的专注变得更加具有挑战性。

主要术语

客户需求（Client’s needs）：客户或宾客需要的产品或服务。为了了解顾客的需求，饭店应该知道或者发现顾客的消费习惯、饮食偏好和会议需求等。

个人销售（Personal sales）：直接的面对面销售。

产品知识（Product knowledge）：你不需要核实后再回复客人的有关产品或服务的知识。

销售形象（Sales image）：你展示给客户的、被客人感知的形象，包括态度、习惯、衣着和言行等。

电话销售（Telephone sales）：通过电话的顾客接触，首要目的是获得房间或者会议预订，以及其他产品和服务的销售。

第 8 章

概　要

宾客服务的 10 个步骤
- 第 1 步：正确认知
- 第 2 步：问题确认
- 第 3 步：行动计划
- 第 4 步：资源再分配
- 第 5 步：设置优先顺序
- 第 6 步：培训和再培训
- 第 7 步：招聘
- 第 8 步：沟通
- 第 9 步：跟进
- 第 10 步：从头再来

宾客接触点
- 与顾客交流

宾客服务检查清单

案例

学习目标

1. 明确宾客服务在营销中的作用。
2. 描述宾客服务问题从确认到改进服务的 10 个步骤。
3. 从消费者的视角理解销售。
4. 了解关于通过问题的解决留住客人的建议。
5. 探讨宾客的层次并确定有效宾客服务的检查清单。

主要营销方法的应用：宾客服务

我们有很多理由把宾客服务看作最宝贵的营销工具。它有助于开发新客户和保持现有客户的忠诚度；它有助于从竞争对手处获得市场份额；考虑到以下两点，良好的宾客服务最为可贵：第一，吸引一个新客户的成本至少是留住老客户的5倍；第二，一个不满意的客人有时会将他的不满意体验告诉10个以上你的潜在顾客。所以，建立宾客服务战略并计划执行很重要。有些企业没能认识到宾客服务是营销工具这一事实，对宾客服务投入不够，雇用的是最便宜的（有时也是培训最差的）员工。

宾客服务的10个步骤

每当顾客与你的业务员或者你的代表发生接触，无论是个人的、语音的、电子的接触，都需要宾客服务战略。如果你检查每一个可能的接触点，你就会发现所有你的形象和你的市场定位都被暴露无遗，并接受检验。我们在此讨论10个步骤来帮助你在宾客服务方面取得成功。检查你的战略和战术，审视宾客服务和所有其他营销工具的关系，让我们从这10个步骤开始吧：

第1步：正确认知

员工和消费者的接触点是赢得或者失去消费者的机会。

在这个充斥着顾客不满的时代，我们必须做好赢得服务成功的第一步——正确认知。宾客服务的正确认知不是简简单单发生在服务出现问题，引起销售下降或者其他公司抢夺了更多的市场份额以后；这样认知问题是被动的，不是主动的。想要主动地认知，必须观察和分析宾客接触点。简单说就是我们必须要关注顾客和我们的产品或服务发生的关系。

我们经常会听到这样的话，“他们真的有问题，但是没有意识到，没有去改进，这太糟糕了。”人们经常把问题交给高层领导，而跳过“认知”这个至关重要的思维过程。销售下降、员工流失和宾客投诉只是被动发生的表象问题。

真正积极的认知意味着清楚了解宾客服务的接触点，在售前直至售后的全过程中知道宾客的想法是什么。

第2步：问题确认

认知宾客接触点和客人的问题只是通往服务成功的一个积极步骤。

什么样的步骤才能帮助实现“先行认知”，防止市场份额和顾客的丢失呢？虽然有多种观点，但是设身处地地为顾客着想是最好的选择，不需要大张旗鼓，但是要经常这样做才好。它会使你意识到服务存在的问题，至少重新看待客人的想法。下面我们会介绍一些检测的标准，可以阶段性地检测一下你的服务。当你检测的时候，要认真观察和分析，时刻记录问题并思考可能的解决方案：

第一，拨打企业的免费服务电话，分析员工的反应。

第二，暗访你的餐饮、服务中心、各个分部门、柜台等，记录观察结果（可能你需要一个大一点的记事簿），询问其他客人在服务接触点的体验。

第三，到你的销售部走走，翻翻他们的销售文件（你的名字和签字应该可以在这些文件中找到）。

第四，观察员工，看他们是否能够替客人着想。

完成这些观察以后，从头审阅整个购买流程和服务体验，列出宾客接触点的清单。带着以下目的审阅这个清单：

- 确定那些如果做得不好就会使你失去销售额、顾客忠诚和购买行为的关键点。
- 确定那些你需要改进的问题。
- 确定那些能让你从竞争中脱颖而出的机会。

其他可以帮助你识别问题和挑战，找出解决方案的战略和战术还包括：

- 使用神秘访客检查你的业务。
- 自己进行服务监督。
- 和顾客谈话，倾听他们怎么说。
- 观察、体验你最成功的竞争对手的服务。
- 向客人一样体验你的服务。
- 每个季度都要亲自随机抽查宾客投诉信件。
- 每隔几年就要利用焦点小组的方式征求对服务的意见。
- 每个季度都要从所有宾客接触点中选出一个来让管理人员密切关注它。
- 检查宾客接触点正在使用中的培训材料和工作流程，做出必要的修订。

• 花在宾客接触点的时间至少应该和花在业务计划项目上的时间一样长。

即便你不在服务一线部门，你还是要按部就班地检查你的销售团队、零售商、批发商和代理等。

第 3 步：行动计划

经过暗访、准备清单、确定宾客接触点，有了具体想法之后，你现在需要的是行动计划。在大规模实施计划之前，应该先试点，保证正确执行。跳过那些有风险的步骤，试点、修订、全面执行。

第 4 步：资源再分配

正确认知、确定问题和行动计划有时候还不足以在宾客接触点做出必要的变化。想要保持竞争力和确保成功，有时必须做出资源再分配。资源可以是财务上的，也可以是与人力和设施设备相关的。简单的资源再分配的例子有：雇用更多的接线员，减少不断响起的电话声并缓解服务员的忙碌程度，也可以让语音电话帮忙，这样可以使你的公司超越竞争对手。调研显示一半的顾客在听到“座席忙，请耐心等待”时，就会挂掉电话。他们还有可能被挂断电话，或者早就忘记了他们要找谁。

如果一家公司从不让客人在线等待，或者电话很快被专业的服务人员接听，他们赢得顾客的机会真的很大。

第 5 步：设置优先顺序

最少并保留重要步骤的方法是设置优先顺序。有这样一个关于设置优先顺序的例子，《纽约时报》的星期日特刊中登载了两个有趣的招聘广告：位于纽约的贝丝以色列医疗中心刊登了大幅广告招聘“顾客关系总监”，一个新的职位；另外一个是全国著名的诊所招聘“投诉文员”。显然贝丝以色列医疗中心注意到了以下问题：第一，认识到了自己是一家服务公司；第二，注意到了一个顾客接触点提供的机会；第三，建立了一项行动方案；第四，重新分配了资源；第五，对医患关系的重要性重新设置了优先顺序。请注意这里发生的观点的转变，贝丝以色列把患者当作客人，而和他们接触的员工是总监级别的。这是健康的、积极的服务观点的表现。另外那家诊所却还是抱着传统的被动观点，它们在找投诉处理人员，给这个职位“文员”的级别。在你看来，哪一个医疗机构能够提供更好的服务呢？

能够帮助你为宾客接触点设置优先级别并重新分配资源的其他战略和战术有：

- 为了设置优先顺序，请列出那些需要新的、额外的资源的宾客接触点清单。
- 为了有效做好优先设置，请列出所有需要计划分配的项目资金。
- 把宾客接触点的清单和需要计划分配的项目资金清单进行融合制作成新的清单，帮助做好优先顺序的设置。
- 在确定项目资金需求时，首先要考虑宾客接触点的优先顺序。
- 查阅与宾客接触点无关的员工数量和薪酬。
- 查阅与宾客接触点有关的员工数量和薪酬。
- 分配资源以保证与宾客接触点有关的员工可以优先做好自己的工作。你能想象有一家公司在一个项目上花了50万美元，但是不为宾客接触点的员工提供5000美元的培训，拒绝给他们每小时50美分的绩效奖励吗?

第6步：培训和再培训

自问一下你的公司是否面临人员能力问题，或者是技术能力问题。宾客接触点的员工的培训和再培训是基本要求。还要确保技术功能正常，评估顾客、潜在用户和员工能够很容易地理解并使用这些技术。当你采用自动化系统时，要注意系统是否正常，对客人是有帮助还是添了麻烦？也就是说，要评估系统是帮了你，还是帮了你的竞争对手，让你失去了顾客？回顾一下顾客的体验可以很快认识到评估自动化系统的重要性。

第7步：招聘

招聘合适的员工，你必须问如下的问题:

- 那些将在宾客接触点工作的员工的录用标准是什么?
- 这些员工能进行销售、报价吗？或者说他们能在关键宾客接触点直接和宾客联系，真正实现产品的售出吗？如果答案是肯定的，你需要什么类型的员工来帮助你带来收入?
- 这些员工能否被训练出来，成为宾客接触点的优秀员工?
- 这些员工是否有足够的智力做这样的工作，还是大材小用了?

如果这些问题你大都不能很快回答出来，你的公司或许已经有麻烦了，或许很快要有麻烦了。

精心制定的聘用标准回报很高，所以需要经常修订。请回忆你上次对宾客接触点的员工的工作描述和聘用标准进行再次评估的时间是什么时候？要是你认为你提供的产品和服务没有变化，因而不需要这样做，那你就大错特错了，因为客人一直在改变。有些专家建议将企业的组织机构图倒过来看，另外一些甚至建议把薪酬标准倒过来。对于服务企业来说，没有简单的、显而易见的答案。必须认真思考每个步骤：正确认识、问题确认、行动计划、资源再分配、设置优先顺序、培训和招聘。

只有在全面审核每个宾客接触点职位的前提下，招聘才可以开始。工作责任的复杂性和每日宾客接触的类型必须全面进行分析。你难道希望或者已经在让那些拿着最低收入的员工直接和那些大客户联系吗？

重视并促进招聘环节的其他战略和战术还有：

- 至少要让高层管理人员参与一个宾客接触点员工的培训。
- 安排高层管理人员至少在一个宾客接触点工作一个 8 小时工作日，最好是一周。
- 为了使你的人员服务一流，每年都要审核培训资源：人员、流程和相关预算，保证资源充足。
- （通过问卷和直接调查）询问顾客对宾客接触点员工培训的意见。
- 询问那些刚刚接受完培训的员工他们还需要接受什么培训。
- 同样的问题也要问问那些老员工们。
- 询问那些被安排招聘宾客接触点员工的人是否愿意面对面地跟他们要招聘的人打交道。
- 亲自参加最少一次招聘宾客接触点员工的活动。
- 考虑提高员工薪资水平，吸引那些有经验的员工离开竞争对手的公司。
- 保证招聘人员知道你对他们的期望，定期检查他们是否在按照你的要求工作。

第 8 步：沟通

在与客人沟通时，没有谁比宾客接触点的员工更重要了。他们最早知道你提供的服务、价格、政策和流程的改变是否有效，何时有效。他们还是你试图提高服务时的最好信息来源。但是，当我们谈到与宾客接触点员工沟通时，公司的层级体制通常不起好作用；再加上不满意的客人，就会营造出灾难性的宾客服务体验环境。

在服务业有着许多沟通方面好的案例。一个例子来自万豪国际的董事长和总裁比尔·万豪先生，他因为亲自访问万豪数十亿资产帝国的几乎每一家饭店、餐馆和航班上的厨房而闻名。他的访问不是总裁式的“露面”，而是对细节的检查，边走边鼓舞士气。他发现问题，也记录员工提出的建议，如果建议好还会大面积推广实行。

执行标准工作程序在万豪是必需的。所以万豪的运营和服务保持高效和一致也就不是偶然现象了。还有其他例子，但是这些例子无外乎一件事情：只有好的沟通，才有好的生意。一个一丝不苟的总裁带来的不仅只是激励和检查，他会使得宾客接触点的员工了解高层管理人员不仅对工作怎样做感兴趣，还对聘用什么人感兴趣。

沟通的定义告诉我们沟通是双向的。如果沟通渠道畅通，小点子可以带来巨大的成功。由于某些原因，告诉 100 万顾客你提供什么产品和服务比告诉 1000 个宾客接触点员工还要容易。看似符合逻辑的解释是这样的：你提供的服务和发布的广告直接到了消费者那里，而描述你的服务的内部备忘录是从营销副总裁传给经理，再传给分公司经理，再传给部门经理，再传给带班经理，最后才传给宾客接触点的员工。很不幸，这个过程制造了太多产生沟通障碍的机会，且这些机会发生的概率却太过频繁。

请注意这样的忠告：千万不要假设你的那些事无巨细的指令、培训视频和说明书会有人读、有人看，被那些必须用到这些信息的人理解。最好的办法就是扮成顾客去体验公司提供的服务。发现什么，别大惊小怪。任何变化都不容易沟通，特别是当需求的改变涉及了行为的改变。

第 9 步：跟进

在谈到沟通时，我们还是来看看比尔·万豪先生是怎么做的。如果不建立一种积极的跟进模式，他的所有走动巡视都不会有太大的意义。他的跟进措施要么是给涉及的企业提出行动要求，要么在下一次的访查中再次提及。的确，万豪先生素有记忆力超群的名声，但是重要的是他为跟进落实起了个好头儿，员工自己就可以改进了。

跟进的步骤可以有多种形式。有些服务企业使用神秘客人，即雇用专业人员假扮购物者或者是顾客，记录其体验并提交给管理层。聪明地使用这些发现非常关键。结果可能是负面的（如员工被开除），也可能是积极的（如改进的培训计划、提高绩效的计划和问题环节的解决）。

跟进的技术处理方法很多，决定哪一个适合你独特的产品或者服务可能需要特别的计划。一旦确认了计划，就要去执行。必须要那些计划的执行者都清楚理解工作流程，跟进并确保完成任务。除非所有步骤都做好，否则再好的商业广告都会泡汤，造成更多的客人失望。

改进沟通和跟进措施的战略和战术如下：

• 列出所有宾客接触点的岗位。

• 建立个人的沟通台历，定期、专门安排向重要宾客接触点的员工传递信息。

- 确定你传递信息的顺序，是亲自去还是通过录像视频，抑或是白纸黑字（最好就按照这个顺序去做）。
- 确保所有宾客接触点的员工清楚认识到他们与顾客的接触对于传递良好的服务印象至关重要。
- 保证倾听、倾听、再倾听。
- 用正确的方式沟通，把你的意思做出来给员工看，而不是简单告诉他们。
- 在你和员工接触的过程中做好记录，记住员工的名字和发生的事情。
- 尽量通过打电话和便条的方式再次联系你接触过的员工。
- 保持真诚。
- 经常重复上述所有步骤（员工流动是你的信息和我们通常所说的沟通内容被稀释的主要原因）。

第 10 步：从头再来

因为种种原因，这一步可能是最难做到的。首先，从某种意义上讲，重复这些步骤暗示着你第一次采取前 9 个步骤时并不成功；其次，你需要回顾一下，确定你到底是哪项行动没有做好。找到后，你需要修订，或者替换它。下面我们回顾一下为了进一步实现顾客服务成功的必要举措:

- 正确认识：认识到在每一个宾客接触点都存在服务的机会和服务的问题。
- 问题确认：确定面临的机会和问题是什么。
- 行动计划：为利用每个机会和处理好每个问题做好行动计划。
- 资源再分配：落实执行行动计划所需的财务和人力资源。
- 设置优先顺序：绝对优先考虑执行行动计划。
- 培训和再培训：保证宾客接触点的员工在到岗前的培训到位。
- 招聘：既要找到适合执行方案的最佳员工，也要招聘合格员工去做宾客接触点的工作。
- 沟通：向每个员工准确、完整、翔实可信地传递行动计划的每个细节，特别是对一线员工。
- 跟进：定期审核所有流程，从“正确认识”和“问题确认”开始。

宾客接触点

当今的消费者都是“久经考验”的，随时准备向产品和服务的提供商发难。多数调研表明许多产品领域的消费者的成熟程度之高使得他们对什么“消费体验”之类的鬼话嗤之以鼻。

正如你的公司为了确保顾客满意，必须采取某些步骤一样，员工们也要采取一些措施。无论你提供的产品是什么类型，总有一些成功执行的要诀，帮助消费者认识到你的公司不会止步于宾客接触点左右。

- 预期。认识到你绝不可以向顾客和潜在顾客提供低于他们花钱购买的服务的预期。满足或者超越顾客预期是顾客最终满意程度的决定因素。消费者心目中的预期水平受到你提供的价格、以往对你提供的产品的消费体验、以往竞争对手提供的产品的消费体验，以及你在广告和促销信息中给出的承诺的影响。满足顾客期望绝对是顾客再次光顾的关键。
- 永远不要指责顾客。虽然有些人争辩这太武断了，但是这样做你不会吃亏的。顾客总是对的，即使在他们错了的时候！简单说，让顾客赢吧！这不是说要让顾客占你的便宜。这意味着员工必须明白他们有足够的灵活性和权威性，在需要的时候，绕开政策限制，去满足顾客。

许多调研显示当顾客对某项服务不满时，只有不到 5% 的人会花时间去投诉。但是这些调研也发现这个引起不满的服务往往有 25% 的顾客不满意。如果其他公司也在提供同样的产品和服务，顾客会变得越来越愤世嫉俗，这个百分比还会攀升。这样会有两个结果：第一，如果你坚持员工要严格遵守制度，不能让顾客占了便宜，那么你将失去所有那些愤世嫉俗的顾客；第二，如果你让员工信守“让顾客感觉他们赢了”的原则，你就可以赢得他们的忠诚。

- 在购买和宾客接触的过程中与顾客明明白白沟通是解决问题的基础。员工必须能够准确告知顾客他们需要什么、想知道什么和想做什么。在搞促销活动时，这尤为重要。不管怎么说，这是新顾客一开始来找你的原因。确保你的主管和每一个有接触宾客职责的员工都对促销的细节了如指掌。如果需要，提供书面的材料和培训视频，通过及时的、亲身参加的培训加以强化。在所有员工没有收到完整的信息和指南的情况下，不要开始促销。别忘了设置服务中心，负责在出现问题时做出必要的解释。
- 组织好流程，减少购买产品需要的时间。现在的消费者最不能忍受的就是排队。

你必须审核、修订流程，缩短甚至完全消除顾客排队等候的时间。如果你的服务性质使得完全消除等候时间不太可能的话，找点事情给顾客做。可以采用顾客服务专员给顾客讲解服务流程，或者和他们闲聊的方式。视频娱乐和服务信息展示也可以吸引顾客消磨时光。

- 如果顾客做错了，想办法替他们弥补。当顾客发现自己错了的时候，不要令他们难堪。员工们必须要礼貌、为顾客着想、灵活权变，给顾客留足面子。
- 永远不要在顾客面前使用行业术语。不要假设在相关行业工作的顾客和你使用相同的术语。
- 在个人接触的环境下，时间的取舍非常重要。必须审核每一个宾客接触点，明确战略，知道我们要的是最佳速度还是最人性化的关注。
- 无论是面对面还是通过电话，每个宾客接触点的员工的工作绩效标准都应该清晰锁定在礼貌、高效的服务上。最重要的是，这些员工必须明白他们的工作表现决定了他们的收入。
- 需要快捷服务的流程要尽量减少服务时间。快速、高效的服务会带来顾客满意度的提升，特别是在现代社会。愤世嫉俗的消费者的负面情绪使他们预期了长长的队伍，缓慢、低效的服务。超越他们的期望，提供更快的服务，你就可以把那些愤世嫉俗的顾客转化为特别满意的顾客。
- 对顾客的感激应该在所有接触点表达，而不是仅仅发生在购买的时候。这一点要让每一个宾客接触点的员工深切认识到。重视顾客的理念借此得以加强。

在接触点成功的顾客服务的要诀可以总结为“接触点”（Encounters）这个单词的首字母缩写。

- E：满足或超越顾客期望（Expectation）。
- N：永不（Never）指责顾客。
- C：清楚的（Clear）沟通是基础。
- O：有效组织（Organize），减少顾客排队等候时间。
- U：解除（Undo）顾客做错事的尴尬。
- N：永不（Never）让客人难堪。
- T：时间的取舍（Trade-off）非常重要。
- E：所有员工（Employee）必须完全理解工作绩效标准。
- R：减少（Reduce）服务时间。
- S：表达真诚（Sincere）的感激。

与顾客交流

让顾客赢并使他们保持对你的忠诚有很多方法。成功的企业都有交流充分的宾客接触点的计划和制度。还有些公司的销售成本很低，但是顾客回头率和品牌忠诚度很高。

最后，在使用所谓“建议式推销”时不要犹豫。建议式推销是一种重要的顾客服务形式，它是一个与主要产品的销售相关的建议顾客购买其他产品和服务的过程。当销售人员判断顾客购买额外产品会更满意时，就应该进行建议式推销。

通过建议式推销，那些真正对帮助顾客解决问题感兴趣的销售人员可以增进与顾客的关系。通过对许多成功的公司和顾客服务奖项获得者进行研究，发现他们有着共同的特性，我们列出了如下最好的做法:

- 领导力。
- 成形的程序或计划。
- 专注于理解顾客的需求。
- 顾客和员工的反馈系统。
- 对反馈的反应。
- 销售与服务的统一。
- 留住顾客的激励和促销计划。
- 认真理解市场和竞争对手，并做出恰当的反应。
- 通过调研、开发和意见征集实施创新。
- 确实重视宾客接触点员工的重要性，给予充分支持。

顾客服务战略和战术可能对于不同的顾客有所不同，在顾客的不同培养阶段（图8-1）要量体裁衣。

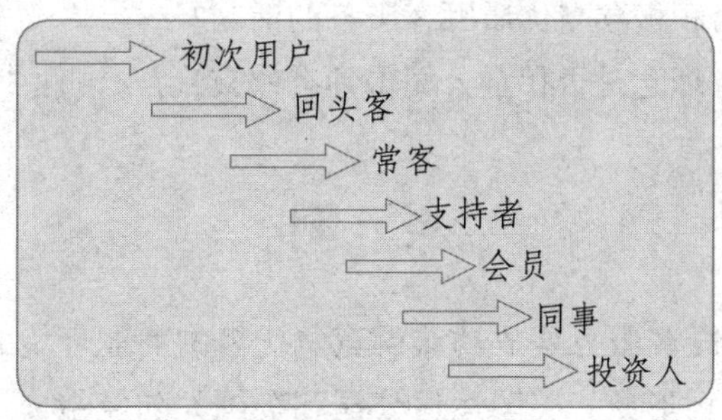

图 8–1　顾客的培养战略

宾客服务检查清单

对于不同大小、不同类型的产品和服务的销售企业来说，有着成百上千的适合的顾客服务战术和观点。成功的、以顾客服务为营销工具的要诀被总结如下：

第一，正确认识宾客接触点。

第二，为顾客服务的成功制订计划。

第三，授权宾客接触点员工采用“让顾客赢”的战术。

第四，使用支持宾客服务政策的系统。

第五，只要可以，将员工的评估和奖励与顾客满意度指数挂钩。

以下检查清单针对产品和服务，提出了关于顾客服务的重要问题：

- 是不是已经制订好顾客服务计划或战略？
- 顾客服务计划是否有适当的人力和财务支持？
- 是否不遗余力地进行全面培训并充分支持宾客接触点的员工工作？
- 是否有授权方案，而且让宾客接触点的员工完全理解？
- 是否有顾客和员工的反馈系统？
- 所有顾客接触到的员工、语音和电子设备是否恰当展示了公司形象和市场定位？
- 是否进行内部的或者是神秘访客方式的顾客感知监察？
- 顾客满意度指标是否是员工评估和奖励的组成部分？
- 每个宾客接触点员工的聘任标准和薪酬标准是否恰当？
- 顾客服务是否被视为最具价值的营销工具？
- 是否制订了宾客接触点员工优质服务的奖励计划？
- 销售部门是否理解“建议式推销”的含义，是否将它作为顾客服务的有效战略？
- 公司管理层是否积极参与优质顾客服务的活动？
- 公司的顾客服务理念是否在全公司得到有效交流？

案　例

认识到高品质的顾客服务是成功获得竞争优势的商业环境的企业总是能够实现公司发展和有利的市场形象。美国运通公司和美国大陆航空公司就是这些公司的典范，它们关注顾客服务，效果显著。

案例 1 ：美国运通公司持卡会员服务

美国运通公司一直相信质量是它全球业务的目标。公司董事长还挂着首席质量官的头衔，协助将这个目标在全公司传达。公司不仅做出了姿态，还针对“更好的顾客服务”这一目标，切实支持高质量的表现。

美国运通公司的顾客服务开始于优秀的培训（在它的“质量大学”提供）和高层的彻底支持。公司每年发布《质量管理报告》，强调公司的业务就是顾客服务。对员工长期的期望是“超越正常流程，提供卓越的顾客服务”，能做到这一点的员工通过公司奖励计划得到认可。

正如大多数服务企业一样，美国运通公司面临很多的顾客基础服务。规模最大的两项服务是针对持卡人和使用公司全球旅行服务的顾客。不可避免的是，公司花费大量时间保证与顾客的关系是协同而非冲突。

公司了解并满足了全球数量巨大、差异明显的顾客群体的需求，专注于顾客期望的准时、准确、快速反应等一站式顾客问题的解决。

顾客的满意被持续监察，当新的顾客需求产生时，新的服务措施立刻得到执行，满足顾客的需求。公司高管们这样说：“这些新的服务来自于一个主要渠道，在过去的10年里，公司推出的新服务项目都是直接来自顾客的建议和他们表达出来的需求。”除了倾听顾客的心声，公司员工还被要求将工作时间的10%用于改进工作，提供高质量的服务。结果是内部的和程序的变革带来了更好的顾客服务。

公司确实相信成功的要诀不仅始于员工的荣誉感和激励，还来自于不断的工作改进研究和顾客需求的分析。公司采用成熟的研究技术和最新科技做好顾客需求的定量和定性分析。其结果是持卡人服务的改进和新服务项目的开发。公司的终极目标是让顾客感到美国运通公司是他们想要合作的唯一公司。

美国运通公司的成功秘诀中的共同点包括：员工参与重新描述他们的工作以便更好地为顾客服务；充满听取顾客需求的热情；反应快，有行动；快速实施新的服务；准确处理顾客需求和发布的市场信息；通过品牌推广，强化公司的质量形象；在所有宾客接触点全面运行其基本质量系统。

公司每年推出创新的服务，经常“重头来过”，在这一点上成为典范。很多这些创新服务对于顾客来说，已经习以为常，因为“美国运通公司就是这样为我们做事的”。这类服务包括：随时随地支取所需现金；重发丢失的旅行支票；全球任何角落持卡人的帮助计划；年终金卡会员的对账单和分类账单，方便顾客报税；退货流程简单易行的产品担保计划；非常高的信用额度；翻译服务；行李丢失帮助；还有长数页篇幅的其他服务内容。

事实上，美国运通公司的高质量服务水平和创新的服务项目改进了整个行业环境，竞争对手竞相跟随。领导地位、高质服务、顾客满意和营销是美国运通公司获胜和享有最佳服务和销售业绩美誉的关键。正如公司口号说的，“会员就是特权”。

案例 2 ：美国大陆航空公司：服务 + 常旅客计划

高质量顾客服务的第 10 个步骤是“从头再来”。大陆航空公司可能是遵循这一个步骤（以及其他步骤），从而受益的最好的例子。就在不久以前，大陆航空公司在它的业务领域里还处在劣质服务、顾客不满和缺乏管理计划的最低点。事实上，那时大陆航空公司刚刚收购了人民捷运航空并开始使用纽瓦克作为它的航空枢纽。那真是个灾难，但是大陆航空公司触底反弹，直冲顶峰。

什么使得大陆航空公司从顾客服务的谷底一下冲到了顾客满意的高峰位置呢？首先，新的管理层开始意识到问题的存在，进而清晰地分析每一个问题。差劲的服务、老化的设备、缺乏训练的员工、交易优先于留住顾客的观点等都是公司当初面临的问题。情况如此之糟糕，公司都快破产了。新的管理层意识到了这一点，开始制订行动计划（步骤 3），重新分配资源（步骤 4），去解决问题。他们优先考虑最严重的需求（步骤 5），并开始用全新的能量和态度去应对。大陆航空公司给设备做了升级，改进了操作系统，招聘了新的员工（步骤 7），还投资于新的培训计划（步骤 6）。而且公司开始了大规模的沟通方案（步骤 8），专注于内部和外部交流。

大陆航空公司认识到内部沟通对于有效运行非常关键，而过去这一点一直缺乏，这正是转变的开始。管理层不仅和员工分享他们的计划，更重要的是，他们寻求和倾听员工的声音。首先，交流重点在于公司的问题，然后是解决的方法。管理层建立了沟通机制来征求反馈和倾听。随着情况好转，基于准时、出勤、服务评价等的员工激励措施开始实施。

对外，沟通是真诚的和直接的。公司承认“我们在表现和服务水平等方面还存在问题。我们正在修复它们”。您可以期望得到的是公司管理层很聪明，承诺公司将表现得更好，从 85% 进步到 90%，而承诺的兑现是 100%，甚至更多。全国著名的 J. D. Power and Associates 公司曾经 5 次将大陆航空公司的乘客满意度评为第一。公司赢利了，董事会和高层管理者们通过完整的奖励计划分享了收益。

大陆航空公司遵循了许多本书中探讨的原则和概念。管理层理解想要公司扭转局面必须有员工的参与。和任何服务企业一样，宾客接触点是成功的关键，包括所有与人打交道的员工、交互系统（预订、机场安检等）、产品本身（飞机、餐饮服务等），以及运送系统（准时的工作、行李处理等）。

最后，大陆航空公司认识到了赢回市场份额和建立忠诚顾客的方法。公司大力促进“常旅客计划”，提供更多的升级、折扣机会和奖励里程，开始将常客视为自己最好的顾客，这一点早就应该做到。

主要术语

沟通（Communication）：本章内容涉及的沟通是组织内宾客接触点员工和负责保持高水平宾客服务的公司高层之间的双向信息传递。

期望（Expectations）：顾客或者潜在顾客对于产品和服务价格的期望，包括了产品性能和顾客可能得到的其他好处。

跟进（Follow-up）：为了确保被发现的问题和潜在问题得到适当的处理而采取的任何形式的改进和跟踪措施。

工作绩效标准（Job performance criteria）：顺利完成宾客服务任务员工应知应会的工作标准和指南。

宾客接触点（Point of encounter）：顾客和你的业务人员或者业务代表有着众多的接触点，形式包括个人的、语音的和电子的等。

再分配（Reallocation）：为提高顾客服务质量，对财务、人力、设备、设施等做出资源调整和添置。

认知（Recognition）：对宾客接触点的观察和分析，即了解宾客接触点，推测顾客在售前和售后的想法。

标准工作程序（Standard operating procedures）：员工完成工作任务需要遵守的成文的工作步骤。

时间管理的取舍（Trade-off time management）：在特定情形下选择是专注最快速度还是最人性化的服务的分析和决定。

第9章

概　要

广告
- 广告成功指南
- 广告策划6步骤
- 自己打造广告与选择广告代理商
- 置换、易货协定和联合广告
- 广告类型和主题
- 市场覆盖面
- 媒介选择

小结

案例

学习目标

1. 简要了解成功进行广告营销活动的指导原则和6个步骤。
2. 了解选择广告公司的标准。
3. 了解置换和易货等概念。
4. 简要了解广告类型和主题，并了解饭店与旅游服务业的广告案例。
5. 讨论市场覆盖面和媒介选择方面的问题。

主要营销方法的应用：广告

广告向来是建立和维持品牌知名度的有效手段。它能传达品牌定位，展示产品属性，并节省大众消费品的宣传成本。总体而言，广告的优势在于能控制宣传内容和投放时机，缺点则在于可信度不高、针对性差、信息杂乱、烦扰消费者等。从理论上来说，广告主要用于以下几个方面：

- 建立品牌知名度。
- 塑造形象。
- 与受众的生活方式产生联系。

广告能对消费者的态度产生积极的影响并引发消费行为。选择恰当的媒介并认准投放广告的地点与时机是广告成功的关键。

广 告

广告营销计划包括创意策略和媒介策略两个部分。创意策略侧重于解决主要目标市场、广告承诺（回答“为什么”“是什么”等问题）、广告主张（为广告承诺提供支持性论据）以及表现基调（情感表达、个性体现）等方面的问题。媒介策略主要关注广告发布载体的计划与实施过程，其最终目标在于以最低的成本在最合适的情境下向消费者传达产品信息。

目前，有关广告营销方面的注意事项不胜枚举，但绝大部分都忽略了产品或服务本身，而且也没有考虑到广告与整个营销活动的关系问题。而本章接下来要介绍的广告成功指南不仅能让你意识到产品或服务自身的重要性，也能让你在制作广告时全盘考虑到整个营销计划。

广告成功指南

以下列出的各项要点是广告成功的关键：

- 了解你的产品或服务。

- 明确广告在整个营销计划中的地位和作用。
- 提出广告主张。
- 搭建广告平台。
- 保持合理的受众期望值。
- 反思消费者需求。

我们将在接下来的内容中简要介绍以上要点。

了解你的产品或服务 你对你要做广告的产品或服务了解多少？该产品或服务能满足消费者的什么需求？消费者对该产品或服务的价格、质量、竞争优势以及优缺点有什么看法？了解产品在市场中的地位以及消费者对产品的看法是广告成功的关键因素。如果不了解这些基本情况，你就不可能对产品的市场竞争力以及你的营销目标有一个明确客观的认识。

明确广告在整个营销计划中的地位和作用 你想让你的广告在整个营销计划中起到什么作用呢？你是否真的需要以广告这种方式作为你的营销手段？如果是，那么你的广告受众是某一具体人群并且目标直接明确，还是受众广泛，广告手段趋于一般化即可？

提出广告主张 你是否在你要传达的广告信息中提出了一种广告主张？广告主张是代表你的产品或服务向消费者提出的最有力、最真实的一种号召。你提出的广告主张应该与你的整个营销计划一致并且能推动其开展，同时还要与你的广告目标相符。举例来说，如果你要努力说服消费者使用你的产品或服务，那么你在广告中是否提供了可以免费拨打的电话号码以方便他们进行预订或了解更多信息呢？

搭建广告平台 你一旦对产品或服务以及消费者的看法有了一定的了解，并且对广告在整个营销计划中的地位和作用以及你要提出的广告主张有清楚认识，那么你就可以开始考虑搭建广告平台了。广告平台可以为你的广告主张清楚地罗列出一个一个的事实。广告平台提供的事实依据能够进一步提高广告主张的说服力。

保持合理的受众期望值 不论你的广告目标及其在营销计划中的地位如何，在为产品或服务做广告时须牢记以下关键原则：给消费者的产品或服务承诺一定要量力而行，不能言过其实。图 9-1 解释了受众期望值与消费满意度之间的关系。

在进行广告策划时请牢记以上原则。企业做出过高的承诺而无法兑现，结果导致消费者的不满，这种现象很常见。

反思消费者需求 你的广告策略是否考虑到了消费者需求？消费者需求应该是你进行广告策划的出发点。你是否突出强调你的产品（服务或品牌）特性？

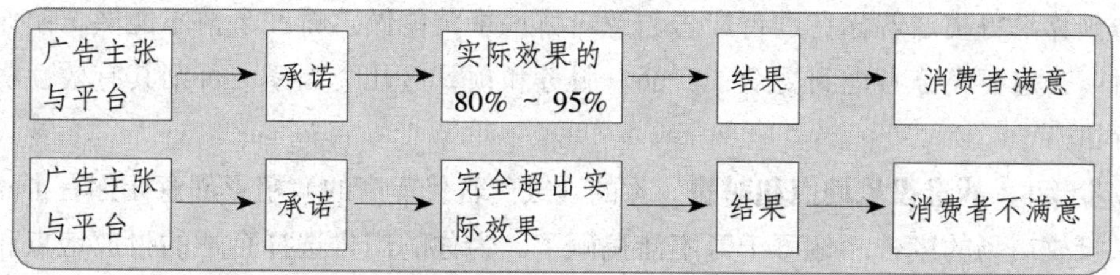

图 9–1 受众期望值与消费满意度变化量表

掌握了以上 6 点，你就可以开始着手策划整个广告活动了。

广告策划 6 步骤

以下介绍的广告策划 6 步骤将能帮助你顺利地开展广告宣传活动。

步骤 1：明确广告目标 要清楚你的广告所想要实现的目标。你想让广告有什么样的效果？广告一般能够用来做到以下几点：

- 告知消费者你新推出的产品或服务及其购买途径。
- 说服消费者相信你的产品或服务比你的竞争对手更好。
- 提醒消费者使用你的产品或服务。

要明确你为你的产品或服务做广告的目标并且确保你的广告能够实现这一目标。例如，你想让消费者知道你正推出一项新服务，你的广告就不应该是在强调你的公司仍在正常营业。

步骤 2：聚焦目标受众 如果你已经明确知道你在广告里想说什么和为什么要这样说（你的目标），那下一步就是要明确你要对谁说了。你的广告是要做给那些要买你的产品或服务的消费者的。所以你接下来就要回答以下两个关键问题了：“什么样的人想要买我的产品和服务？”以及“哪里可以找到他们？”其实，市场调研就可以告诉你这些问题的答案，而合适的广告媒介能够让目标受众接触到你的广告。

步骤 3：选择媒介 你希望你选择的媒介能够帮助你找到尽可能多的潜在消费者，而且这一媒介有效快捷、价格合理。基于你产品或服务以及目标受众的特点，你选择的媒介可能是电视、广播或杂志，有时候你甚至会选择直邮、产品名录、户外投放、网络或黄页等方式。你决定投放的成本和广告在整个营销计划中的地位也会影响到你最终的选择。

步骤 4：设计广告 你的广告设计活动很大程度上要基于上文提到的各项要点和步骤来开展。无论你想让你的广告多有创意，你的产品或服务的特点、广告目标和广告预算都将决定着你在进行广告创意时哪些事情能做，哪些事情不能做。制作广告时，一定要充分考虑到受众、产品、服务和预算这几个因素，否则其有效性将大打折扣。

步骤 5：找准投放地点和时机 你的（或广告代理商的）精彩创意让你有了一个可以投放市场的广告，你可千万不能搞砸了。为你的广告选择合适的投放地点和时机对于广告的成功至关重要。在为广告选择投放地点时，请考虑以下几点:

- 市场。
- 媒介选择。
- 投放安排（广告投放地点和时机）。

选择投放时机时，可考虑以下方面:

- 年份。
- 月份。
- 周次。
- 周几。
- 每日时段。

步骤 6：兑现广告承诺 你的广告在合适的时间、地点进行投放后，你的销售电话可能就会响个不停。那么有没有员工在接听这些电话呢？在激发了消费者的购买欲望之后，你要确保能够兑现你的广告承诺。你在整个广告策划过程中，一定要始终考虑到这一点。

自己打造广告与选择广告代理商

你要根据你所掌握的技术和拥有的预算来决定是自己打造广告活动还是要联系广告代理帮你代理。旅游服务业的广告覆盖面大、影响面广，小到当地的一家报纸，大到国家电视台，你都能见到这类广告的身影。如果你付不起高昂的广告代理费的话，就看看下边这些能够帮助你自主打造广告活动的建议吧。

首先，准备一个广告记事本来记录你所设计或使用过的广告，它可以让你从这些广告中学到一些成功之道。这个记事本要包括一个目录页，为广告做一些简要介绍，包括广告策划时间、投放地、广告成效等。以下是一个目录页的例子：

2 月 23 日 星期二 平面广告 A-1： 电信、娱乐板块

2 月 21 日 星期三 平面广告 A-1： 新闻、体育板块

2 月 22 日 星期四 平面广告 A-1： 电信、生活板块

成效：营业额比去年或上一周同期上涨了25%

或者是：

与去年或上一周同期相比，2月22日和2月23日的收益分别上涨了16%和28%。

此外，记事本里也要考虑加入竞争对手的成功广告案例，通过分析这些案例以了解主要竞争对手正在使用的广告策略以及所追随的潮流，根据这些分析来筹划你的应对策略。举个例子，假设你的竞争对手正在做“买二送一”的促销广告，你就可以分析该系列广告，然后看是不是能够想出类似的或更好的点子来打广告。要注意对手的这些广告的播放规律。例如，你可能会发现他们的广告是每个月的第四周发布，那么你就可以在每月的第三周发布你自己的“买二送一”促销广告，以应对对手的促销策略。

选择广告代理商 如果你雇用得起广告代理商，那即便你觉得你自己有能力自己打造广告宣传活动，你还是应该选择广告代理商，因为广告专业人士会比你更了解如今异常复杂的广告营销工作。

选择广告代理商更像是在选择商业伙伴，而不只是在选择另一个供应商，所以在有合作意向之前须考虑清楚很多问题。广告公司会用他们的成就、所获奖项、当前及以前的客户向你证明他们的资质。你要认真审核他们的资质，并且和他们现在及以前服务过的客户交谈，以便对该广告公司的优劣势有一个全面的了解。应从你公司的角度来考虑该广告公司的强项和不足。你和你的公司在广告制作方面有什么需要加强的地方？是创意、媒介策划还是其他方面呢？以下将列出广告公司能承担的主要职责范围（要知道不是每家公司都能在每个方面表现出色的）：

- 账户管理与维护。承担该项工作的广告公司人员对负责的品牌、产品或客户公司有全部的管理责任。他们是与客户进行沟通的主要联系人，并且管理着“客户团队”（为客户进行广告策划与制作的相关人员）。
- 调研。广告调研人员会运用一系列的专业手段或技巧向你提供有关市场、需求、利益、竞争、消费者等方面的定量和定性数据。
- 创作（想象功能）。由艺术家及文案撰稿人组成的创意团队将想出创意点子，使你的品牌或服务能与消费者的需求联系起来。
- 选角。这个团队的成员负责确定摄制人员、旁白员（配音演员）及演员，这三者是广告或其他商业宣传想要成功不可或缺的元素。
- 选择媒介。媒介专员将基于你的目标受众和预算情况选择最合适的媒介和投放频率。

• 制作。广告制作团队将综合考虑创意、媒介及其他相关方面并最终完成广告制作。

不过最关键的问题应该是：究竟是哪些人在为你做以上这些工作呢？有经验的创意团队还是刚入职的新手？

要确保你的广告代理商对你的市场和消费者有所了解。无论是广告公司自己开展还是外包给调研公司，有效的调研活动都能够加深你对目标市场的了解。如果广告公司急于向你展示他们的创意策略、媒介选择和合同，那么请你三思。因为一个好的广告公司会在广泛听取意见并对你的产品、服务、市场、消费者、你自身和你整个营销理念有了尽可能多地了解之后才会进一步考虑具体的广告策略。

选择广告代理的一个方法就是进行广告招标或公开征集广告提案。这样一来你就可以通过竞标演示免费获取很多信息，而且在提案阶段考虑多家机构，也能让你在选择时有一定的比较依据。

与广告代理的合作时间长短和更换频率都取决于你的决定。只有在客观评估过发出更换信号的指标时你才应该考虑更换。这些信号包括销售额下滑、消费者和潜在消费者的品牌关注度降低、消费者对广告反馈差、广告文案错漏百出、进度经常延期等。

置换、易货协定和联合广告

减少广告成本的一个方法是以你的产品或服务来交换更多的广告版面或曝光率。同广告商进行置换或易货的形式可以有多种，你可以以一换一，以五换一，甚至更高。以一换一意味着你将提供价值一定金额的产品或服务换取等额价值的广告版面或播出时间，例如，用价值1000美元的产品或服务来换取价值1000美元的版面或播出时间。如果协商到一个合理的比幅，那么这种形式就可以有效帮助你削减广告成本并增加销售量。

另一种削减广告成本的方法就是进行联合广告，即与其他公司一起合作进行广告宣传，从而共同分摊广告成本（图9-2）。度假区的广告经常采取这种形式，即在宣传该度假区时也会专门提及某些产品或服务。另一种更为普遍的做法是两个或两个以上的公司在同一个广告宣传中各自或联合进行产品或服务的宣传。

图 9-2　联合广告样例

资料来源：AARP/Avis。

译者注：此广告为美国退休人员协会（American Association of Retired Persons，简称 AARP）和 Avis 租车公司联合推出的。对美国退休人员协会会员提供 25% 的租车优惠。

广告类型和主题

广告不仅仅是与创意有关，有效的广告策划需要在创意阶段之前做很多的准备工作。正如上文提到的，你需要先考虑很多问题，包括广告目的、广告平台和广告主张。创意即使再好也要有一个明确的目的，否则广告的有效性就会大打折扣。本部分接下来的内容将介绍一些成功的广告创意。如果受众的反应与广告主预期相左，那么再伟大的创意也会失效。在选择广告类型时，一定要考虑到你的目标市场、消费者需求、消费者对你的产品或服务的预期，以及产品或服务特性。广告类型要与市场的消费心理相符合，并且广告载体也要根据你的广告类型做出适当选择。我们将在接下来的内容里介绍一些主要的广告类型和主题。

营造声誉型广告　这类广告主要通过权威证据、自我评价（self-claims）、其他单位的评价，或者引述领袖人物或专业人士的话语去提高所宣传产品或服务的声誉，或者在广告中放上他们的照片或签名，以暗示他们对该产品或服务的一种肯定（图 9-3）。还有一

译者注：J.D. Power 公司为卡尔森公司旗下的乡村旅馆套房（Country Inns & Suites）品牌颁发了 2002 年度“中档有限服务饭店最高宾客满意奖”。饭店管理公司发布此广告对 J.D. Power 公司和旅行社以及美国人民表示感谢。实际是在宣传自己企业的优质服务。

图 9-3　营造声誉型广告样例

资料来源：Country Inn & Suites。

图 9-4　形象广告样例

资料来源：The Lodge Torrey Pines。

译者注：Lodge Torrey Pines 饭店的广告语是"挑剔地关注细节"，展示了精美的图片，表明了其世界领先饭店会员的身份，并且列出了电话、网址和地址。

种与明星推荐类型的广告稍有不同的是自我推荐型广告，在这类广告中推荐产品或服务的是公司的首席执行官、总裁或董事长，这一做法也经常被称为"自我主演"。

另一种形式的广告主要强调一种职业信任感。在这类广告中，需要体现出的专业化是不言而喻的，公司的主要办公场所或身穿制服的全体员工出现在突出位置，随时等着为客人提供专业化的服务。

另外，此类型的平面广告常常是使用一张或多张图片来展示产品或服务，如图 9-4。

产品或服务推销型广告　此类广告可采取多种形式（图 9-5）。可以用直接的表现手法将产品或服务展示出来，并直白地指出好处。宣传平台的实景因素会达到和形象广告一样的效果，也就是都能很好地提升产品或服务的形象。此外，你还可以采用比较法。也就是在广告中，将你的产品或服务和你的竞争对手进行比较，然后突显出你的产品或服务的优势。

此类广告也可以主要突出产品的某个独特的组成部分或属性。例如，广告的宣传重点可以是产品的超高质量这一优势。有时候也可以突出一个场面，如一对着装优雅的夫妇或者是一个豪华的布景，以体现产品或服务的定位。这类广告也可以彰显多个元素，如"我们被一家独立机构评为最优""我们的服务品质卓越"以及"我们的设施世界一流"。

品牌识别型广告　如今，市场竞争激烈，想要让你的牌子广为人知，也就是我们常说的拥有品牌知名度，绝非易事。但更难的是如何有效地体现出你的品牌内涵，也就是建立你的品牌识别。为树立品牌知名度并传递品牌识别，做广告时需注意以下几点：

- 加入直接体现品牌内涵的描述。

图 9–5 产品或服务宣传广告样例

资料来源 :Regal China Cruises。

译者注：该广告重点强调中国皇家公主系列邮轮所获得的荣誉以及所提供的设施和服务。

图 9–6 品牌识别型广告样例

资料来源：Accor Hotels & Resorts。

- 形成、设计、拥有和利用品牌识别符号，如字符、声音、画面、短语等能让消费者联想到品牌的识别符号（图 9-6）。
- 介绍或发布品牌（图 9-7）。
- 提供独一无二的服务以形成卖点。

报价型广告　在报价型广告中，广告平台本身就是广告主张的一部分。最常见的方式是直接报价，如“99 美元往返纽瓦克”。报价中，实际提供的价格不一定是产品或服务本身的售价，但要在广告中突出，而且要将其视为消费者购买的主要动力。另一种形式是买赠促销宣传，也就是突出强调购买产品时会免费获得赠品。

现在最热门的一种方式是针对回头客或积分累计奖励进行促销宣传，比如针对常旅客或回头客进行的促销。这种广告主要强调反复使用产品或服务的消费者所能获得的优惠或利益。

人物场景型广告　人物场景型广告是一种很早就出现的广告类型。在这类广告中，无论是通过直接的表现手法还是以某个事件或场景为衬托，某个人物或某类人群就是广告中的主角。例如，让一名雇员或一群雇员出现在广告当中，并附上感谢的话语或标语，或者将一名出色的员工作为整体员工精神面貌的代表。展示一名客人的状态也是很好的例子（图 9-8）。

更为复杂（若效果不好，风险会很大）的一种形式是场景识别型，在这类广告中，先演示不

译者注：雅高饭店集团的这则广告通过四幅图片宣传了索菲特这一品牌下的 12 家新饭店的品牌定位，即在融合当地风情和文化精髓的同时，能够兼具时尚、优雅与舒适这一法国式生活艺术。

图 9–7　饭店介绍类广告样例

资料来源：Princess Cruises。

译者注：公主邮轮公司推出的这则广告主要就夏威夷公主号邮轮的内部设施和特色进行了简要的介绍，包括露台、餐饮、休息室、航程等。

图 9–8　人物情景型广告

资料来源：Crown Plaza Hotels & Resorts。

译者注：在皇冠假日饭店的这则广告中，一名穿着浴袍的客人慵懒地靠在床边喝着饮品，该广告通过这样的人物场景设置凸显了饭店能让客人放松减压的这一特点。

好的场面，然后再指明你的产品或服务不会出现这种情况。这种广告经常能产生幽默的效果，但要慎重选用，因为它们也能起反作用。

还有一种历史更为悠久的方法，那就是暗示法，也就是在广告中让消费者感受到爱情方面的信号或暗示。这类广告常常突出主角的魅力、吸引力，或暗示消费者如果使用了该产品或服务，他们会变得更加有魅力，更加成功等。这种广告的诱饵在于唤起消费者的想象。

利益型广告 利益型广告的特点是直接表现广告平台的内容，以此具体说明消费者要购买你的产品或服务的原因。有时候，广告也可以只突出强调一种主要的好处，也可以在多种好处当中突显出部分好处，或将一个很大的方面分解为几个小方面来体现它的益处（图 9-9）。

图 9-9 利益型广告样例

资料来源：Amtrak/Acela。

译者注：美国国家铁路客运公司（National Railroad Passenger Corporation of the USA，简称 Amtrak）的这则广告直接列出了 Acela 列车的发车次数和部分时刻表，以此将其便利性直观地展现给读者。

系列型广告 系列型广告主要通过创意性的重复和相似的人物和文案主题按计划分步骤地向受众传达广告信息。通过微妙的重复，系列型广告能让受众容易地辨识出广告宣传的产品或服务。图 9-10 就是一个系列广告中的一则，广告主题强调墨西哥的很多地

图 9-10 系列型广告样例

资料来源：Riviera Maya。

译者注：该广告是墨西哥旅游系列广告中的一则，广告主题强调墨西哥的很多地方都是受欢迎的度假胜地，而且“离你前所未有的近”。

方都是受欢迎的度假胜地，而且“离你前所未有的近”。

绘画和剪影类广告 素描和剪影似乎更像是一种制作技巧或手法，而不是一种广告类型或主题，但这类广告已经越来越常见了。这类广告的流行主要得益于其在报纸及其他黑白类媒介中的有效性。图 9-11 就是一则有趣的绘画广告。

图 9–11 绘画或剪影广告样例

资料来源：Le Parker Meridien New York。

译者注：纽约艾美乐帕克饭店（Le Parker Meridien New York）的这则广告以三个人物的素描勾起读者对逃离疲惫现实的一种美好向往。

行业广告 行业广告的受众是介于你的产品或服务的终端使用者和最终消费者之间的中间商。这些中间商包括代理商、分销商、批发商、零售商等。这类广告应该着重考虑到中间商的需求（如新产品信息或佣金、回扣等）。图 9-12 的赫兹汽车租赁广告就是主要针对旅行社的，目的就在于希望旅行社能够倾向于为他们的商旅

图 9–12 贸易型广告样例

资料来源：Hertz。

译者注：赫兹汽车租赁公司（Hertz）的这则广告主要强调其能够为旅行社带来的便利，目的就在于希望旅行社能够倾向于为他们的商旅客人租用赫兹的汽车。

客人租用赫兹的汽车。

会务销售型广告 会务场所的销售是一件非常具有挑战性的工作，而在广告中向潜在消费者进行会务营销也同样具有挑战性，会务类型的广告一般不会产生很快的购买效应，因为需要专业会务设施和演示设备的商业会议一般都是提前计划好会务地点的。会务销售是饭店行业整个经营活动中的一大难题，由于大部分的会务场所都是设在饭店里，因此，在广告里强调参会者在开会饭店住宿的便利因素会有意想不到的效果（图 9-13）。

图 9–13 会务销售型广告

资料来源：Raffles/Swissotel。

译者注：这则广告主要在宣传莱佛士饭店和瑞士饭店推出的会务预订优惠活动，即 10% 的会务费用将作为一笔存款，可用于下次会务预订。

目的地广告 此类广告的卖点在于地理位置。这类广告以前主要用于吸引度假者去某个特定的地点度假，而现在更多是用来向企业宣传在该处开大、小型会议和举行展会的优势。如果受众对目的地已经比较熟悉，那么广告就可以主要用于提高该地的吸引力，如图 9-14 展示的是夏威夷考艾岛的宣传广告。

图 9–14 目的地广告样例

资料来源：Kaua'i Discovery。

译者注：该广告主要在强调考艾岛（Kaua'i）是一个让你和爱人拥有美好回忆和幸福未来的地方。

市场覆盖面

如何让消费者知道你的产品或服务，你需要仔细研究每个例子。因为没有一个万能的黄金法则能告诉你覆盖市场的方式和地点。你不一定要一直使用同一种媒介或技巧。我们将在下边的章节里讨论通过广告拓展市场覆盖面的不同技巧。

全球和全国市场 简单来说，全球和全国性市场的广告活动能让你的产品或服务在各大洲或从海岸线到海岸线的区域内得到报道或宣传。如果你的市场是全球性的或是全国性的，又或者你在尝试全面扩张你的市场占有率，那么你完全可以考虑这种规模较大的广告。全球和全国性市场广告对于想提高品牌知名度或是想树立品牌形象的大连锁公司来说极为有用。而且，这类广告也能让你同时在所有的市场里发布新产品。

主要市场 基于市场调研或由于预算吃紧，你可能只想在主要的目标市场投放广告进行营销活动。

区域市场 你也可以根据不同区域的情况来决定广告的购买情况或投放范围。为你的产品或服务确认目标市场区域的方法有很多种。例如，一个大的咖啡连锁集团只在美国的西南部区域进行广告宣传，这是因为该地区是该集团分店和消费者最为集中的区域。

人口密集市场 人口密集市场主要是指按人口数量划分广告区域，比如城市人口在 100 万、75 万、50 万以上的区域等。人口数量可以按观众、读者、听众、曝光时间的多少来统计，主要是以你所选择的媒介类型来决定。

观众、读者、听众或订购者市场区域 电视、广播、杂志和报纸能够根据它们的受众或发行单上的名单给你提供具体的受众信息。不仅如此，你还能通过它们了解其买家特点，这能让你更好地选择与你的目标受众的需求相匹配的媒介。这种方式能让你更好地为你的广告信息选择投放市场。

客源市场 客源市场指的是消费者来自的地理区域（市场所在地），而这些区域就极有可能是你的广告投放区域。

城市 广告既可以在不同的城市投放，也可以在一个城市内的某些区域进行投放。当地的市场调研能够有效地帮助你在该地选择合适的广告媒介。

媒介选择

在制作广告前要认真评估各种媒介，包括电视、广播在内的播放型媒介是让你的产品或服务得到曝光的一种形式。平面媒体，如杂志、报纸、副刊、产品目录、通讯录、黄页、宣传册、宣传单等，则是另一种形式的曝光。

传统的杂志广告和电视广告都不能及时并快速地传递宣传内容和降价信息，而新出现的科学技术刚好能帮助我们做到这一点，企业可以通过网站、博客、微博账户即时更新广告宣传内容，这极大地提高了广告的传播速度。

在为你的广告选择传播媒介之前，你要认真分析不同媒介所能覆盖到的潜在消费人群的数量，考虑自己的预期投资回报率，并且最好能够比较出最节约成本的媒介方式。所以，在进行媒介选择分析时，一定要考虑你的需求、目标和预算。

媒介策略 媒介策略一般包括计划、实施或购买和效果评估三个部分，其宗旨在于以最低的成本在最合理的情境下向目标受众传递广告信息。媒介计划阶段主要是筛选并将不同的媒介进行排列组合，已选出能够帮你以最快的速度和最有效的方式实现营销目标的媒介选择计划。实施或购买阶段是指在媒介计划和预算都确定以后进行的议价、购买和投放媒介的这一过程。效果评估指的是考察媒介是否能按预期将广告信息传递给目标受众的这一过程。受评估的目标受众是根据列出的某些关键要点或地理特征统计、提炼出来的目标市场。

和其他计划一样，一个广告媒介选择计划书应包括媒介选择目标、媒介策略、工作进度时间表和预算等部分。你的计划书需要回答以下问题:

- 广告的目标受众是谁（目标受众信息）？
- 广告将在哪里发布（预期的广告覆盖范围）？
- 什么时候投放广告?
- 广告投放力度多大才能达到最佳的宣传效果（重要性和影响）？

挑选媒介时既要做定性决策也要做定量决策。需要考虑的问题如下:

- 你的目标市场的媒介行为和习惯是怎么样的（他们看什么，听什么，读什么以及在哪里进行这些活动）？
- 他们的购买行为和习惯是怎样的呢（他们什么时候购买产品或服务）？
- 何时何地才是目标市场接触广告的最佳时机（直邮到家的广告、驾驶时段的广播、电视晚间新闻时段等）？
- 目标受众还会使用什么其他媒介手段（满足自己特殊兴趣爱好的有线频道、专业杂志还是别的媒介）？

你也可以做出战略性决策，选择使用媒介组合的方式，即同时使用不同的媒介手段（电视、报刊、广播等）以高效实现广告计划。另外，还要考虑好媒介使用的具体情况，包括广告大小、时段、广告时长、字体字样等。此外，要计算清楚广告每覆盖到 1000 名受众你所要花的成本。最后，你要考虑到地理因素（广告投放地的地理分布）、季节性因素（购买习惯）、媒介与产品或市场划分之间的关系，以及投放广告的最佳时间、地点等。

为了加速决策进程，广告公司会订阅某些机构或组织提供的与受众情况、读者数量、成本等有关的数据。有些广告公司能够基于你的产品或服务的市场特征数据开发模型。这些模型能够给你提供很多不同的方案。表 9-1 列出了一些主要的数据来源。

表 9–1　主要数据来源

媒介形式	受众数据	成本数据
直邮	• SRDS 媒介策略数据库（SRDS Media Solutions）。 • 邓白氏咨询公司（Dun & Bradstreet, Inc.）。	• SRDS 媒介策略数据库 (SRDS Media Solutions)。 • 邓白氏咨询公司（Dun & Bradstreet, Inc.）。
杂志	• 美国发行量审计局 (Audit Bureau of Circulations，简称 ABC)。 • 美国调研公司（Experian Simmons）。 • 研究机构 Mediamark Research & Intelligence，简称（MRI）。 • 杂志销售商。	• 平面媒体制作方。 • 杂志销售代表（广告的摆放位置经常可以协商，但是一般不能讨价还价）。
报纸	• 斯卡伯罗研究中心 (Scarborough Research)。 • 美国报业协会（Newspaper Association of America)。 • 当地报纸销售代表。	• 报纸广告商。 • 报纸销售代表提供的本地价目表（针对当地企业的广告价格更低）。
户外	• 交通审计局（Traffic Audit Bureau，简称 TAB）。 • 当地销售代表。	• 户外媒体标准参考数据系统 (Out-of-Home SRDS)。 • 户外媒体销售代表（成本有时有可协商的余地，如果现实情况允许，版面位置也可以改动）。
广播	• RADAR 提供的全国广播网收视数据（RADAR National Radio Network Ratings)。 • 阿比特朗公司（Arbitron Inc. ）。	• 广播网或广播站的销售代表。 • 媒体市场指南（Media Market Guide）。 • 广播广告商（价格有商量的余地）。
电视	• 尼尔森电视观众研究（Nielsen TV Audience Measurement ）。	• 电视网或电视台销售代表。 • 媒体市场指南（Media Market Guide）。 • 广告成本分析公司 SQAD（价格有商量的余地）。

广告排期 在考虑广告投放计划时，最好先确定你的产品、服务或品牌所需要的投放频率，表 9-2 为选择频率的建议参考。

你一旦确定了投放频率，就可以考虑以下多种投放方式：

- 不间断投放。在一定时间段内不间断地发布广告，不受季节性或宣传、促销需要影响。
- 飞行式投放。一般是在广告连续播放 3 ~ 6 周后停止。
- 启动式投放。在广告投放的初始阶段投放频率较高。
- 渐进式投放。随着营销活动的不断深入而不断加大投放力度。
- 脉动式投放。以不间断、有规律的间歇式频率投放广告。

表 9–2 广告频率参考表

高频率广告	低频率广告
• 新活动	• 已经确立了领导者地位的品牌、产品或服务
• 新产品或服务	• 较高的市场地位或较强的竞争优势
• 新品牌介绍	• 广告内容简单
• 试销	• 延续的活动
• 宣传促销	• 提醒类内容
• 广告内容复杂	• 市场竞争者较少
• 短的产品购买周期	• 广告水准有竞争力
• 广告市场竞争激烈	• 购买周期较长

媒介效果评估与相关术语 不能用同一种方式去评估所有的媒介选择效果。对于播放类媒体的评分一般是由收视率和频率构成的公式计算出来的。计算出来的评分一般被称为总收视点（Gross Rating Popints, 简称 GRP）或目标收视点（Target Rating Popints, 简称 TRP）。一个收视点指占总参评受众 1% 的人次收看了广告。总发视点这一可以广泛应用的计量单位能够反映出广告的市场覆盖率，而且能让你针对不同的媒体选择进行比较。总收视点的计算方式为将收视率（指能接触到广告的家庭或受众的人数，以绝对百分比表示）乘以广告播放频率（家庭或受众平均多久能接触到广告）。总收视点的计算公式如下：

收视率 × 广告播放频率 = 总收视点

（例如，75% 的收视率 × 10 倍的广告播放频率 =750 GRP）

正如上文所述，不同的广告媒体可以使用不同的方式来评估。现将常见的评估方法总结如下：

- 播放类广告（电视、广播）使用总收视点来评估某个具体市场的观众或听众的收视情况。收视率乘以播放频率等于总收视点。
- 直邮广告用覆盖率（邮寄数量 / 市场总量，目标家庭数或目标受众数）代替收视率，以邮寄数量代替播放频率。
- 杂志广告用覆盖率（发行量 / 市场总人数，目标家庭数或目标受众数）代替收视率，以广告刊登数量代替播放频率。
- 报纸广告将覆盖率（发行量 / 市场总人数，目标家庭数或目标受众数）代替收视率，以广告刊登数量代替播放频率。
- 户外广告以四周的曝光时间为基本单位来计算信息到达率和曝光率；交通、车流情况也是常常用来衡量户外广告价值的一个指标。

其他的评估和考核手段能够帮助我们量化整个媒介使用目标。这些包括宏观手段，也就是基于行业（你的产品或服务所处的行业）的平均值将广告算成销售额的百分比。这样，我们就能按计算市场份额的方式来计算媒介份额。而微观目标法帮助你确定多少总收视点权重才能让你的广告有效地传递给你的主要目标市场，并让受众接受从而购买你的产品。另外两个流行的指标是品牌发展指数（Brand Development Index，简称 BDI）和品类发展指数（Category Development Index，简称 CDI）。品牌发展指数指产品销量占总目标市场人口的比例。品类发展指数指某类产品的销量占总目标市场人口的比例。

小 结

开展广告营销活动需要有详细的规划、明确的目标、周密的策略和一个执行计划。广告的目标在于提高知名度并改变消费者态度和行为。广告策略必须解决承诺、主张（承诺的有力支撑）和基调这三个方面的问题。广告计划的实施必须基于核心调研信息（数据）展开并且要考虑到某些特定因素，如创意、法律（所有权声明和免责声明）等方面。

表 9-3 中的广告自查表可以在你开展广告营销活动时使用，这对你的企业来说也是一个有用的工具。这种类型的自查表不仅可以帮你节约成本，还可以让你检验广告活动开展的有序性和有效性，并且能够帮助你全面地考虑问题，以确保广告、销

售和公共关系这三个部门的员工都在为你的营销计划共同努力。

表9–3 广告计划自查表

——你的广告计划是否能够帮助你实现目前营销计划的目标和策略？

——你的营销主管是否清楚参与执行你的产品或服务广告计划的人员分工？

——销售经理或主管是否参与到广告策略和整个计划的规划和执行过程中？参与度有多大？

——你在营销和广告方面的核心工作人员是否与媒体保持着良好的关系？他们有能力实施置换或易货协定吗？

——你有一个综合记事本来记录你最新的广告案例吗？

——你是否已经准备好一个监督和效果评估体系来对你的广告开支的使用情况和有效性进行评估？

——你是否有一个剪辑档案，或是剪报文件夹，抑或是记事文件夹？是否有专人在关注并分析竞争对手的最新动态？

——需求表、异常报告、广告订单、文案样本、广告样本这些是否都可以随时取用？

——是否有一个总的文件夹收集所有的媒体合同和置换合同？

——你是否提前准备好广告工作进度计划表？

——内部广告申请表是否已被使用？需求提出的时间是否足够？档案里留有副本吗？

——广告制作预算是如何管理的？所有的广告费用和开支都征得同意了吗？

——广告订单是否按时交给媒体？完成订单的相关文件是否都已按程序分发？

——所有的核心营销人员是否了解平面、广播、户外、机场和置换及其他所有媒体合约的相关细节？

——户外广告的合约条件是什么？最近一次确认是什么时候？打算什么时候再做？

——是否已准备好进行广告验证？所有来自媒体的广告发票是否都有广告样张或书面证明？广告样张和书面证明的复印件是否已经存档？它们是否将其与广告订单对照检查？

——价格和折扣是否已经得到核实？价格变化是否和新的价格卡相对应？

——已通过的广告进度表有没有什么重大变动？是否每个人都知道这些变动？

——之前自查出的不足是否已被纠正？

你在为媒介计划确定媒介目标时，要考虑到目标受众、地理位置和季节性因素。同时，你也要重新考虑你的广告目标，以做出明智的客观评价。媒介策略一定要解决好营销组合、具体的媒介使用和进度安排等方面的问题。如表 9-4 所示的媒介计划自查表能够确保你考虑到媒介计划中的关键要点和问题。

表 9-4　媒介计划自查表

——你的计划能形成一个竞争优势吗?

——你的媒体计划是基于对你的市场和竞争力的客观评估进行的吗?

——你的媒体计划是否与你的整个营销计划相符合?

——你的广告媒体计划是否与你的其他营销计划和策略相关联?

——你的媒体计划是否能够恰当地体现你要表现的创意?

——你的媒体计划是否能够帮助你实现宣传目标?它与宣传进度相关联吗?

——媒体计划是否考虑到地理分布和季节性因素?

——进度安排是否与目标和总开支水平相吻合?

——媒体计划是否在同等开支的基础上创造了更好的效果(如更高的收视率)?

——准备好对媒体效果进行评估了吗?

——备用计划是否存在并可以实施?

——公司的所有部门都被告知这一媒体计划了吗?

案　例

让我们来学习两个有关广告策略方面的案例。

案例 1:极端型目标市场营销

一个小型的高级饭店和度假村集团为了要与凯悦、希尔顿、威斯汀等大型的连锁饭店集团抗衡,需要采取一种我们可以称之为“极端型目标市场营销”的广告策略。我们先看一下案例背景。这家小型连锁饭店的预算仅为竞争对手预算的 10% ~ 20%,它的品牌未提示知名度不到 1%。而其竞争对手的未提示知名度一般在 70% ~ 90% 这样的水平。

由于调研经费有限,这个饭店只能先集中研究它的核心消费群,它们的研究发现有超过 85% 的客人是坐飞机到店的。此外,和美国运通合作的合作调查发现,有超过 75% 的核心客人使用运通卡,该饭店将这些人的信息进行归档整理和数据分析,以了解这类人群的基本信息、心理诉求和消费需求。调查发现,这类客人有很规律的阅读习惯，而且所使用的媒介类型也比较明确具体。他们大都是在旅途中或是晚上在饭店房间里阅读。大部分人观看的电视节目仅仅局限于头条新闻或天气预报。事实上，他们一直都比较关注天气。调查显示他们每天都会查看他们当地和出差地的天气情况，有时一天甚至会查三次。他们还随身携带航班时刻表（《官方航空指南》或《美运通航空向导》），而且几乎都是航空公司VIP俱乐部成员。在问到他们的阅读习惯时，几乎所有人都提到了《今日美国》和《华尔街日报》，而在飞机上的时候都会阅读或浏览一些商业类的出版物，如《福布斯杂志》和《商业周刊》。

基于以上的调查发现，该饭店决定全面调整它的媒介计划。它减少了广告数量，而且几乎取消了所有的电视广告，但是在头条新闻节目中进行了力度较大的广告投放（在天气预报的播出时段播放），而在天气频道的广告投放力度更大。该饭店也全面改变了平面媒体广告计划。它取消了所有体育、高尔夫和网球类刊物里的广告版面，撤掉了大部分旅游杂志里的广告和所有消费类杂志的广告，仅保留《福布斯杂志》和《财富杂志》上的广告版面。广告数量的减少让这个饭店有了更充足的资金集中投放到与飞机乘客和天气预报有关的广告媒体中。

在接下来的12个月中，该饭店与《今日美国》《华尔街日报》签署了一系列协议，获得了专属广告权，《今日美国》专门新开辟了一个叫作“天气带”的广告版面（位于天气版面底部10 ~ 13厘米大小的方块）。《华尔街日报》在第三页右上角为其提供了一个专门的天气预报版面（通过与天气频道签署合作协议获得信息）。该饭店还做了如下工作：

- 签署合约获得《官方航空指南》或《美运通航空向导》袖珍版的封面页广告版面。
- 购买了《飞行常客杂志》的内封面页的广告版面，并买下多余版面以每月提供天气数据。
- 与负责所有航空公司飞机座椅后背袋内杂志刊物（共44种，包括商业杂志）的公司签订合约，获得杂志厚质内底封页或活页上的广告版面。
- 向所有航空公司的VIP俱乐部提供以上提到的44种杂志（包括商业杂志）。
- 获得ABC视频电视制作公司“饭店”类的机上电视广告权，该公司是当时主要航空公司的节目供应商。
- 向东西部的航空枢纽和其他主要航空公司的机上航空杂志购买广告版面（包括扉页、封底和中间插页）。
- 偶尔向主要航空公司购买机上耳机塑料包装袋里插入小型宣传册的广告权。

这个集中针对目标市场的媒介计划所花成本与之前所花的成本一样，只介于它的竞争对手们的宣传成本的 10% ~ 20%。但这些成本却能让这个小型饭店被它的目标顾客和潜在顾客在观看电视或阅读时接触到。事实上，它的广告出现在目标市场观看的所有电视台上，也出现在竞争对手饭店提供的免费报纸里。这样的营销策略产生了如下效果:

- 品牌的提示知名度迅速攀升至与竞争对手持平的水平，未提示知名度上升到 10% ~ 20%。
- 市场份额、平均房价和入住率都有所增长。
- 目标市场印象中该饭店连锁的规模是该饭店实际规模的 5 倍。

案例 2：广告图标的力量

广告图标可通过不同形状、风格和个性来呈现。想想朗白先生（Mr. Clean）、山德士上校（Colonel Sanders）、劲量兔（Energizer Bunny）和麦当劳叔叔（Ronald McDonald）这些图标就明了了。有效使用广告图标进行营销的一个有趣的例子当数 Jack in the Box（中文意思：盒子里的杰克）这个快餐连锁店的杰克图标了。现在的杰克图标在个性和风格上都经过了全新的打造，并且成功让一蹶不振的快餐连锁店起死回生。原版的杰克图标是一个聪明积极的小伙子想通过自己的出色演唱一鸣惊人的形象。但过了不久，因为食用 Jack in the Box 餐厅里的汉堡包而导致的大肠菌感染造成了 4 人死亡。这让 Jack in the Box 的销量暴跌，“杰克一号”也被束之高阁了。

重塑 Jack in the Box 的品牌形象是非常艰巨的任务，因为没有人想让自己吃的汉堡包让人联想起之前提到的食品问题。而以前的图标也不太适合现在的市场了，因为它针对的目标市场是较为年轻化的市场。市场调研表明汉堡包的行情已经发生了变化，所以如果想让“杰克”重出江湖并且受市场欢迎的话，“杰克”的这个图标也该与时俱进了。经过调研发现，汉堡包市场更为复杂了，而且呈现老龄化趋势。买汉堡包吃的人可以分为几个类型，比如那些汉堡包狂热者（狂热型食客），或者是每天都不得不吃汉堡包的人，还有经济型食客，他们希望花在吃上的钱能物尽所值，还有一种品质追求型客人。所以“杰克”应该以什么样的形象回来呢？它又如何让以上这些食客引起共鸣呢？

世界知名的 Chiat / Day 广告公司重新塑造了“杰克”的形象，使“杰克”变成了一个新一代的高管，让人联想起一个掌握实权、个性鲜明、善于交际、务实认真的总经理或首席执行官的形象。这个“杰克”的头圆圆的，像乒乓球一样，戴着一顶黄色的帽子，形象非常好认，而且可以用做车用天线夹具，这些免费送出的夹具很快就能让“杰克”遍布整个美洲大陆了。“杰克二号”的这一形象被赋予了极大的个性魅力，并帮助这个快餐连锁店起死回生了。他的形象适用的场合超过100个，每个场合都与它的三个细分市场或新市场的诉求相契合。最终，“杰克”的新形象让这个已有许多分店关张的快餐连锁店成功逆袭了。可见，如果能像Jack in the Box做得那么好的话，图标就能成为一个坚不可摧的广告形象。

主要术语

广告（Advertising）：通过平面或动态媒介，如报刊、广播、电视等，引起公众对产品的关注或赞赏，从而让更多人购买产品的行为。

知名度（Awareness）：在广告领域，指通过鲜明的品牌介绍内容和品牌联想物或图像等让你的品牌为市场所熟知。

易货（Barter）：以产品或服务换取广告版面或播放时间的行为。

品牌发展指数（Brand development index, 简称BDI）：一种能够量化媒介效果的评估和测量方式，具体指产品销量占总目标市场人口的比例。

品类发展指数（Category development index, 简称CDI）：指某类产品的销量占总目标市场人口的比例。

广告合作（Co-op）：两个或两个以上的公司的产品或服务出现在同一个广告里，是节约广告成本的一种方法。

创意策略（Creative strategy）：广告制作的核心要素，主要包括核心目标市场，广告承诺（广告目的和广告内容等），广告主张（广告承诺的有力支持）和表现基调（给人的感觉和体现的个性）这几个方面。

客源市场（Feeder market）：指消费者来自的地理区域（市场所在地）。

总收视点(Gross rating points, 简称GRP)：常用于衡量媒介效果的计量单位，能够反映出广告的市场覆盖率，而且能针对不同的媒体选择进行效果比较。

图标(Icon)：便于识别或宣传产品或服务的图像，名人（人物）或其他代表性符号。

期望值(Level of expectation)：指消费者对产品或服务在质量或数量上的预期；给消费者的产品或服务承诺一定要量力而行，不能言过其实，这是制作广告的基本前提。

媒介(Media)：指报纸、杂志、广播、电视、网络等广告载体。

媒介策略 (Media strategy)：广告制作的核心要素，主要指对传播载体的规划和使用问题。

平台 (Platform)：指条理清晰，能够明确支持广告主张的事实依据。

主张 (Proposition)：指你代表你的产品或服务发出的，基于事实依据的最强有力的宣言。

广告排期表 (Scheduling)：指广告的整个投放策略，即基于可选或现有的各种投放方式（如持续式排期、集中式排期、起伏式排期、渐进式排期、脉冲式排期等）确定广告的投放频率。

广告市场份额 (Share of market)：广告主通过广告获取的市场份额，以百分比显示。

媒介份额 (Share of media voice)：一种对媒介效果进行评估与测量的宏观手段，即基于行业（你的产品或服务所处的行业）的平均值，计算出广告预算占销售额的比例，并与广告市场份额相比较，从而得出评估数据。

置换 (Trade-out)：以产品或服务换取更大的广告覆盖面。

目标收视点 (Target rating points)：用于评估和测量广播媒体效果的常见指数，具体指基于收视率和频次的一个计算公式得出的在目标对象消费群中，收看 / 收听一个特定电视或广播节目的人数占所有目标消费人口的比率。

第10章

概　要

公共关系

　什么是公共关系

　公共关系的实施

　内部公关

　公共关系的评估

出版物

　饭店与旅游服务业刊物

案例

学习目标

1. 掌握公共关系的定义。
2. 了解公关活动的实施方法，掌握进行直接接触型公关活动的建议以及与媒体打交道的策略。
3. 熟悉内部公共关系以及公关效果的评估方式，并了解与饭店与旅游服务业相关的行业刊物。

10

主要营销方法的应用：公共关系

本章将帮助你了解公共关系在提升销量和员工士气方面的作用。首先我们将主要介绍企业内部公共关系的应用范畴，并对外部公共关系的处理技巧和方法进行全面讲解。然后，我们还将学习一些经过实践证明能够适用于饭店与旅游服务业的公共关系的类型。最后，我们将讨论如何让公共关系更好地为你的营销策略服务及其效果评估方式。

公共关系

公共关系是一种营销手段。它是一个沟通载体，能够将你的营销信息和不同的受众联系起来（是能够将你的营销信息传递给不同受众的一种沟通载体）。公关视角离不开全体受众这一概念。总体受众包括投资方、股东、加盟商、中间商、产品和服务的个体消费者等在内的利益相关者。公共关系能够接触并影响到这个广泛的外部受众层面。不仅如此，公共关系也是进行员工沟通和员工激励的一种有效的内部营销手段。

你可能会经常听到类似于“某某就是因为那个活动出名的”这样的话。但是公共宣传仅仅是公共关系的一个方面而已。而且虽然有时候公共宣传并不花钱，但是其影响有好坏之分。想想那些关于饭店和娱乐场所的火灾报道就知道了。我们接下来将更为具体地讨论公共宣传这一问题。

关于公共关系的谬论很多，比如“公关就是胡扯”“公共关系是无法定义的，而且一无是处，效果无法衡量”“公关就是在浪费时间和金钱”“任何人都可以做公关”等。说这些话的人要么没有正确理解什么是公共关系，要么就是受了失败公共关系的影响。公共关系确实不能直接带来销量，但是它是带来销量的有力保障。我们接下来将介绍公共关系不同方面的基本原则，包括公共关系的定义、应用以及效果评估等。

什么是公共关系

公共关系是一种有力的营销工具，因为它能接触到所有的营销受众。在有利的情况下，公共关系是一种主动进取的手段。在不利的情况下，公共关系则是一种有力的防御策略。

公共关系需要与整个公众打交道，包括个体消费者和潜在消费者、金融人士、当地社区、媒体，甚至是你自己的员工。无论你是从事饭店业、航空业、餐饮业还是旅游业，有效的公共关系能够成为你在业内的一个竞争优势，这种优势经常被忽视，即使是公关专业人士也不例外。实际上，一个有效的公关计划能够为你的企业在业内树立一个良好的形象，这种良好的形象能够让你赢得消费者对你的产品或服务的青睐，而且还能让你吸引和留住优秀员工。

公共关系能够为你的公司、产品和服务营造一个良好的环境，如果公共关系是你营销计划的一部分的话，所有的公关计划都应该而且必须包括目标、策略、目标市场、预期结果、活动时间表和效果评估这些方面。在一个正式的公关计划里，同样需要注意的是对于制定并执行公关计划的专业人员的选择。认为所有人都能做好公关的这一想法是绝对站不住脚的。

公共关系的建设渠道很多。下面列出的是公关人员用以接触不同受众的部分手段:

- 声明。
- 广播媒体（电视和广播）。
- 平面媒体（比如报纸和杂志）。
- 记者招待会。
- 新闻发布。
- 公民、社交和社区参与。
- 员工关系。
- 演讲。
- 访问。
- 照片。
- 网站。
- 在线留言。
- 旅游社交分享网站。

此外，获取媒体曝光率的方式也有很多。无数的文章和教材已经就如何进行正面宣传列出了很多不同的方法和建议。但很多作者都忽略了最基本的一点：获取这些曝光率的最初目标和策略。即使你和媒体的关系非常不错，你也要确保你的宣传目的与你的整个营销策略相吻合。要让你的公关计划真正发挥作用。要做到这一点，可以参考表 10-1 中的一些建议。但遵循这些建议的同时必须要联系到整个营销策略的大背景才行。你在公关方面做的努力是树立信誉、获取信任的一个有力的营销工具。图 10-1 以浅显的方式描绘出了公共关系的 6 大手段或关键要点。

表 10–1　相关公关机会的建议

- 员工或公司取得成就。
- 员工参与的活动。
- 周年纪念日。
- 重要的人事任命。
- 员工或公司获得殊荣。
- 名人到访（须征得对方的同意）。
- 社区奖项。
- 公司或员工为慈善或当地社区工作做出的贡献。
- 各种展览。
- 由你提供设施的娱乐活动。
- 在你公司举办的活动。
- 搞笑或创意型活动。
- 各类大型开幕式。
- 与利益团体的会面或用餐。
- 感兴趣的到访来客（须征得对方的同意）。
- 行业活动。
- 对来访者、客人等的访问。
- 新的管理层、业主和员工。
- 各种开业活动。
- 引起公众关注的重大经营变动。
- 组织变动。
- 公共服务事件或活动。

（续）

- 证书或奖项的获得。
- 对相关人物、地点、事件等的褒奖。
- 特别展示、特色介绍等活动。
- 各种特色活动。
- 员工演讲和在你的公司召开的团体会议等。

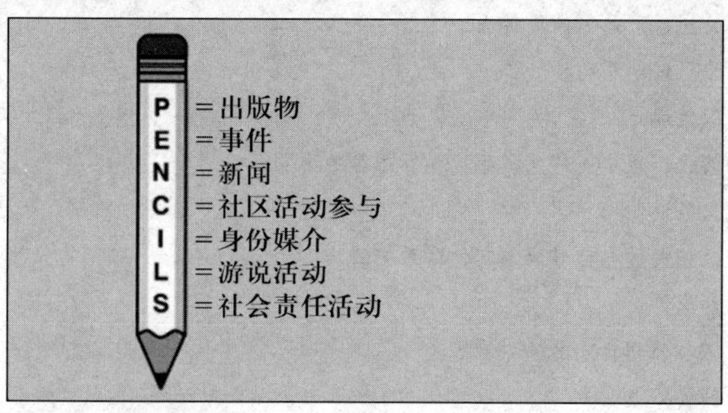

图 10–1　公关手段

公共关系的实施

一旦你的公关计划确定了目标并且与营销计划紧密相连，那么就应该考虑如何将这些想法付诸实践了。你必须考虑以下问题:

- 什么媒介最适合实施这个计划?
- 这个任务的主要联系人有哪些?
- 计划实施前有必要建立或重新稳固某些人际关系吗?
- 我们的方法是否周全？潜在的风险是什么?
- 我们有为媒体准备好联络资料包吗?

联络资料包是专为媒体准备的一整套联络资料，包括新闻内容、联系人姓名及电话号码、产业信息、图片、宣传册等，提供这个联络资料包是非常必要的，因为虽然不能保证媒体会使用里边的文本或材料，但是如果提供了这个资料包，你就可以根据你的意图去传递公关信息。表 10-2 里的内容将告诉你如何准备一个对媒体有用的联络资料包。

演讲、新闻发布会、会议和采访等公关机会需要与媒体或其他相关人士有个人

表 10-2 联络资料包的内容要求

- 主要媒体联系人的地址和电话号码。
- 公司主要负责人的地址和电话号码。
- 批准程序说明和相关表格。
- 核心人物的简介。
- 相关个人、公司、产品等的简报表。
- 宣传册（如果可以使用的话）。
- 撤销程序及政策规定。
- 有关固定的格式、版本、信头、商标和标志等的说明。
- 保密声明或义务说明。
- 联系人列表及相关的电话号码或其他联系方式。
- 资料复印件和原件。
- 图片展示和带有公司标志的演讲台等。
- 新闻发布会的安排表。
- 紧急联系人及联系电话（通常是公关联系人）。
- 产品、人物等的图片清单。
- 图库以及可推荐给媒体发表的图片集。
- 前期的问题文件和自查表。
- 记录提问问题的文件和自查表。
- 价格或房价等信息。
- 发布程序。
- 产品或服务的制作流程和相关规定。
- 公司或产品的宣传方案。
- 有关数据、照片、产品信息等的申请表。
- 剪报本或文件夹。
- 可公开的演讲稿。

接触，如果你需要通过这些直接接触的方式开展公关活动，那么你必须要让你的直接联系人做好准备。充分的准备是成功进行直接接触型公关活动的关键。目前，关于如何进行演讲或其他公开演说的基本原则和建议不胜枚举，但你的公司还是会有可能因为用错人而酿成大祸。简单地说，就是要选择合适的发言人来面对媒体。如果这个会谈的内容是技术方面的问题，你要确保发言人能掌握好所有的技术术语。如果会谈内容是关于公司策略的，那么发言人在公司内必须要有足够的权威，这样才能让公众信服。如果发言内容是关于你自己的产品或服务的，那么就得保证发言人能够从消费者的角度来介绍。

下边列出一些进行公开演讲的注意事项：

- 认真组织并安排足够的时间准备。
- 要准备好书面发言稿，背诵下来，记好笔记。
- 重写，修改，再重写。
- 为你的演讲稿写一个发言大纲或发言梗概，然后按上面的思路讲。
- 适当停顿以示强调。
- 对于影像资料、设备、会议室和画面可视性等要检查再检查。
- 吐字清晰，思路流畅。

请注意以下几点禁忌：

- 不要就你不具备发言资格的话题发表言论。
- 不要即兴发言。
- 不要对数字进行猜测或估计。
- 不要用单一的声调朗读发言稿。
- 不要停顿过多或过长。
- 不要使用让人看不清楚的图像。
- 不要喃喃自语、吐字不清、自己发笑等。
- 不要事到临头才开始照稿宣读。

与新闻媒体打交道 对于营销和公关人员来说，与新闻媒体打交道是最艰巨的任务之一，这其中的原因有很多，但最重要的原因在于新闻媒体巨大的影响力。它们的书面新闻稿能让很多消费者接触到，所以你必须要保证新闻媒体掌握的关于你的情况和数据都是准确的。

同样的，关于公关与媒体这方面的参考资料目前也有很多，其中不仅提到很多“黄金法则”，也列出了很多的注意事项。下面列出的认知因素是基于前人提出的要点综合整理出来的。这些因素不一定是最全面的，可能也不能称之为黄金法则，但是这些因素可以确保你的公关活动给你的市场攻势带来积极的影响，而不会只能让你处于被动防御的境地。

认知因素:

第一，明确公关目标。你进行公关宣传的目的或原因是什么？如果你的目的是为了引起公众对你的产品或服务的关注，那么你就要准确无误地传达出这一意图，而不是花大篇幅讲述生产流程。要做到言简意赅，并且确保你的用意得到体现。

第二，明确目标市场和具体目标。谁是你的目标市场？是产品的潜在消费者、当地的金融界还是你的员工？你的具体目标是什么？你是想激励员工的士气还是想提升食品、饮料、客房等的销量或品牌知名度？想清楚，然后确定利用媒体的最佳时机。

第三，了解媒体立场。你清楚了自己的公关目标和目标受众，那是你自己的立场，那么媒体的立场又是什么呢？要找出并理解媒体的兴趣点。要学会把你的公关目标和目标市场与新闻媒体或其他媒体的兴趣点巧妙地结合起来。想想如何能够帮助它们提高发行量。

第四，精心准备。在明确了你的公关目标、目标受众和媒体的立场后，你在准备过程中要把这三点都考虑在内，要把媒体新闻报道要用到的材料都准备好，包括照片、名录和新闻稿。要提供文稿的打印版，正文是双倍行距，并且按对方媒体使用的格式进行排版。要一直按照你所选媒体的编辑风格进行文稿编辑。

第五，清楚递交渠道。知道你要把材料递交到哪里意味着你知道新闻和专栏故事的区别。如果你写的是新闻，那么就交到新闻部，如果是专栏故事，那么就应该交给相应的编辑。此外，你最好能够认识那些对你大有帮助的编辑并且和他们维持较好的关系（但要把握分寸）。

第六，把握人之常情。人们大都不喜欢做分外的工作，也不喜欢有压力，而且大部分人根本就没有时间来告诉你这些。他们基本上怎么省事怎么做。这听起来有点残酷，但明白这一点能够帮助你去理解这些人之常情。你要提前知道媒体方面的期限。帮他们完成尽可能多的工作。要记住，如果你的材料准备得很充分，而且你为你的媒体联系方做了很多工作，那么他们就会有可能使用你的材料。如果你什么也不做，那就有可能任何公关效果都没有。此外，还要及时解答并解释清楚媒体提出的问题。如果你不能及时做出回应，你的材料就有可能报废或者被进行错误的解读或报道。

你可能在回答媒体记者的问题方面需要一些指导。下面列出的关键要点可能也不够全面，而且也不是第一次提出，但是这些要点非常实用。

回答媒体提问的基本原则:

第一，要说实话。你要传达的信息必须是绝对的事实。媒体想要的是可靠、直接、真实的材料或关系。这其实就是指你的材料不仅要全面还要真实。这并不是说你要把绝密性的数据或个人资源都要公之于众，也不意味着你要违反保密原则。

第二，要有回应。你可能不能马上回答所有的问题或满足所有的要求，但你也不能撒谎或瞎蒙，你可以先这样说：“我现在还没有这方面的信息，不过我今天之内会给您打电话并提供这些信息。”然后你要马上找到这些信息并且准确无误地提供给相应的媒体。

第三，提供事实依据并及时跟进。对于一些关键的事实，需要写成文字，以降低被误用的风险。如果可以的话，你还可以与媒体人员进一步联系，与他们一起重新审核某些事实要点和数据，以确保其准确性。如果你手头上没有他们要求提供的数据，你要想办法拿到这些数据，然后给相应的媒体人士打电话或发信息。要确保媒体方拿到准确的数据。

第四，要言简意赅。人们常常因为他们对媒体说的话而惹麻烦，如果他们不说，反倒万事大吉。所以，你要如实、简洁、客观地提供事实，要做到言简意赅，准确无误。提供数据范围是可以的，但是凭空捏造数据只能带来灾难。

第五，要搞好关系。如果你能做到前面 1 ~ 4 点提到的诚实、有回应、客观并且简洁的话，你就能顺利地进行到关键的第五步了，那就是与媒体人士建立良好的关系。敌意的态度、对敏感问题的过激反应、冷淡或敌对的姿态都会破坏你和媒体之间的关系。不管你对某个媒体或某一媒体记者有何看法，你都要努力控制自己的言行。毕竟，对你有意见的人是不会想把版面或播出时间卖给你的。

公关工具 常见的新闻材料包是一个质地精良的对折式、订制的文件夹，封面一般会印有公司的标志或其他象征性的符号。公司的背景资料一般放在夹内左边的口袋里，即时性的新闻材料一般放在右边的袋子中。背景信息一般都包括主要创始人、企业简介和相关图片等。即时性的新闻材料主要包括正式的新闻稿（表 10-3）。新闻材料包的封面应该体现公司的形象，而且为防止照片在新闻包中受损，材料包的重量、大小、材质都要根据所放照片的数量和大小的实际需要来决定。照片背面要清楚标记。新闻稿与照片不相匹配是最尴尬的事。

无论是平面媒体还是在线媒体，它们都有可能一字不差地引用你的新闻稿。所以，你的稿件必须格式正确而且没有任何语法问题（格式正确指的是你的通稿所用的格式就是你想让媒体在报道时所使用的格式）。这些新闻稿通常会用作公司的背景

新闻通稿

斯丹 · R · 索洛克 (Stan R. Soroke) 被任命为希尔顿全球饭店集团区域副总，负责佛罗里达州希尔顿度假饭店运营

弗吉尼亚州麦克林 2010 年 5 月 5 日希尔顿全球宣布任命斯丹 · R · 索洛克为佛罗里达州希尔顿度假饭店运营区域副总裁。接受任命后，索洛克将负责位于佛罗里达州的多个希尔顿品牌饭店，包括希尔顿饭店、希尔顿逸林饭店、大使套房饭店、华尔道夫饭店以及迈阿密康拉德饭店。此外，他还负责监管拉斯维加斯、纽约以及佛罗里达州的奥兰多以及南滩等地的希尔顿度假村饭店开发项目的运营情况。他的任命于 2010 年 5 月 12 日生效。

作为第二代饭店人，索罗克在知名饭店和度假村有长达 30 年的成功管理经验。他最早就职于凯悦饭店的管事部，然后迅速升到餐饮部门，随后又转到前厅部，并最终升到管理层。他在亚当马克饭店工作了 7 年，其中有三年是担任高级副总裁，负责战略规划、质量标准、销售支持以及公司预算等方面的工作。在结束了其在维尔度假村和橡树溪饭店的管理工作后，从 2005 年至今，一直在波多黎各的埃尔康基斯德度假饭店和拉斯卡西塔斯度假村担任常务董事。

希尔顿全球东部运营区高级副总裁泰德 · 拉特克利夫表示：“斯丹的从业经历很广，对于饭店不同部门有着全面的认识和丰富的管理经验，而且他还有着出色的领导能力，因此他是这个职位的理想人选。”

索洛克毕业于休斯敦大学希尔顿饭店管理学院，获得饭店管理专业学士学位。

关于希尔顿全球饭店集团

希尔顿全球饭店集团是一家全球领先的饭店集团，旗下饭店有多种类型，从高级奢华的全服务型饭店和度假村，到长住型套房和中等价位饭店，不一而足。创建 90 多年以来，希尔顿一直专注于为商旅客人提供住宿、服务、设施和价格方面的最优体验。公司致力于通过不同的品牌继续延续其卓越服务的对客传统。目前旗下品牌的饭店数目已超过 3500 家，遍布于 81 个国家，现有的品牌包括华尔道夫饭店及度假村、康莱德饭店及度假村、希尔顿、希尔顿逸林、希尔顿尊盛饭店、希尔顿花园饭店、希尔顿欢朋饭店、希尔顿欣庭饭店、希尔顿惠庭饭店和希尔顿度假饭店。公司还推出了一项屡获殊荣的宾客忠诚计划：希尔顿荣誉客会。

更多详情请登录公司官网 www . hiltonworldwide . com

联系人：丽萨 · 科尔

电话：（305）796-8383

邮箱：Lisa.cole@hilton.com

图 10–3　新闻稿样例

资料介绍或者是编辑、记者撰写相关稿件的参考资料。下面是我们在撰写新闻通稿时在格式上要注意的一些关键要点:

要点1：新闻通稿的右上角或左上角经常是媒体联系人的名字，不过，有时候他们的名字也会出现在稿件末尾。媒体联系人是指那些能够随时提供更多信息的人。这意味着他们有足够的底气来应对媒体。他们的名字下方应该附上他们的电话号码、传真号和地址。

要点2：具体的发稿日期要出现在页面上方的显著位置，一般在联系方式的下方即可。如果稿件是一篇发表时间不受限制的专栏故事，或者是其他没有时效性的文章，则会在相应地方写上“敬请立即发布”这几个字，而且所有字母都要大写，有时还会加下划线。

要点3：新闻标题的首字母应该大写，如果需要可以加下划线，位置在页面顶端1/4或1/3处。要仔细斟酌，因为一个好的新闻标题能够吸引编辑的眼球，或者能够使你的稿件在其他同类稿件中脱颖而出。

要点4：在写新闻报头时，要先写城市和州，首字母要大写，然后是月和日。新闻报头要放在正文第一段的开头。新闻报头之所以重要，是因为它能告诉读者事件发生的时间和地点。

要点5： 新闻的主体部分要用双倍行距，段落要短，语言要符合新闻的特点，内容要切题。开头的几句话或导语和新闻的报头一样重要，它就是一个引子，要能够吸引读者的注意力，而且还要包含新闻的5要素，即5个“何”（何人、何事、何地、何时、何故）。

要点6：引用他人言语是写通讯稿的基本套路，不管被引述人是内部人员（发表稿件的媒体单位的员工）还是外部人员，你都要征得对方的认可和同意，而且最好告知发表日期和时间，以避免不必要的惊讶、唐突。如果你引述过多，那最好让直接引述部分（需要用双引号引出的部分）和非引述的事实性描述交替出现。

要点7：图片总是能够提升新闻故事的现场感。你永远无法摸清那些挑选稿件的人的想法，所以，如果你不知道他们对图片的具体要求的话，最明智的办法就是黑白照片和彩色照片一起提供。如果出版社想用彩色的话，彩色幻灯片或底片会更好，但是也要附上一张实际的照片，这样的话编辑就会知道幻灯片或底片上的内容。

拓展阅读部分提供的《公关活动自查表》能够帮助你更好地发挥公关职能。

拓展阅读

公关活动自查表

- 是否制订了公关计划？它是否能够体现当前的营销重心？
- 营销总监和他的全体员工是否知道他们要与媒体、公关公司和其他相关人士进行什么样的合作？
- 主要负责人是否和当地的媒体保持较好的关系？
- 邮寄新闻通稿的地址清单是否及时更新、没有纰漏且能随时使用？
- 资料单是否每个人都有，而且就放在电话旁？
- 图片文件是否及时更新并保存完整？有没有一个同步更新的黑白图片文件夹？
- 宣传册和其他宣传材料是否可用？
- 是否准备有公司或产品新闻资料包？是否及时更新？
- 是否能够保证图片和故事素材的质量？是否所有员工都知道使用方法？
- 是否所有的员工都被告知并认可公关的重要性？他们知道在面对媒体时要遵循什么原则吗？
- 公关网络备忘录是否有备案？存在哪里？是否经常被查阅或讨论？
- 是否为公关活动备好既定计划、预算、审核和评估程序？
- 最近的一次公关审计是什么时候？结果如何？所有的跟进任务是否都已完成？

内部公关

饭店与旅游服务业的很多工作挑战性大，而且工作时间长。所以让员工保持工作动力并且为他们的工作感到骄傲是一件很困难的事情。解决这个难题的一个最有效的办法就是要精心组织一些内部公关活动。这种活动不是要向员工宣传公司有多好。公司可以开展的内部公关活动形式多样，一个比较有效的方法就是对员工本身、员工的工作，甚至是他们的兴趣爱好给予特别的认可，比如颁发月度优秀员工奖、张贴相关海报、照片等，都是非常有效的办法。设置特别激励奖和开展其他相关的公关活动也是非常有意义的员工激励方式。给表现优异的员工发奖金、奖品、奖杯或奖牌都有助于激发员工士气。组织一些员工和经理一起参加的活动能够培养大家的团队精神，比如组织一个保龄球队或健跑小组等。也可以让大家为同一个目标努力，比如整个公司一起支持某个慈善机构等，这样能够让整个集体更加团结。可能最重要的一点还是要一直考虑到员工在人格尊严、自豪感和对尊重的渴望这些方面的需求。你要让内部公关策略成为让你的员工积极表现、开心工作的主要策略之一。

公共关系的评估

你经常听到这样的评论: “公关一点用都没有，因为你根本无法评估它的效果。”这是绝对错误的。如果一个公关活动是精心组织策划的，那么人们就可以有多种方式去评估其效果。其中的一个方法就是计算媒体报道的数量和涉及的媒体种类。你可以准备一个剪报本和一个记录曝光情况的日志，以记录相关的报纸新闻、杂志文章和当地电视新闻等。设定好报道次数和媒体种类数量的目标，然后根据实际数量进行比较得出评估效果。

另外一种评估方式可以用来评估内部公关活动的有效性。你可以看看针对不同时期的调查员工士气的问卷，以及员工的离职率、失窃和物品破损情况等。如果你的内部公关策略有效，那么你应该能看得出以上数据的一些明显的变化趋势。当然也不要忽略了自己的主观判断，你可以想想，公司的整体凝聚力是否有所提升？员工们是不是很积极很有热情地在工作?

某些公关活动还可以通过衡量销量的涨幅来进行效果评估。例如，你是通过公关活动来宣传某个活动或产品，而参加活动或购买产品的顾客越来越多，销量也直线上升，那么你就可以知道这个公关活动是成功的了。

出版物

很多行业都会出版专门针对业内某类公司或某类产品或服务的刊物，这些刊物就叫作行业出版物或行业杂志。对于那些对该行业感兴趣的批发商、经销商、中介和其他中间商来说，这类杂志非常受欢迎。这类杂志对于新产品宣传、相关政策或管理层的人员变动声明等内容来说是一个很好的发布载体。而且，很多时候，在这类刊物里刊登广告的成本更低，而且也更容易为你的新闻稿、故事等获得版面。

如果你的产品或服务的广告要出现在与消费者相关的刊物里，你要确保你的广告部和公关部紧密合作。通常，为了获得你的广告，这些刊物会给你广告版面并且会在个报道或文章中提到你的产品或服务，而广告部和公关部的通力合作会让公司实现双赢。

你选择进行投稿的内容和形式可以有很多种，而行业刊物的刊登形式也比较多样。新闻稿、事件声明、专栏故事、理论文章、观点评论、公共服务通知等都可以。要记住，这种方式是一种免费的媒体宣传，能够帮助你树立产品、品牌、服务和公司的市场知名度，并对消费者的态度产生积极影响。和其他所有营销手段一样，公共关系也应该和你的整体营销策略保持一致。

饭店与旅游服务业刊物

很多业内人士和客人都喜欢阅读饭店与旅游服务业的相关刊物。表 10-4 仅列出部分相关刊物，许多刊物不仅有纸质版还有在线版：

表 10–4　部分饭店与旅游服务业相关刊物

Associations Now ASAE & The Center Building 1575 I St. NW Washington, DC 20005 www.asaecenter.org	Association TRENDS 8120 Woodmont Ave., Suite 110 Bethesda, MD 20814 www.associationtrends.com
ASTAnetwork Magazine 1101 King Street, Suite 200 Alexandria, VA 22314 www.asta.org/Publications/ NetworkList.cfm?navItemNumber=644	Hotel & Motel Management 600 Superior Ave., East, Suite 1100 Cleveland, OH 44114 www.hotelworldnetwork.com/ hotel-and-motel-management
Aviation Today www.aviationtoday.com	Hotel Business www.hotelbusiness.com Hotel Online www.hotelonline.com
Business Travel News Northstar Travel Media LLC 100 Lighting Way Secaucus, NJ 07094-3626 BTNonline.com	Hotline Magazine International Food Services Executives Association 4955 Miller St., Suite 107 Wheat Ridge, CO 80033 HSMAI Marketing Review 1760 Old Meadow Road, Suite 500 McLean, VA 22102 www.hsmai.org

（续）

Casino Journal
www.casinojournal.com

Club Management
1733 King Street
Alexandria, VA 22314
www.naylornetwork.com/mam-nxt/

Cornell Hospitality Quarterly
School of Hotel Administration
Cornell University
537 Statler Hall
Ithaca, NY 14853
www.hotelschool.cornell.edu/research/chr/pubs/quarterly

Corporate Meetings & Incentives
MeetingsNet
10 Fawcett St., Suite 500
Cambridge, MA 02138
meetingsnet.com

FoodService Director
90 Broad Street
Suite 402
New York, NY 10004
www.fsdmag.com

Hospitality Technology
4 Middlebury Boulevard
Randolph, NJ 07869
www.htmagazine.com/ME2

Hospitality Upgrade
Siegel Communications
2500 Northwinds Parkway, STE 470
Alpharetta, GA 30009
www.hospitalityupgrade.com

Incentive magazine
www.incentivemag.com

Lodging magazine
American Hotel & Lodging Association
385 Oxford Valley Rd., Suite 420
Yardley, PA 19067
www.lodgingmagazine.com

Lodging Hospitality
lhonline.com
One+ Magazine
Meeting Professionals International (MPI)
www.mpiweb.org

Meetings & Conventions (M&C Online)
100 Lighting Way
Secaucus, NJ 07094
www.meetings-conventions.com

Meeting News
www.meetingnews.com
MeetingsNet magazine and newsletters
www.meetingsnet.com

Michael Pollock's Gaming Industry Observer
www.gamingobserver.com
Nation's Restaurant News
425 Park Avenue, 6th Floor
New York, NY 10022
www.nrn.com

（续）

NewsVoyager.com (U.S. newspaper websites) Newspaper Association of America www.newsvoyager.com	RooMers Hotel Association of Canada 130 Albert Street, Suite 1206 Ottawa, ON KIP 5G4 www.hotelassociation.ca/site/news/ enews.htm
Prepared Foods magazine 1050 Ill. Rt. 83, Suite 200 Bensenville, IL 60106 www.preparedfoods.com	Sales & Marketing Management www.salesandmarketing.com/msg/ publications/smm.jsp
PROMO magazine promomagazine.com QSR (Quick-Service Restaurants) Magazine Journalistic, Inc. 4905 Pine Cone Drive, Suite 2 Durham, NC 27707 www.qsrmagazine.com	Successful Meetings www.mimegasite.com/mimegasite/index.jsp TravelAge West 11400 West Olympic Blvd., Suite 325 Los Angeles, CA 90064 www.travelagewest.com/home.aspx
Restaurant Business 90 Broad Street Suite 402 New York, NY 10004 www.monkeydish.com	Travel Agent magazine Travel Agent Central 757 Third Ave., 5th Floor New York, NY 10017 www.travelagentcentral.com
Restaurant Hospitality Penton Media Inc. 1300 East 9th St. Cleveland, OH 44114 www.restaurant-hospitality.com	Travel Weekly Northstar Travel Media LLC 100 Lighting Way Secaucus, NJ 07094-3626 www.travelweekly.com
Restaurantville Monthly newsletter Texas Restaurant Association www.restaurantville.com	Trends in the Hotel Industry USA Edition PKF Consulting Corporation www.pkfc.com/store/ products.aspx?CategoryID=175

案 例

案例1：具有新闻价值的调研

公关的目标之一在于提升品牌知名度，并且推动整个营销计划的开展。能得到新闻或媒体报道是不容易的，因为广告版面和播放时间有限，而企业对其需求却是永无止境的。

不过，有一家大型连锁饭店集团却非常擅长在当地、全国和国际媒体上赢得曝光率。它准备了一个全方位的公关计划以提高声誉并使自己的品牌知名度达到最高点。这个计划还结合了调研、广告等其他营销手段。该集团凭借其调研能力，就不同的话题进行了一系列的反馈和问卷调查。一旦在调研中发现有新闻价值的点，该集团立刻进行行动部署，以确保新闻和品牌得到有效的传播。这个策略主要是通过一手和二手调研发现媒体的关注点（如喜欢大床房的人数或喜欢客房服务的人数等）。

案例2：评选与奖项的作用

利用直接调查与奖项达到公关效果的方式一般有两种。一种情况是你幸运地在其他机构组织的消费者对产品或服务的满意度调查中荣获第一名。另一种情况是你自己开展调查并公布结果。政治家或政党一般都会用这种方法以显示自己的政策是切实可行的或者给候选人增加竞选攻势。如果能够充分利用好第一种情况并能连续保持（但要记住之前提到的让消费者预期保持适度的原则）的话，那将会是一种非常难得且有效的营销手段。

美国大陆航空公司分别于1997年、1998年和1999年在J. D. Powers and Associates公司开展的客户服务调查中荣登榜首。这是一个关注度非常高的评选活动，但是一旦公布了也就成了旧闻，除非你能有步骤、有组织地加强对其的宣传。美国大陆航空在这一点上就做得非常好，它对它的所有受众（以及在所有可能的场合）都加强了针对获得这一荣誉的宣传，包括：对于员工的内部公关和激励活动；广告对外宣传；在其宣传刊物、时刻表和常旅客计划里时时提到等。事实上，它的首席执行官还为此著书一本。这本名为《从最后一名到第一名》（*Faom Woast To Best*）的书进一步为这些成就进行了宣传。在这个服务至上的行业里，美国大陆航空公司通过一系列积极的内部和外部公关策略，与其他营销手段协作，成功地利用了这一优势。

主要术语

联络资料包 (delivery package)：需要递交给媒体的相关资料，主要包括新闻题材、相关表格、文本、图片、公司和人物简介等。

曝光率 (exposures)：实际收听到或看到你的广告的消费者数目。

宣传资料包 (Press kit)：一个宣传文件夹，一般有两个口袋，背景资料放置于左边口袋，新闻稿等置于右边口袋。

新闻稿 (Press release)：一个格式固定的文件，长度一般为 1 ~ 2 页，能够简洁、客观地对具有新闻价值的话题或事件进行介绍。

公共宣传 (Publicity)：公关的一个方面，指公司在公告、事件和新闻稿中得到的赞赏和曝光。

公共关系 (Public relations)：一种营销手段，是你的公司与现有和潜在消费者以及其他市场受众的沟通载体。

行业出版物 (Trade publications)：专门针对某一行业的平面或在线刊物。

递交渠道 (Transmission channels)：公关专员将材料交予相关人员、出版物或广播媒体的途径与方法。新闻应该送到新闻部，专栏故事应该送交相应的编辑。

旅游社交分享网站 (Travelogues)：主要提供在线游记并为消费者免费提供相关信息的旅游网站。一些旅游者会将评论、照片或个人账户信息放到这类网上，另外，有的网站还和博客进行捆绑；还有一些网站除了提供旅游攻略外，还有预订服务，如：TripAdvisor（全球最大的旅游垂直媒体，其中文官方网站为到到网），旅游（IgoUgo）书和邮轮（Cruise Critic）评论家等。

第11章

概　要

促销

成功促销的关键因素

促销的类型

选择正确的促销方式

内部促销

成本或回报

案例

学习目标

1. 掌握促销的定义和促销成功的关键因素。
2. 了解促销的不同类型。
3. 熟悉促销计划的实施方法。
4. 了解内部促销的优势；明确内部促销成功的影响因素；掌握促销成本与回报的计算方式；讨论适用于饭店与旅游服务业的促销案例。

11 主要营销方法的应用：促销

长期以来，促销手段一直被很多行业广泛使用，而在饭店与旅游服务业，促销是一种强大而且有效的营销手段。“第一杯咖啡可以免费供应”，这应该是饭店与旅游服务业最早采用的促销形式。而之后出现的促销手段变得日益高级和复杂了。

促销是公司整个营销活动不可或缺的一部分。促销活动应该与战略性的营销计划和其他可能用到的营销手段相联系。本章首先将从不同角度介绍促销这一营销手段，然后就一些新老促销案例进行分析。

促 销

促销指用以激发消费者多次购买或首次购买产品或服务的欲望的奖励性 / 刺激性活动。促销可以是专门针对目标市场消费者或贸易中间商的。能够激发购买行为的活动包括降价、附加产品或服务、赠品、免费体验和折价让利（如返现、积分购买等）。这些促销可能会当场兑现，也可能会随机发放，还可能需要即时付款，更可能是延迟支付。促销效果通过销售增量（如销量、单位销量、收益、利润等）或对比实际与预期购买行为的情况来进行评估。促销信息可以通过媒体来发布，也可以通过销售人员宣传，还可以在包装袋、企业、店铺等内部或附近区域进行宣传。

促销的基本思路在于让消费行为增加或超过预期水平。促销具有时效性，而且目标明确、具体，便于进行定量或定性评估。促销还有可能受到地理条件的限制。促销主要通过从现有用户中吸引回头客，增加新用户，增加现有用户的购买量和从试用客户中发展回头客等方式来影响目标市场的消费行为。

促销可以分为开放式和封闭式两大类。在开放式促销中，商家刺激消费的活动不需要消费者的额外付出（如 40% 的折扣）。在封闭式促销中，商家刺激消费的活动需要消费者做一些额外的事情（如剪下并出示代金券或优惠券等）。

目前市面上的促销花样种类繁多，似乎只有促销者想不到的，没有做不到的。

但是，所有的促销活动的共性目标在于满足营销需求。这些需求包括：增加新业务；扩大当前市场份额；维系现有客户或吸引回头客等。无论是何种形式的促销，其目标必须能够服务于整个营销活动，而且还要与公司的整体规划以及其他可能用到的营销手段相联系。

成功促销的关键因素

以下列出的是能够保证促销成功的关键因素：

第一，目标。为什么要开展这个促销活动？回答这个根本性的问题是成功进行促销的开始。是为了开展新业务吗？是在低迷时期刺激需求吗？还是要同竞争对手抢生意？

第二，明确目标市场。这个促销活动是针对哪些人开展的呢？要清晰、明确地定义目标市场。促销活动是针对要首次使用产品或服务的潜在消费者，还是要针对老顾客？目标市场是趋于低龄化还是老龄化？是女性群体还是男性群体？属于高收入阶层还是低收入阶层？

第三，类型配对。什么类型的促销活动最适合你的促销目标和目标市场呢？并不是任何类型的促销活动都适用于你的创意或是对你更重要的营销目标的。你可以重点考虑这些问题：你想促销什么？要给谁促销？目标市场的人口概况和消费心态是怎么样的呢？

第四，执行决策。一旦你决定了促销目标、目标市场和所需促销种类，就可以开始考虑如何开展这个促销活动了。为此，你必须考虑这些问题：接触目标市场的最佳方式是什么？什么时候是最佳促销时间？哪里是促销的最佳地点？

第五，实现承诺。预估促销所能产生的需求并保证能够满足这些需求。要考虑这些关键问题：如果促销能够实现预期效果，我们的产品和服务是否能够满足全部需求？如果你促销的内容与食品、饮料、周末假期、座位或空间相关，那么确保客人来的时候你能如约做好相应准备，并能够实现你的促销承诺，否则你将丢掉生意或永远失去顾客。

第六，应变计划。没有人能够完全准确地预料出每个促销活动所引起的反应。如果你的促销效果超出预期，你可能无法满足促销带来的消费需求。在这种情况下，为了不令消费者感到不满，你要准备一个应变计划，这可以是菜单上的另一道菜、一个升级的房间、一个头等舱座位等。提供这些是很重要的。你的应变计划的价值含量应该等同于你的产品或服务，甚至更高。即使你的应变计划需要顾客改期，你也要考虑进一步增值你的应变计划，以弥补改期给顾客造成的不便。

第七，真实预期。促销的内容必须是你真正想要提供的。不要说谎，夸大事实或者许下虚假承诺。一定要记住，只有达到顾客对你的促销活动的期望值，顾客才会满意。

第八，沟通。要让公司里的每一位员工都清楚明确地知道你的促销内容和实现方式。确保以书面形式将价格、数量、活动参加程序、日期、时间和其他关键细节清楚地告知相关人员。让顾客最恼火的事情就是来参加促销活动的时候发现你的员工对该活动都一无所知。

第九，评估。你为什么要开展这个促销活动？要确定一个或多个目标以评估促销效果。促销是否达到了你想要的目的？促销效果高于还是低于预期？如果高于预期，以后再次开展的话效果是否还会如此？如果低于预期，是哪里出了问题呢？

第十，保存记录。记录下促销活动的筹备和开展情况。否则，以后还要从头再来。你是不是经常听到人这样问：“我们几年前成功举办的促销活动是什么来着？”

促销的类型

饭店与旅游服务业会采取很多不一样的促销手段，这些促销手段大多都能归为以下类型：

第一，价格促销。这是指基于价格创造购买动机的一种促销活动。价格作为主要的吸引力将出现在促销信息中的醒目位置（图11-1）。

图 11–1　价格促销样例

资料来源：Carnival Cruise。

译者注：嘉年华邮轮（Carnival Cruise）的这则广告直接将促销价格以特大字号标出，并出现在了广告的显著位置。

第二，试用促销。这是指让目标顾客试用你的产品或服务的一种促销活动。优惠的价格和样品赠送是两个经常用来吸引顾客尝试使用产品或服务的方法。

第三，抢占市场份额的促销。这是指在竞争中通过一些激励购买的行为来获取市场份额的促销活动。以更低的价格、一个升级的产品或某项竞争优势来凸显自己在竞争中更胜一筹，并以此作为促销的重点。

第四，新品促销。此方式用于向市场推广新产品或新服务。这类促销活动也可以用来吸引回头客生意（图 11-2）。

图 11–2 新品促销样例

资料来源：Aston Hotels & Resorts。

译者注： Aston 饭店集团的这则广告为了宣传其在夏威夷的 31 个分店，推出了连续入住 7 天或 7 天以上打 75 折的活动。

第五，培养回头客促销。这是指通过对曾经多次购买的顾客进行奖励或回馈来培养回头客的促销活动。频繁发放传单并进行客户推广是培养型促销的常见形式（图 11-3）。

第六，免费赠品或抽奖。这是指通过提供一些获得现金奖励的机会或免费赠品来说服人们购买产品或服务的促销活动。这类活动又被称作奖励促销（图 11-4）。

第七，自我满足型或重视客户型促销。这是能让消费者觉得受重视而进行

图 11–3 培养回头客促销的样例

资料来源：Marriott International。

译者注：万豪饭店集团的这则广告为了吸引回头客，推出了入住 3 晚可免费在其分店周末入住两晚的促销活动。

的促销活动。这些活动一般是通过升级到头等舱、专门预订的个性化产品或免费套房等来体现对顾客的认可。

第八，联合促销。这是指与其他公司的产品或服务搭配在一起出售。这类促销

图 11-4　免费赠品或抽奖型促销样例

资料来源：Norwegian Cruise Lines。

译者注：该广告为挪威邮轮（Norwegian Cruise Lines）的首航有奖促销活动，广告中列出了主要奖项的奖品。

活动通常是在双方公司都能从中受益的前提下开展。

第九，回扣式促销。这是指通过提供现金奖励（等同于折扣）来鼓励购买行为的促销活动。这类活动通常用来刺激销量或清空商品（如购买汽车的厂家返利活动）。

第十，交易折让（佣金或折扣）。这是指向行业商家或中间商提供现金奖励。

第十一，活动促销。这是基于某项专门的活动开展的促销活动，例如娱乐人士的出场、音乐会或设计师发布会等。

第十二，合作促销。这与联合促销相类似，指两个公司为了双方的利益合作促销产品或服务（图 11-5）。两家之所以采取这种方式，可能是因为双方的预算有限，也可能是因为共同宣传产品或服务的效果会更好。在饭店与旅游服务业，你可能会看到机场和汽车租赁公司进行合作促销。

上面列出了促销的不同类型或种类。有些是用来建立信誉的，有些是作为使用产品或服务的一种回馈，还有的是用来在新市场扩大知名度或向新的目标市场宣传产品的。要始终牢记你进行促销的目的和你想要收到的效果。

要提醒大家的是，在考虑清楚促销对你的基本业务、公司形象或整个市场的影响之前，不要轻易决定进行联合促销、合作促销或其他共同促销的活动。花较少的钱与其他公司联合促销确实有其诱人之处，但你不一定就能从中受益。事实上，这可能会对你很不利。要密切关注你的形象和名声，并且只和与你名气相当或比你名气大的公司进行联合促销。

选择正确的促销方式

促销失败的主要原因在于实施不当。要花时间考虑清楚什么方式能够最快最好地帮助你接触目标受众并实现你的促销目标。可能适合你的促销活动的方式包括：

广告（户外广告、陈列广告、电视广告、广播广告和平面广告）、直邮、桌卡、公共宣传、个人销售、文字资料、电话销售和给忠实客户或俱乐部成员的月账单上列出特惠商品以及网上折扣等。

你可以直接向产品或服务的终端用户开展活动以达到你的促销目的，也可以通过中介、零售商、批发商、供应商、相关机构、协会、单位、特许加盟店和分销商等相应的中间商来接触你的目标受众。你还可以利用信用卡邮件的附页、邮寄清单、别家的店铺、海报和各种传单等。

图 11–5　合作促销样例

资料来源：Radisson Hotels & Resorts/American Express。

译者注：该广告的内容为 Radisson 饭店集团与美国运通公司联合推出的一项促销活动，即“入住三晚，可免费住一晚”，如果使用运通卡结算，客人可享受“入住三晚，免费住两晚”的优惠。

内部促销

为了增加来自现有客源的收入和利润，经常用到的一个方法就是向这些现有客户群体促销（内部促销）。这种促销的方式可以有很多种，但是一定要有所选择，并且要明确你的促销目的。内部促销的计划和实施要和外部促销受到同样的重视。除了注意到之前讨论的促销成功的要素之外，在进行内部促销时，你还需要考虑到以下几点：

- 匹配度。你的内部促销计划是否与受众对你的产品或服务的认知相符？促销活动不能随意拼凑、粗制滥造、草草了事，否则忠实顾客对你的印象就会大打折扣。
- 利益。你的内部促销计划是否能够达到你的目的并且能够给消费者实实在在的好处？它让消费者觉得友好还是充满敌意？
- 价值。内部促销会让消费者觉得物有所值吗？物有所值是指促销的商品价格公道但质量仍有保证，而不是质量低劣的廉价货。
- 避免杂乱。你的促销品是不是就在展台、桌面、墙壁上或其他展示区域杂乱地摆着，甚至散落一地呢？要确保你的产品不要因为是促销品或者是促销活动就任由产品显得很廉价。

成本或回报

开展促销活动的关键在于做好成本规划并明确预期回报。这就需要清楚你的全部赎回成本，例如，折扣（优惠券）的价值、优惠券的发放数量、预期赎回率、赎回数量和促销产生的现金价值（赎回数量乘以优惠券的发放数量）。此外，广告和媒介成本也要考虑在内，包括印刷费、邮寄费、信封费以及设计或法律方面的开支。

在得出促销的全部成本之后，你可以计算预期回报。计算回报时你要计算促销和不进行促销的预期销量（以用美元或单位产品表示出促销对销量的影响），促销和不进行促销这两个时期的预期毛利率，以及促销带来的净利润增长。同时还要分别计算出考虑 / 不考虑广告和媒介成本这两种情况下的相应数额。此外，促销造成的多余广告和媒介成本也应该计算在内。不仅如此，计算预期回报时还要考虑增加的销售利润率，额外的广告和媒体开支以及固定成本的投入等因素。

表 11-1 的自查表列出了促销前要考虑的关键问题。表 11-2 列出了可能会用到的促销类型和手段。

表 11–1　促销前需要考虑的问题

——你的促销计划是整个营销活动或计划的一部分吗？
——你的促销计划安排在最适合出效果的时间了吗？
——你的促销活动是否与其他营销手段同步（相协调）？
——你的促销活动是否有利于公司形象和定位？
——促销活动是否与目的、策略或目标相符或相对应？
——你的竞争对手有能力应对或战胜你吗？
——你预期的定量结果是什么？
——促销成本是多少？你预期的回报是多少？
——促销的奖励力度是否足以改变消费者行为或增加购买行为？
——促销活动怎么样才能最快、最好地开展起来？
——你是否将促销活动的内容告知相关人员并做了相应的培训？
——促销活动什么时候开始？要持续多长时间？
——你是否就促销活动的内容咨询过法务部门？

（续）

——促销活动的影响范围是否已经最大化？

——你是否想专门在某个地区开展你的促销活动？

——如果促销效果超出预期，你是否能够满足所有的促销承诺？

——你是否准备好备用计划并随时可启用？

——促销活动需要销售部、经销商、中间商等发挥什么作用？

——你如何评估促销效果？

——如果促销失败，你是否有取消活动的计划？

——促销活动是否与产品、服务或品牌的定位相符？

——你研究过你的促销活动或类似活动的记录吗？

——你有一个能够扩大你的影响力或增强促销实力的合作伙伴吗？

表 11–2 促销类型和手段

• 比赛	• 回扣	• 新品推荐
• 发放优惠券	• 畅销品附赠	• 抢占市场份额
• 提供奖金	• 奖励	• 联合促销
• 培养型促销	• 样品	• 合作型
• 大事件	• 试用品	• 自我尊重或认可型
• 抽奖	• 价格	• 免费赠送

案 例

案例 1：绝妙的点子

在位于新英格兰的一个中等城市，一家单体汽车旅馆的老板要和附近一家全国连锁的汽车旅馆争夺市场。总体来说，当地汽车旅馆的市场行情不错，平均入住率为 80%。相比而言，连锁旅馆的位置稍好，不过单体旅馆的硬件设施又略胜一筹。连锁旅馆的入住率达 83%，而这家单体旅馆为 73%。 这家单体旅馆的老板每周都关注入住率，而旅店的入住情况让他非常沮丧。他想出了一个自认为合乎逻辑的“绝妙的点子”，但他事先并没有做调研。

他给一个专门制作广告牌的朋友打电话，并定做了一个大的广告牌，上面用红色的字体写着“超低折扣：在这儿住下吧”，还附上一个红色的箭头指向他的旅馆。这个“绝妙的点子”让这个旅馆的入住率降到了63%，而旅馆的房价也只能一降再降。绝望之中，这位老板找来了一位营销顾问。

在对市场进行调研之后，这位顾问发现相比于房价，客人更在意的是设施的质量，而虽然这个单体饭店设施一流，但是他的“绝妙的点子”让人觉得他的旅馆就是那种价格低廉、条件极差的私人旅馆。这位顾问建议旅馆老板把旅馆名字改为以所在城市命名的列克星敦饭店，并且把自制的那个用来打价格战的广告牌撤下，改成在砖墙上用黄铜做成的一个固定且质量很好的店招牌，上面是旅馆的新名字。顾问还建议老板要改善旅馆的周边环境和采光，重新粉刷门面，装上一个新的遮篷，并且采用新的房价结构，整体房价要比连锁饭店贵2美元。顾问的点睛之笔是“全新列克星敦饭店：当地一流”的标语。

这些方法效果显著，入住率攀升到83%，而且平均房价还比连锁饭店高2美元，比上年同期高7.9美元。而那家连锁旅馆的入住率降到了74%。

案例2：简单的创意

一般来说，促销内容和操作过程越简单，促销活动就越成功。两家全国连锁饭店就曾凭借非常简单的促销创意成功吸引了夏季家庭客源，从而赢得了很大的市场份额。这两个都取得成功的促销案例分别是假日饭店的“孩子免费住”活动和华美达饭店的“一人付费，4人共享”活动。“孩子免费住”活动可以让一同出行的18岁以下的孩子免费和父母住在一个房间。“一人付费，4人共享”活动可以让4人共住一个房间，不额外收费。

这些促销活动的成功有两个主要原因。第一，两个促销活动都通过提供一些有形的感知价值以满足夏季家庭客源市场的需求。第二，这两个活动都简单易懂，不仅便于消费者理解，而且还易于操作。其他饭店和汽车旅馆也尝试过类似的促销活动，但是某些限制条件却会让消费者很不解，例如“仅限于12岁以下的儿童”“不许加床”“仅适用于以下饭店”等。案例中的假日饭店和华美达饭店尽量将他们的促销方案设计得简单明了，以易于让消费者接受并方便前台工作人员操作。他们给客人提供了实实在在的好处，并最终获得了商业上的成功。

案例3：让人上瘾的游戏

快餐市场的竞争非常激烈。市场份额和回头客业务需要实时统计并监督。这个行业的广告和促销都需要最好的创意。快餐店业主所面临的一个最大的挑战就是如何能够以不影响自己财政收支情况的价格促销来争取市场份额。麦当劳基于一个非常简单的理念开展了一系列极其有效的促销活动，这个理念就是“给人们来和再来的理由”。例如，参加“做一个大汉堡”这个游戏时，顾客会免费得到一本游戏小册子，他们每次去麦当劳消费时都能在游戏小册子上盖一个游戏章，如果集齐的游戏印章能够凑成一个完整的大汉堡的话，顾客就能获得现金奖励。这个只需要多印印章就能获得 10 万美元的创意让麦当劳的顾客纷至沓来，并为麦当劳在萧条时期创造了大销量。

案例 4：回馈型促销

回馈型促销兴起于 20 世纪 80 年代，并在 20 世纪 90 年代风靡一时（图 11-6）。这类促销类型的例子有很多，包括航空公司的常旅客计划，如美联航的“前程万里”常飞旅客特惠计划，美国航空的“精英会”常旅客计划和大陆航空的“翼通天下”计划（常旅客计划）等，也包括饭店的常客计划，如万豪的“礼赏计划”，凯悦的“金护照积分”等。以上这些回馈型促销非常奏效。不过你要先计算出要花的成本，例如，5% 的营销开支用于支付奖金。奖励被记为积分、信用、里程或其他可以应用的计量方式。积分的多少等要根据比例对应相应的奖励水平或回报以回馈给忠实消费者。回报额要与消费额成正比。例如，飞行里程达到 3 万公里的旅客会得到一张往返的头等舱机票，飞行里程达 5 万公里的旅客会得到两张往返的头等舱机票。

图 11–6 回馈型促销样例

资料来源：PGA National Resort & Spa。

译者注：该广告的内容为 PGA 纳什纳尔水疗度假饭店（PGA National Resort & Spa）为会务预订者提供的优惠。优惠包括免两人 3 晚房费，减免部分会务费用，并送积分。

案例 5：左脑型思维和右脑型思维

人们一般分为左脑型思维者和右脑型思维者，左脑型思维者一般擅长数据分析和理性思维。右脑型思维者擅长形象思维且想象力丰富。一家连锁饭店发现在他们的客人中，左脑型思维者和右脑型思维者各占一半。这让饭店在确定促销奖励时遇到了极大的挑战。最后的解决办法就是将这些情况视为一个营销机遇。在分别对这两组人群进行焦点小组调查后发现这两类人群差异性很大，共性很少。左脑型思维者倾向于获得最低价，而右脑型思维者则一致倾向于回馈性质的奖励，如升级到行政楼层的套房或其他自我认可型的奖励。左脑型思维者喜欢占便宜，而右脑型思维者喜欢打破常规。不过随着对焦点小组的深入了解，他们之间的一些共性逐渐浮出了水面。两类人群都希望自己的光顾能够得到认可，并且都想在消费时得到一些公司优惠价或特殊的折扣。他们都想得到一些不同于其他客人的个性化服务并加入一些俱乐部和会员计划。

基于调研结果和焦点小组的讨论，饭店推出了一个全新的常客计划，这个计划可以全面考虑到这两类人群的异同。这两类人群通过合作伙伴的赞助（如航空公司、信用卡公司、汽车出租公司等）可以免掉入会费，获得会员资格。这就形成了一定的感知价值。对于左脑型思维者来说，他们感到“这不用我付钱”，对于右脑型思维者来说，他们认为“企业意识到了我的重要性”。设计这类奖励机制是一个真正的挑战。奖项的设置要考虑到双方的需求，并且还要被认为是一种优惠或打折。最终的解决办法是基于早期的调研结果得出的，因为当时的调研发现，左脑型思维者想占便宜，而右脑型思维者想打破常规破例。当这两种人以公司协议价或最优价格预订普通客房时都可以自动升级到行政楼层或套房（如果有空房）。事实上，虽然没有任何信息提示或承诺，但他们都可以在一定的条件下住到总统套房去。举个例子，如果客人是公司首席执行官或者是来参加某个重要的公司或团体会议的，饭店就可能把他们安排在总统套房（通常是空房）。你可以想象这对他们的品牌忠诚度能有多大的提升作用。左脑型思维者花了 89 美元的公司协议价住进了 1200 美元一晚的总统套房，他们会觉得“真是占了大便宜”；右脑型思维者会觉得自我得到了尊重，并且是因为他们的身份和影响力才能“破例”的。结果他们都对此十分满意。

至于奖励的内容，左脑型思维者最喜欢的是收到现金或其他类似的奖励，而右脑型思维者希望收到自己可以使用的名贵礼物（这是经过调研发现的）。所以在这个常客计划中，会员可以选择以下礼品：美国储蓄债券或美国运通卡的礼品券。不出公司的意料，超过 85% 的左脑型思维者选择了美国储蓄债券，而超过 95% 的右脑型思维者选择了美国运通卡的礼品券。这个促销理念之所以成功，是因为饭店针对客人的心理和动机开展了全面深入的调研。这家连锁饭店对调研结果做出了及时的回应，并且直接满足了客人的所需所想。

主要术语

折让 (Allowances)：通过返现、积分等方式鼓励消费者购买产品或服务的促销行为。

培养型促销 (Build promotion)：指通过对多次购买的顾客进行奖励或回馈来培养回头客的促销活动。频繁发放传单并进行客户推广是培养型促销的常见形式。

封闭式促销 (Closed promotion)：指通过额外的奖励来刺激消费者购买产品的一种促销类型，但消费者需要做一些额外的事情才可以获得奖励，如兑换优惠券或代金券等。

合作促销 (Cooperative promotion)：指两个公司为了双方的共同利益合作促销产品或服务（如航空公司和汽车租赁公司的合作）。

成本或回报 (Costs/payback)：指计算促销预算和预期现金收益的公式。促销策划人员必须明确所有的赎回成本（如优惠券的价值、优惠券的发放数量、预期赎回率、赎回数量和促销的总价值）以及媒介和广告成本。然后策划人员可通过计算预期销量（包括促销和不进行促销两种情况）、毛利润（包括促销和不进行促销两种情况），以及促销带来的净利润增长来评估促销回报。

应变计划 (Fallback)：指消费者对促销的反应超出预期，而商家无法满足超出的消费者需求时所采取的备用计划，例如，菜单上的另一道菜，另一种房型，另一种车型或升舱。应变计划的价值含量应该等同于你的产品或服务，甚至更高。

实现承诺 (Fulfillment)：指实现促销承诺，满足消费者需求的行为或过程。

免费赠送或抽奖促销 (Giveaway/sweepstakes promotion)：指将获得现金奖励和免费赠品的机会直接与产品或服务的购买相挂钩的促销活动。

新品促销 (Introductory promotion)：用于向市场推广新产品或新服务的促销活动。

开放式促销 (Open promotion)：指通过额外的奖励来刺激消费者购买产品的一种促销类型，消费者不需要做任何额外的付出就可以获得奖励。

价格促销 (Price promotion)：指完全基于产品或服务的价格创造购买动机的一种促销活动。

促销 (Promotions)：指通过一些额外的奖励刺激消费者多次购买或首次尝试购买产品或服务的活动。

回扣式促销 (Refund/rebate promotion)：指通过提供现金奖励（等同于折扣）来鼓励购买行为的促销活动。

抢占市场份额的促销 (Share promotion)：指在竞争中通过一些激励购买的行为来获取市场份额的促销活动，例如，更低的价格，升级的产品或某项更胜一筹的竞争优势等。

试用促销 (Trial promotion)：指为了让目标顾客试用产品或服务而进行的促销活动。调价是这类促销中比较有效的一种方式。

第12章

概　要

饭店与旅游服务业中的套餐式营销

　　套餐组合的优势

　　选择套餐组合的前提条件

　　套餐产品的类型

学习目标

1. 掌握套餐组合的定义并了解其对消费者和旅游服务类公司的好处。
2. 了解商家在加入或开发旅游套餐组合前应该考虑的问题。
3. 熟悉常见的套餐产品类型。

12 主要营销方法的应用：套餐组合

如今，人们比过去任何时候都更倾向于购买全套的产品或服务，如全包式旅游和含自驾租车在内的周末住宿等。无论消费者出行或度假的时间是一个周末还是连续几周，你都可以向他们推荐完整的旅游套餐。套餐可以包含整个旅行过程里的所有相关服务，也可以是部分服务。对于消费者来说，套餐可能更具有购买吸引力，因为它简化了购买过程，而且价格还可能比较实惠。套餐是一种重要的营销手段，它在饭店与旅游服务业中已经越来越普遍了。本章，我们将学习套餐式营销的一些益处，并且讨论套餐式营销的决策过程。之后，我们还将分析一些典型的旅游套餐案例。

饭店与旅游服务业中的套餐式营销

在饭店与旅游服务业，套餐组合指将两种或多种旅游产品以单一价格出售给消费者的营销活动。这种套餐组合可以是简单的包食宿的周末游，也可以是更复杂的套餐计划，如海陆空全覆盖的旅游套餐就包括了航班、汽车租赁、邮轮房间、娱乐和其他服务。

套餐组合是一种非常有用的营销策略，在饭店与旅游服务业中得到了广泛的应用。套餐组合不仅仅是一个促销理念，它涉及营销过程中从定价到明确顾客需求的每一个步骤。随着饭店与旅游服务业的产品和服务的不断发展，人们对简化购买过程的认识和需要程度越来越高。套餐组合正好迎合了这一需求。虽然套餐产品会使用广告、促销和销售等营销策略，但套餐组合本身也是一种营销手段。

套餐组合的优势

一个典型的套餐组合应该能让消费者和参与提供服务的公司都受益。消费者应该觉得他们获得了以下好处：与出行相关的决策过程变简单了；能省钱或者获得了实惠。不过，这些好处虽然看起来很简单，但是对于行业来说，要真正做起来却是一个极大的挑战。

套餐组合能给服务类产品或服务供应商带来很多潜在的优势，它能够:

- 增加销量。
- 提升淡季或者下滑期的销售业绩。
- 让消费者更容易获得你的产品，因为这个产品是一个更有名的套餐产品的一部分。
- 让产品比单独销售时更有吸引力。
- 实现规模经济，因为你的产品或服务有了更多的销售渠道。
- 在新市场获得认可或树立声誉。
- 帮助推广新产品或服务。

将旅游服务或产品进行搭配、组合的公司或个人也会受益。他们可以购买旅游产品或服务，并组合成不同套餐，然后直接销售给消费者，这个过程叫作套餐零售。他们也可以不购买旅游产品或服务（或者除了购买产品和服务之外），而是承包下产品和服务并进行搭配组合，然后以套餐的形式销售给零售商，然后零售商再直接销售给大众，这个过程叫作套餐批发（图 12-1）。

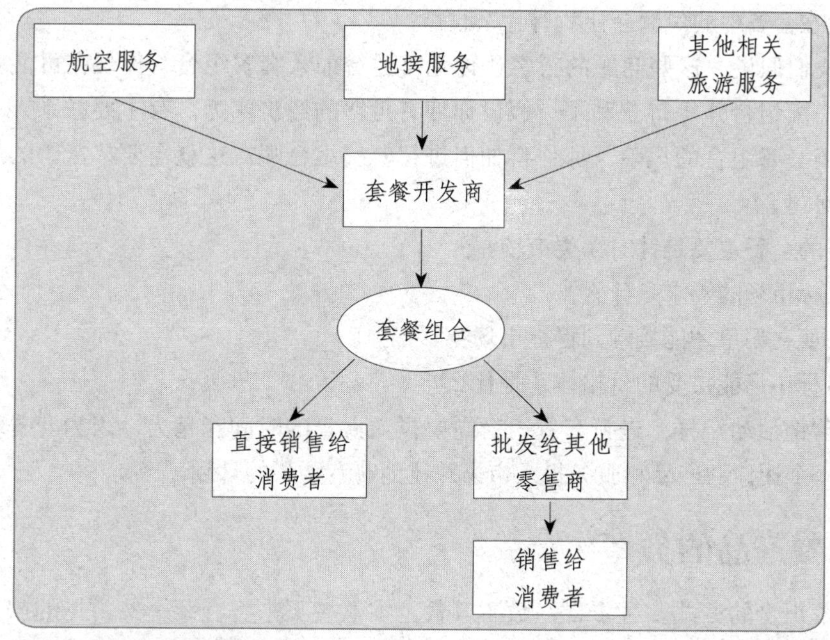

图 12–1　套餐的销售流程

无论是直接销售给消费者还是通过零售商销售，套餐组合都要从营销角度和价格方面对消费者具有吸引力，也就是说，套餐组合必须要满足消费者的需求。这些需求往往是比较复杂的，明确这些需求往往需要深入的研究。

选择套餐组合的前提条件

不是所有的服务业产品和服务都适合做成套餐组合的，甚至有时候你还会因为出售打折的套餐产品而亏本。所以，在你决定自主进行套餐组合或加入其他公司的套餐组合时，请考虑以下问题:

- 加入套餐组合会给我的生意带来什么好处？更多的间夜？是在旺季还是淡季的时候最需要套餐组合呢？
- 我加入套餐组合或与其产生联系会有利于还是有损于我的公司形象？也就是说，周围全是福特车就我一辆凯迪拉克，还是正好相反？
- 如果我的产品加入套餐组合的话，有风险吗？如果有，风险是什么？
- 我的合作伙伴能发挥他们的作用并让消费者满意吗？
- 谁负责细节问题？我会对我提供的那部分有全面的控制权以使我的消费者满意吗？
- 我在套餐中的份额会让我有什么收益？

让我们假设，这些问题的答案让你觉得适合加入套餐组合，你现在可能就想马上进行搭配组合并等待获利了。假设你拥有足够的经济实力，有主要联系人，并且愿意承担套餐组合的风险，那你将如何进行套餐组合呢？这就需要从营销的角度考虑以下问题了:

- 我的套餐主要是针对哪类市场？
- 目标市场的需求是什么？
- 我要在哪里才能接触到目标市场？
- 目标市场能接受的价格体系是什么？

同营销活动一样，进行套餐组合需要投入大量的时间和精力，因为套餐组合其实就是一个让你的产品和服务投入市场并让消费者购买的计划。

套餐产品的类型

套餐组合的方式多种多样，数不胜数。本章接下来将介绍一些常见的旅游套餐类型。要注意的是有些套餐的特性会有重叠，如周末套餐也可以算是一种特别爱好或特别活动套餐。

全包式旅游套餐 全包式之所以全，在于其包含了机票、住宿、地接服务、汽车租赁、景点门票和税费等。“乘达美国航空享双人迪士尼世界 7 日游（含饭店、包车和门票）”，或“拉斯维加斯狂欢 3 日游 399 美元全包（含机票、豪华套房、餐食和表演）”都是全包式旅游套餐的例子。全包式旅游套餐适用于目的地旅游，因为它简化了整个行程中的购买行为。

全包式旅游套餐可以直接通过当地新闻报纸广告、俱乐部、教会或社会团体向消费者进行销售宣传，也可以借助旅游零售商来销售。而套餐批发商可以向一个或多个零售商提供套餐，然后由零售商向消费者销售。一般来说，全包式旅游套餐中的折扣可以通过淡旺季的均价或批量预订饭店房间等方式来获得。

陆空旅游套餐 陆空旅游套餐（图 12-2）目前非常受欢迎，而且这种套餐的种类也越来越多。陆空旅游套餐包含航班和汽车租赁服务。例如某航空公司的“加利福尼亚陆空旅游套餐”就包括洛杉矶到加利福尼亚的机票、5 天的租车服务和从加利福尼亚返回洛杉矶的机票。这个套餐可以让消费者乘飞机到加利福尼亚，然后在海岸周边自驾游，最后再飞回家，要享受这个套餐，只需要每人 499 美元。东海岸的航空公司和汽车租赁公司已经成功地推出佛罗里达陆空旅游套餐很多年了。陆空旅游套餐在租车困难的市场尤为盛行，如在佛罗里达的旅游旺季，抑或是适合自驾游览的地区。

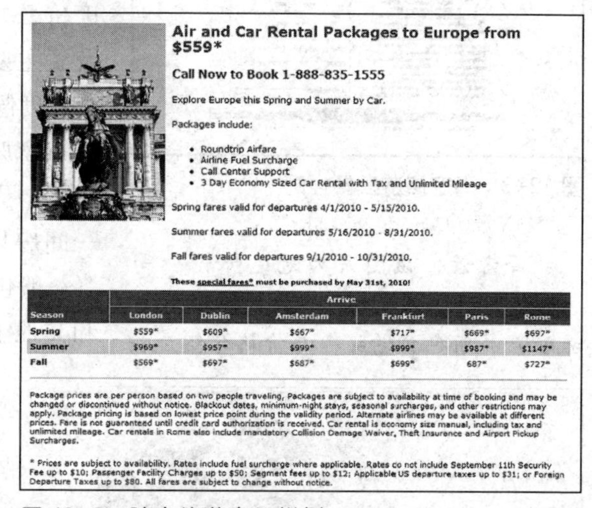

Air and Car Rental Packages to Europe from $559*

Call Now to Book 1-888-835-1555

Explore Europe this Spring and Summer by Car.

Packages include:

- Roundtrip Airfare
- Airline Fuel Surcharge
- Call Center Support
- 3 Day Economy Sized Car Rental with Tax and Unlimited Mileage

Spring fares valid for departures 4/1/2010 - 5/15/2010.

Summer fares valid for departures 5/16/2010 - 8/31/2010.

Fall fares valid for departures 9/1/2010 - 10/31/2010.

These special fares* must be purchased by May 31st, 2010!

Season	Arrive					
	London	Dublin	Amsterdam	Frankfurt	Paris	Rome
Spring	$559*	$609*	$667*	$717*	$669*	$697*
Summer	$969*	$957*	$999*	$999*	$987*	$1147*
Fall	$569*	$697*	$687*	$699*	687*	$727*

Package prices are per person based on two people traveling, Packages are subject to availability at time of booking and may be changed or discontinued without notice. Blackout dates, minimum-night stays, seasonal surcharges, and other restrictions may apply. Package pricing is based on lowest price point during the validity period. Alternate airlines may be available at different prices. Fare is not guaranteed until credit card authorization is received. Car rental is economy size manual, including tax and unlimited mileage. Car rentals in Rome also include mandatory Collision Damage Waiver, Theft Insurance and Airport Pickup Surcharges.

* Prices are subject to availability. Rates include fuel surcharge where applicable. Rates do not include September 11th Security Fee up to $10; Passenger Facility Charges up to $50; Segment fees up to $12; Applicable US departure taxes up to $31; or Foreign Departure Taxes up to $80. All fares are subject to change without notice.

图 12–2 陆空旅游套餐样例

资料来源：Auto/Europe。

译者注：该图片为信诺全球租车公司（Auto Europe）提供的一款陆空旅游产品所包含的服务与价格介绍。

海空旅游套餐 海空旅游套餐是基于陆空旅游套餐变化而来的（图 12-3）。推出这个套餐的初衷在于让邮轮乘客不用再在海上受冻。海空旅游套餐可以让消费者先搭乘飞机到达较为暖和的港口，然后再从那里起航。例如，美国东部的度假者可以从波士顿乘飞机到迈阿密，然后从迈阿密乘邮轮前往加勒比地区，再返回迈阿密，

图 12–3 海空旅游套餐样例

资料来源：Cunard Line Ltd。

译者注：该图片为冠达邮轮公司（Cunard Line Ltd）提供的一款海空旅游产品所包含的服务与价格介绍。

最后乘飞机返回波士顿。最近，为了维持邮轮的长途航线业务（如跨大西洋的邮轮旅行），海空旅游套餐出现了一种新的形式，就是游客先坐头等舱出发（如从美国到欧洲），然后再坐邮轮横跨大西洋返回。这种横跨大西洋的海空旅游套餐正是邮轮旅客所需要的，因为去程是搭乘飞机，所以减少了乘客在邮轮上停留的总时长。

周末旅游套餐 可能最常见也是最简单的一种旅游套餐形式就是周末旅游套餐了（图 12-4）。这不仅仅是因为这种套餐廉价、方便，还因为消费者购买周末旅游套餐主要是因为这是他们最急需的一种出游或度假方式。周末旅游套餐的例子包括：注重家庭娱乐和实惠的家庭出游套餐（如周五、周六孩子可以免费住，或 4 人共住一间房只按一人收费），二度蜜月游套餐（一般包括豪华套房、香槟和床上早餐等）和其他上百种周末游套餐主题，如滑雪或

图 12–4 周末旅游套餐样例

资料来源：Embassy Suites Hotels。

译者注：该图片为希尔顿尊圣饭店（Embassy Suites Hotels）提供的一款周末游产品所包含的服务与价格介绍。

体育赛事等。

特殊爱好旅游套餐 根据人们的特殊爱好设计的旅游套餐也可以成功获得市场。这类套餐的理念在于将基本的旅游服务或产品（如住宿）与划船、高尔夫、网球、游泳、滑雪或骑马等人们的特殊爱好结合起来，不过套餐中的特殊爱好不一定局限于体育或娱乐活动。这类套餐也可以和人们对历史、宗教方面的兴趣或爱好联系起来。

成功的特殊爱好套餐的例子包括可以欣赏秋天换季美景的“新英格兰秋叶巴士游”。这类套餐通常能让游客在新英格兰古色古香的旅馆用餐并住宿，更重要的是，游客还能有机会在沿途的风景名胜区拍照。另一个典型的例子就是“周五晚赛马”活动套餐，参加的游客可以乘坐游览车体验赛道，此外，晚餐、车上鸡尾酒和普通门票也都包括在套餐内。

特别活动的旅游套餐 基于一个特别活动推出的旅游套餐是套餐营销的另一种形式。每年都会有成千上万的人为了“超级碗”橄榄球赛、狂欢节美国大学生橄榄球季后赛、拳击大赛、世界大赛（美国棒球联盟和全国棒球联盟优胜者之间的年度比赛）和其他盛会而购买特别活动的旅游套餐。这个特别活动就是人们出行的目的，而套餐能让他们以最简单的购买方式一步到位。

有些别出心裁的商家不仅仅会开发特别活动的旅游套餐，他们甚至还自己发起特别活动。这些套餐类型包括横贯大陆的热气球畅游之旅、全国自行车赛、周末聚餐以及纪念某人或某地的节庆游等。

特殊目的地或景点旅游套餐 具有特殊意义的一些地方会以套餐销售的方式来获得宣传（图 12-5），例如，耶路撒冷、梵蒂冈、以色列、华盛顿和其他首都城市；主题公园（如迪士尼乐园、六旗乐园等）；大西洋城和拉斯维加斯；山脉（如卡次基尔山脉等）；海滩（如默特尔海滩、弗吉尼亚海滩和科德角等）；阿拉斯加邮轮等。此类套餐的一个经典例子就是专

图 12–5 特殊目的地游或景点旅游套餐样例

资料来源：Travel Impressions。

译者注：该图片为 Travel Impressions 提供的一款特殊目的地游或景点旅游套餐所包含的服务与价格介绍。

门针对小孩（学龄儿童）和老年人（退休人员）推出的以弗吉尼亚州的殖民地威廉斯堡村为目的地的套餐游。

主题旅游套餐 这类套餐的开发者需要为套餐的推出制造合理的理由。例如，想提升周末营业额的位于纽约的很多饭店都成功地推出了以“在纽约过周末”为主题的套餐，这类套餐一般都包括住宿、戏票和餐食，很多还包括坐马车穿过中央公园或乘坐豪华轿车往返戏院等卖点。其他的主题还包括艺术表演、博物馆的文化展览、博彩甚至是名人出席的活动等。

假日旅游套餐 在美国东北部的大学校园里，经常能够见到这类套餐的广告宣传，如“12 月 28 日：1 月 5 日寒假期间乘达美航空享受佛罗里达阳光之旅仅需 469 美元，含机票和饭店房间（双人间）”。其他类似的套餐还包括“到耶路撒冷过复活节”“到都柏林过圣帕特里克节”，以及“西班牙温暖之旅 7 日游，感受潘普洛纳奔牛节”等。虽然节假日活动是驱使人们出游的动因，但是将活动与饭店和旅游类产品和服务组合在一起以单一价格出售才是促成这类生意的关键。

价格类旅游套餐 这类套餐的形式有很多种（图 12-6），其营销的重点在于提供实惠。比较成功的一种做法是提供免单的机会，也就是我们经常说的“二人同行一人免单”这种方法，具体说来就是购买者的伴侣或其他同行的一名伙伴可以免费。别的典型的价格套餐还包括：周末半价；提供一个免费套间；免费多住几天或一周等。

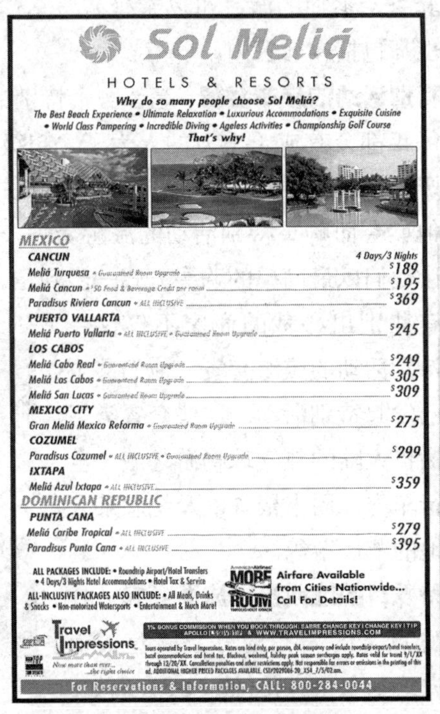

图 12-6　价格取向型旅游组合产品

资料来源：Travel Impressions。

译者注：该图片为 Travel Impressions 提供的一款价格取向型旅游组合产品所包含的服务与价格介绍。

主要术语

地接服务 (Ground services)：指游客在旅游目的地享受到的所有服务（不包括到达目的地的出行方式），如住宿、餐饮和当地导游服务等。

套餐 (Packaging)：指将两个或两个以上的饭店和旅游服务业产品 / 服务进行搭配组合并以单一价格出售的行为。

零售 (Retailing)：在旅游套餐类业务中，指购买旅游产品和服务，并组合成不同套餐，然后直接销售给消费者的过程。

批发 (Wholesaling)：在旅游套餐类业务中，指承包下产品和服务并进行搭配组合，然后以套餐的形式销售给旅行社、航空公司或其他相关旅游零售商，然后再由这些零售商直接销售给消费者的过程。

第 13 章

概　要

宣传印刷品

　宣传印刷品的种类

员工激励

　月度最佳员工计划

　褒扬员工的兴趣爱好

　员工社区服务奖励

俱乐部

　VIP 俱乐部

　行政助理俱乐部

　商务推销员奖励俱乐部

　月度美食俱乐部

学习目标

1. 掌握准备和展示宣传材料的要点。
2. 了解服务业常用宣传材料的种类。
3. 举例说明员工激励项目如何帮助公司营销，并且了解实施过程。
4. 掌握俱乐部这一营销手段，并分析相关成功案例。

13

主要营销方法的应用：宣传印刷品和其他辅助性宣传工具

为确保营销的有效性，你需要采用多种不同的宣传手段。本章将介绍以下这些具体的营销手段：宣传印刷品、员工激励计划和俱乐部概念。

宣传印刷品指宣传册、地图、游览指南、传单、海报和台卡等印刷品，这些物品的使用能够帮助你宣传产品或服务。

员工激励计划能让你的产品更有销量。这些计划能让员工更加投入，从而也更能确保企业的成功。

俱乐部尽管有多种不同的实现形式，但是都需要通过给予消费者额外的认可才能获得成功。俱乐部能够帮助你进行市场细分并突显公司对目标市场的重视。

宣传印刷品

宣传印刷品是指能够帮助你进行产品或服务营销的辅助性宣传材料。在饭店与旅游服务业，宣传印刷品主要包括宣传册、地图、游览指南、菜单插页、台卡，照片展示和海报。宣传印刷品在设计、印刷和分发等方面的成本易于衡量。

要注意的是，每一种宣传印刷品的准备工作都要用心对待，其受重视程度应等同于最精良的广告或最重要的销售电话。你的潜在市场和消费者一直都在关注你的宣传印刷品。开展促销活动的注意事项也同样可用于宣传印刷品的准备工作。在准备和展示宣传印刷品时，请记住以下要点：

- 明确目标。在确定颜色、纸质、形状、尺寸等细节问题之前，你要首先明确材料的宣传目的和目标读者。
- 内涵比外观重要。有些人错误地认为选用高质量的纸张并用四色印刷的宣传材料就是好材料。然而，宣传印刷品真正要体现的是它的营销目的，而不是外在的一种形式。

- 配合度。你的宣传印刷品应该能够提升或维持你的产品或服务的形象。不要让宣传材料破坏了你想要树立的形象。如果你经营的是一家高档的美食餐厅，你要确保宣传印刷品符合餐厅的形象定位。有时候为了提升形象，你可能会想设计一个全新的宣传册来展示一个比现在更好的形象，不过需要注意的是：如果你的新宣传册让顾客预期过高，而你的产品又无法满足这些预期，那么你就是在自毁形象。
- 一致性。宣传印刷品常见的一个通病就是缺乏一致性。你的宣传材料是否和其他营销计划或形象方面的视觉辅助内容一致呢？公司标志、特定的颜色、印刷风格等这些简单的因素能够帮你做到这一点。你可能是想让你的宣传印刷品与众不同，这也是宣传印刷品应该要达到的目的（这本身无可厚非），但不能以违背你的形象为代价。
- 实用细节。宣传材料是否实现了预期的营销目标？我们经常可以看到有的宣传材料里的图片部分喧宾夺主，而清晰的目录和有用的地图则难见踪影，这样的宣传册虽然展示了很多吸引人的图片，但是如果消费者找不到你，一切都是徒劳。一定要记住审阅你的宣传印刷品，并确保每一个细节都精确实用。
- 能见度。如果你想让你的消费者阅读你的宣传印刷品并做出回应的话，就不要把宣传印刷品藏起来。要经常查看以确保材料放在显眼的地方，好让消费者或潜在消费者能清楚地看见并随手翻阅。
- 避免杂乱。要确保你不是“多多益善”综合征的受害者。你的目标消费者确实希望宣传印刷品内容丰富，但是如果同一个地方摆放的宣传材料过多就会显得杂乱。你甚至会发现任凭你花多大的时间和精力进行外宣，消费者也无动于衷。
- 内容清晰。要确保每份宣传材料都目的清晰，不要补充太多内容或细节，否则就会失去营销效果。阅读这种材料的消费者或潜在消费者只想获得某种信息，不要让这种信息埋没在密密麻麻的文字或厚厚的书页中。

宣传印刷品的种类

饭店与旅游服务业常用的宣传印刷品种类很多。

宣传册 宣传册是一种高度专业化的宣传材料，它的制作需要精心策划。宣传册不是照片或文本的简单集合，一个成功的、精心准备的公司宣传册需包含以下要素：

- 公司辨识物，包括公司标志。
- 公司简介。

- 前往公司的路径。
- 附有适宜出行时间提示的地图。
- 一个或多个营业电话。
- 公司地址。
- 能提供更多信息的个人或部门的联系方式（如销售总监或宴会部）。
- 公司内部设施（娱乐、餐饮等）。
- 客人感兴趣的周边景点或名胜（如购物中心和景区）。
- 交通信息（豪华轿车服务、巴士、飞机、火车、洲际公路、租车公司等）

涵盖这些要素不一定能保证你的宣传册获得成功。你还必须考虑之前提到的要点，当然还要使用专业的照片、美工、设计样式和文稿来制作出高质量的成品。

服务项目指南 这类指南可以是大部头的参考名录，也可以是能放进口袋或公文包的袖珍型名录。如果你的名录是供出行者使用的，就要确保这本名录可以放进公文包或手提包，没有人想扛着一本超大的书出行。要让你的名录易于使用，选用便于客户（而不是你自己）理解的格式，加入索引和产品序列号。在尽可能多的地方放上公司的电话号码，最好每一页都有，包括封面和封底。

如果你的公司是出现在别的公司出版的名录里，要注意以下几点：

- 对全部内容检查两次。
- 不要给出具体的价格或房价，给出价格范围，尤其是在年度名录里。
- 要多次检查你的街道地址、电话和传真号码、网址和邮箱地址（如果有的话）。
- 提出最终版本的校对要求。
- 提出审阅你的内容出现位置的要求。
- 如果你要加入产品或服务的照片，确保没有过时，除非是使用有代表性而且有宣传效果的照片，否则不建议使用。

在考虑加入哪个名录以便更好地宣传产品或服务时，请考虑以下问题：

- 我现在是不是会因为加入了该名录而生意更好？
- 我的竞争对手是不是因为加入了该名录而生意更好而我却不是？
- 加入该名录得到的销量能够抵消你为此投入的成本吗？特别是有电子版和光盘的制作费用时，这个问题尤其重要。
- 是不是有重要的名录收录了我的竞争对手但却没有收录我？
- 我的产品或服务是否符合该名录的格式（一行文字或广告区块，还是图片广告等）？

考虑这些问题能够让你决定是否要加入一份名录，但通过实际的尝试并评估效果才能真正告诉你是否适合这种方式。如果你觉得加入名录有助于你的产品和服务的营销，那么就要确保你的内容和在名录中的版面位置能够恰当地体现你的营销信息。名录编辑要求供稿人提供的内容类别一般都比较统一。你在名录问卷中回答的每一句话都必须是对你有利的。如果你选择的名录有可以让你自由发挥的空间，要记得包含以下内容：

- 书写地址时要提到有提示性作用的地标，如“水晶城地铁站旁边”。
- 你的电话号码。
- 任何能够让潜在消费者给你打电话的理由，这经常被称为“理由陈述”。

一定要坚持核对你在名录中的版面位置（你的内容在名录里出现的具体位置），而且更重要的是，你要校对最后放入名录里的最终版的文本内容。不要简单地一掠而过，而是要核对每个文字和数字。因为一旦印刷出版，名录就会大量发行，里边的任何纰漏都会得到广泛传播。此外，如果你必须列出房价和价格的话，应只列出数值范畴；因为大部分的名录是按年度出版的，你应该也不想让这些价格一成不变，尤其是在高度通胀时期。

饭店简介单 饭店简介单是饭店宣传手册的精简版，这类材料一般只有一页，多用项目符号列表的格式，以简短的话语传达出关键的简介信息（表13-1）。饭店简介单可以附在邮件中寄出，也可以单独寄出，或者直接发放给对饭店感兴趣的人群（这是较为省钱的方式）。

表 13–1 饭店简介单格式

名字	饭店名
地点	包括街道地址，离机场的距离以及周边景点。
内部构造	包括设计风格、楼层数、每层房间数。
房间数量和房型	包括客房数量、床型和房间装修风格的介绍。
套间数量和种类	与标准间的介绍内容相同。
行政楼层	如果饭店提供行政楼层（礼宾层）客房，介绍相关的住宿条件和服务。
功能区	会议室所在位置和数量，包括每间会议室的规模和容量（用表格来表示会比较有效）。
餐饮门店	每间餐厅的名字和介绍，包括菜品种类、容纳人数、价格范围和营业时间。

（续）

名字	饭店名
休闲设施	所有休闲设施的列表。
其他便利设施和服务	所有其他便利设施和服务的列表，如开夜床服务、免费赠送《华尔街日报》、擦鞋、理发店，美容店等。
停车服务	介绍相关设施和收费情况。
交通	介绍前往机场或在当地的交通服务和收费情况。饭店是否提供免费的客车或豪华轿车服务。
行政助理俱乐部	如果饭店有该项目，提供该项目的简介。
常客计划	如果饭店有该计划，简述其内容。

礼物卡或礼券 礼物卡或礼券是一种非常有用的宣传材料，因为消费者能用礼物卡或礼券为其他人购买你的产品或服务。礼物卡或礼券可以有多种形式，并且能够用不同的方式进行宣传。例如，麦当劳把礼品册宣传为寒假礼物。又如，一家饭店出售的礼品盒就包括周末观光票和香槟杯，并且饭店承诺在周末观光期间免费提供香槟，除此之外，餐厅还提供多种形式的双人套餐礼物卡。这些活动已经越来越受欢迎了。

文娱活动宣传品 文娱活动宣传品可采取不同的风格、形式和材质。很多娱乐商家都会提供照片、海报或传单。很多饭店就直接使用商家提供的材料。如果宣传材料的质量与饭店的形象相符，这样做是可以的。虽然没有一个统一的标准来衡量这类宣传材料，但是下边列出的步骤能够确保宣传材料与你的形象相符：

- 考虑设计一个标准的海报张贴栏。
- 要求娱乐团体提供适合张贴栏尺寸的照片或海报。
- 拒绝任何粗制滥造的海报、标牌或其他低劣的墙上悬挂品。
- 让你的平面广告成为整个文娱宣传活动的一部分，令其格外显眼。
- 确保娱乐商家提供的照片、文本或相关的公关或新闻稿内容得体并且与你想树立的形象相符。
- 时刻关注，确保娱乐活动能够代表你想要展现给顾客的形象。

传单 传单一般是为了快速地激起大众对某个事件或促销活动的兴趣而印制的书面通知。以传单的形式在当地市场做宣传，成本相对较低。传单可以当作是一种信息提示，也可以是举办某个活动的通知，特别是在没有足够的时间使用其他手段的情况下，它的作用尤为明显。如果决定使用传单进行宣传，那么就必须确保传单的专业性，并与活动的其他宣传材料相符。还有一点很重要的是，要掌握好发放范围以确保潜在消费者能接收到你的宣传信息。传单可能会影响到你的形象，所以对于某些用户或宣传信息来说，传单并不是一个合适的宣传载体。

客人服务指南或客房宣传印刷品 对待这类宣传印刷品有两种截然不同的处理方式：随意堆砌或有序整理。一个典型的随意堆砌的做法就是在客房梳妆台或桌面上摆满所有的宣传材料，从信用卡申请流程到送餐菜单，一应俱全；旁边还放上电视使用说明和节能提示等，其结果是客房内凌乱不堪。

这类宣传印刷品可以通过很多种方式进行有效整理。一种方法是把你提供的各种服务（比如送餐菜单和便利设施的清单等）的宣传插页都放在一个文件夹里。另一种方法是使用塑料夹层显示架，宣传插页都分别插在各个夹层里。这两种做法都是可行的，并且都比随意堆砌要好。

客房宣传印刷品应该在颜色和印刷风格上一致，并且更重要的是要有可读性。很多饭店客房内的使用说明卡内容过多而字体又太小，客人根本无法阅读，所以很多时候只好拨打客服电话咨询。此外，这类宣传材料内要附有一支钢笔或铅笔，并且笔上要印有饭店名称和电话号码，因为客人不仅喜欢而且还会使用这些笔，他们还很有可能会把笔带走。

大堂吧宣传印刷品 同饭店自身的宣传印刷品一样，大堂吧宣传印刷品不仅要展现大堂吧的环境、主题等，更重要的是要有与消费者需求相关的营销信息。这个信息可以强调大堂吧是“一个放松的地方”“一个轻松的地方”“一个谈生意或聊天的地方”等。如果大堂吧有什么特别的地方，一定要在宣传材料中提及。大堂吧的宣传印刷品应该告诉读者大堂吧在饭店里的具体位置和着装要求，而且这些材料应该放在饭店里较为显眼的位置。这些位置包括（但不局限于）餐厅、饭店大堂、客房和电梯厅。

大堂吧的宣传材料应该通过照片告诉人们来大堂吧的理由，不管是为了放松还是为了私下聊天。一张四壁空空的照片是没有卖点的，而且也不能吸引顾客。人们来大堂吧是为了离开房间，找人做伴，或是放松的，要确保你的宣传印刷品能够让人感觉得到你的大堂吧能够满足这些需求。

地图 一张好地图可以清晰地指明到达饭店的路线。这样的地图一般都会标出标志性建筑、主要道路、距离或路途所需时间。你要选择对你有利的方式来标出距离或路途所需时间。如果饭店离机场 5 公里，但是需要 25 分钟的车程，那么你的地图就注明距离 5 公里。如果饭店距离机场 14 公里，但是走高速的话只需要 15 分钟的车程，那么你就标明15分钟的车程。如果能让饭店出现在其他地图上的话也可以，因为这样能增加饭店的曝光率。租车公司的地图、商会材料、地产中介的地图、银行提供的地图、网上导航服务和观光地图等都可以给你提供一些曝光的机会。

特别推荐菜单 特色菜品或饮品的促销广告经常被用作宣传材料。这些促销广告可以采取多种形式，包括：影印的活页菜单、彩色菜单和桌面展示等。不管宣传材料的正式程度如何，其宣传目的在于通过顾客对特色产品的青睐来增加销量。潜在消费者把这种促销看成是一种增值行为。这类促销活动更可以定期举行，如每周的某一天，每月的某一周或每年的某一个月等。如果这类活动是一个长期项目的一部分，那么这种活动更容易开展，效果也更容易评估。许多餐厅连锁都会使用这类促销宣传材料。这些餐馆定期针对一些菜品进行特色菜促销的宣传，它们会把宣传材料和菜单夹在一起。虽然特色菜品经常更换，但是这类菜单应认真制作，以保证和普通菜单的质量相符。

你可以通过设计特色推荐菜单来达到很多目的。你可以通过推荐一个相对低价的特色菜来增加销量，也可以用低价特色菜来吸引新客户，以成功试销或发展新客源。你也可以把有高利润率的低价菜品拿来促销以增加利润，比如意大利面。此外，还可以增加某一个菜品的销量，增加饮品销量，利用甜品促销来增加人均消费等。特色推荐菜单能够帮你实现你的目标，只要你：

- 明确目标和预期效果。
- 认真并有条不紊地评估效果。
- 用心准备辅助宣传材料。

最后，要记得把特色推荐菜单的活动和宣传方法告知服务员和引位员。如果客人询问特色菜时，服务员说“不知道”，菜品肯定是卖不出去的。

会议设施宣传手册 如果你决定要为饭店的会议设施准备宣传手册的话，一定要加入会议组织者感兴趣的内容。这包括每一个具体的细节，而不仅仅指照片。这些细节包括：

- 会议室大小或规模。
- 室内净高。
- 容纳人数，要考虑不同的会场摆台（剧场式、教室式、“U”形等）。
- 视听设备。
- 场地容量（长度和宽度的最大值）。
- 会议室的内部构造草图或示意图。

• 分会场和其他会议室信息。
• 宴会设施。
• 会议和用餐摆台。
• 特点介绍（如音响、桌子和技术实力等）。
• 服务流程和条款，主要指对客服务方面而不是硬件方面。
• 价格与折扣。
• 设施所在的具体位置。
• 附近的交通条件（地铁、机场等）。
• 团体出行交通服务。
• 其他有助于会议销售的硬件设施。
• 联系人姓名和电话号码。

要确保会议设施宣传手册易于阅读并迎合会议组织者的需求。此外，还要向会议组织者提供宴会菜单和其他相关宣传材料等额外的信息。会议设施宣传手册应该能够解答潜在消费者对硬件设施和服务方面的各种疑问。要增加活动场所介绍或提供附表来帮助提升购买吸引力。这个介绍或附表应该提到周边或饭店内的购物、文娱、休闲等场所。

更重要的是，要确保宣传手册列出联系人姓名和电话号码，如果联系人不能接电话，要确保语音信箱或电话留言功能开通，方便打电话的客人留言。负责接电话的联系人要有十足的把握回答客人的问题。还要确保这个销售员能够及时回电话。还有一点要注意的是，手头上要有足够的资料发放给潜在消费者。如果内容较多，就考虑提供信息光盘，感兴趣的客人或单位更倾向于保存光盘。

价目表 现在最具争议性的宣传材料就是价目表了。价格变化频繁，有时候又会有折扣或是要专门针对某类客户（如公司客户、机组人员、家庭等）量身订制。如果要使用价目表，你要及时更换并保持一定的灵活性以便于销售。

有效的价目表需要做到以下几点:
• 提供价格范围。
• 明确特价项目和定义标准。
• 明确价格有效期。
• 定义特殊条款。

将价格在价目表上打印出来不一定会让你的价格发挥效果，但会让潜在客人对你的产品或服务成本形成一定的预期，一定要记得加入一个免责声明，如“以上价格仅供参考，可能会有变动”，但更重要的是，要努力让客人清楚知道你当前的确切价格。同样，要确保每一个和潜在消费者接触的员工都知道价格条款和流程，并且他手头上要随时备有当前的价目表。

娱乐设施指南 饭店内或周边的休闲场所都是很好的宣传素材。内部宣传材料可以宣传能够满足客人需求和吸引回头客的景点或场所。不仅如此，介绍周边景点和活动的参考资料还能帮助你弥补饭店内娱乐设施不足的缺陷。但是要注意的是，避免让质量不一的各种宣传材料堆在一起。要及时处理过期的宣传册。饭店和附近景点的合作项目（双方互相推介）能够有效地增加曝光率并且能在参加合作的企业中提升知名度。在加入这类合作项目之前，要认真考虑形象的一致性问题。

购物指南 购物一直在游客需求榜上高居榜首。因此，介绍饭店周边或特别的购物场所能够进一步提高客人对饭店的感知价值。让你的饭店作为地标性建筑或地图上的定位点出现在当地购物指南中也能让你得到更多的营销宣传。

桌卡 桌卡的宣传内容可大可小，既可以是宣传饭店里的餐厅，也可以是为餐厅某个特色饮品或甜品促销。桌卡可以选用各种形状、尺寸和形式。以下是需要切实考虑的要点：

- 利用桌卡的每一个平面空间。
- 设计实用，能够摆放在餐台或桌子上。
- 具有吸引力。
- 不要使用完全标新立异的桌卡，因为造价高，难使用，而且需要频繁更换。
- 确保桌卡大小和摆放位置与桌卡的宣传目的或内容相符。
- 监督并评估桌卡宣传的效果以确定桌卡为你创造的真正价值。
- 避免杂乱，不开展有损产品或服务形象的促销活动。

员工激励

褒扬员工优秀表现的饭店经常能给客人留下深刻印象。你可以使用多种内部营销手段来让客人知情并激励员工。在劳动密集型产业，拥有良好服务态度并且积极进取的员工是企业成功的关键。在服务行业，员工激励工作的开展是一个艰巨的任务。有助于鼓舞员工士气的内部材料很重要，并且能够直接影响产品或服务的销量。不要忽视员工激励策略，这些策略其实是重要的营销工具。下面将介绍一些相关的例子。

月度最佳员工计划

评选月度最佳员工是饭店与旅游服务业应用激励原则较为成功的一个计划。对评选结果进行公示是很重要的，如在员工经常经过的区域放上带照片的海报等。

此外，在一个让客人能够看到的区域为优秀员工设立一个固定的图片展示区会更有意义，而且还有可能带来潜在的商机。这能够给予员工更多的认可，并且能够提升员工和客人之间的亲切感。一个成功的月度最佳员工计划需要精心策划并实施，常常需要进行外部公关，还要对优秀员工进行一定的奖励。评选的标准、评判的公正性、员工在评奖和颁奖中的参与度等都是这类奖励优秀员工项目成功的关键。管理层的参与和对员工及成就所表现出来的尊重也极为重要。

褒扬员工的兴趣爱好

针对员工的兴趣爱好进行宣传能够激励员工并且增加饭店的曝光率。开展这个活动，你需要首先明确员工的爱好或特殊兴趣。例如，一个饭店大厨的爱好是赛车，那么他所在的饭店就成功地在当地的媒体上发表了很多富有人情味的相关新闻故事，主要讲述这个“当地开车最快的大厨”和他的爱好。管理层还把有关大厨和汽车的新闻简报及照片在员工经常经过的办公区域进行展示。这类宣传活动有无限的可能，但要注意保持适度原则，否则就不能发挥其应有的作用。

员工社区服务奖励

另一个有效的员工激励项目是对员工参与当地社区服务给予认可。许多员工都参加过志愿者活动，并对慈善机构或社区有特殊的贡献。要找到这些员工并对他们所做出的贡献公开给予认可，这对饭店和员工都有好处。这是一种双赢的宣传。这些为社区服务做出贡献的员工可以包括：通过竞走或跑步为慈善机构筹款的员工，为老弱病残人士提供志愿者服务的员工和参加志愿消防队和救援队的员工等。

俱乐部

专门为某类客户群成立一个俱乐部也可以是你营销计划的一部分。无论你从属于饭店与旅游服务业里的哪一个部门，你都可以通过俱乐部这种形式为你的生意做宣传。你可以参考以下列出的例子。

VIP 俱乐部

VIP 俱乐部体现了企业对“贵宾”级客户的一种认可。这类例子数不胜数，其中包括赫兹 1 号俱乐部和 1 号白金卡会员俱乐部，以及各航空公司的常旅客俱乐部，如美联航的红地毯俱乐部、达美航空的“飞凡贵宾室”和美国航空的旗舰俱乐部等。饭店业也有多种不同形式的 VIP 会员制度和 VIP 促销。

如今，VIP 俱乐部的服务理念更为复杂了，而且管理这类俱乐部的人员需要掌握各种技能，如编制直邮信息列表、出版专刊和开展店内活动等。VIP 俱乐部也可以只属于一个住宿或餐饮部门，其服务理念也可以很简单，比如专门为 VIP 会员升级房间或楼层或专门开辟 VIP 会员用餐区域等。对常客的认可、奖赏和吸引是推出这类 VIP 概念的动因。以下是推出 VIP 俱乐部时需要考虑的重要因素:

- 对购买产品或服务的常客表示认可。
- 为会员提供实实在在的好处。
- 提供特殊服务。
- 提供会员专属的物品或服务。
- 设计会员标志（会员卡、荣誉牌等）。
- 强调能为会员的出行排忧解难。
- 简化产品或服务的购买流程。

行政助理俱乐部

在饭店与旅游服务业中，行政助理发挥着重要的中介功能。他们经常与客人进行直接接触，而且更重要的是他们也经常扮演着决策者的角色。在对这些人员进行奖励和俱乐部推介方面，饭店行业一直走在前面。例如，一家连锁饭店推行的这类俱乐部计划是用于奖励为饭店带来各种业务的行政助理。该俱乐部是经过精心计划后实施的，所以它的实施过程能很好地说明一个有效的特殊奖励计划应该是如何开展的。

这家连锁饭店指定一名员工找出经常下订单的行政助理。该员工列出这些行政助理的名单，然后邀请他们加入饭店的这个行政助理俱乐部，这个俱乐部能够提供以下奖励:

- 季度答谢午餐会。
- 给每个过生日的会员送花。

- 达到一定的订单量，享受免费周末房间。
- 达到更大的订单量，享受免费旅行。

编制名单、吸收会员、个人信函、口头感谢、赠送礼品等其他奖励性的举措都在于通过培养中间商和业务伙伴的忠诚度来发展回头客业务。

虽然这个例子比较简单，但是可以看出俱乐部要体现的基本理念在于："您的贡献值得肯定，而更重要的是，您也值得肯定。"最终，该饭店因为这个奖励计划和俱乐部而获得了高增长率的回头客业务（提醒一下：最好在开展这类激励项目时考虑到客户公司的相关政策条款）。

商务推销员奖励俱乐部

特种俱乐部或 VIP 理念尤其适用于经常出差的商务推销员，由于这类人群具有长期频繁的出行习惯，他们已经成为很多饭店最忠诚也是最核心的客户群。聚焦这类目标市场以提升他们对产品或服务的忠诚度是十分有益的。虽然这类俱乐部或 VIP 概念的开展形式很多，但都有一个共同的宗旨，那就是要保持客人的品牌忠诚度。特价、免房费、首杯免费、每 10 个间夜免 1 个间夜、免费咖啡和早餐，甚至是免费洗车等都可以是商务推销员俱乐部提供给推销员们的福利。

月度美食俱乐部

如今的餐饮市场不断有新的经营理念出现，而且竞争也是愈演愈烈，所以要培养忠诚或长期客户已经变得越来越难了。其中的一个方法就是建立一个月度美食俱乐部或类似的外出就餐俱乐部。月度美食俱乐部可以有很多不同的卖点，包括价格促销、增值服务和不同主题的附加娱乐活动等。不管你选择哪种形式，俱乐部的最终目标都在于培养忠诚客户群。

主要术语

宣传印刷品 (Collateral material)：用于营销产品或服务的印刷品，如宣传册、桌卡、海报、名录、地图、指南、菜单插页、传单、娱乐活动促销材料等。

传单 (Flyer)：开展特别活动或促销活动的书面通知，经常是用邮寄的方式或是放在路人方便取阅的地方从而被快速阅读。

版面位置 (Placement)：指商业广告的具体投放位置，可以是在广播或电视上的播放时长、机场附近的某个户外广告牌、杂志或报纸某个版面中的一个广告位等。

印刷材质 (Stock)：指用于印刷的纸张或材料的类别，通常根据重量、光滑度和材质的不同来区分。

第 14 章

概　要

自动化

同营销者和消费者的关系

预订系统

饭店管理系统

营销信息系统

旅游购买系统

学习目标

1. 了解饭店与旅游服务业的自动化发展历程。
2. 了解科学技术对饭店与旅游服务业以及消费者的影响及发展趋势。
3. 了解预订系统在旅游服务业中的发展历程。
4. 讨论饭店管理系统、营销信息系统及旅游购买系统对饭店与旅游服务业营销以及消费者的影响。

14 科技应用与营销趋势展望

饭店与旅游服务业经营活动的成功与否，不是由经营部门或营销部门决定的，而是由消费者决定的。当前科学技术的发展让客人对营销活动提出了更高的要求。计算机技术在旅游交易、旅游购买、预订服务、前厅系统、客史档案和客户关系、客户服务以及数据分析研究方面的应用也得到了进一步的深入，这些都对饭店与旅游服务业的营销活动产生了深刻的影响。

最初，计算机在旅游服务业中主要用于收集、存储和统计消费者、市场以及交易情况等数据。基于这些数据，管理者可以建立数据库，开发价格与定价系统，同时分析并管理收益，这给营销活动的开展带来了巨大的变革。随着互联网与计算机技术的进一步发展，计算机应用还能帮助旅游服务企业变更内容、演示图像和文本并发起交易。这种快速收集分析数据并做出反应的能力加速了营销活动的开展。本章将探讨科学技术对旅游服务业的影响，以及在科技的影响下，营销活动及消费者需求的未来发展趋势。

自动化

自动化，即以计算机等自动化设备代替人工操作，已成为一种全球性的产业趋势，影响着各行各业。饭店与旅游服务业也不例外。虽然饭店与旅游服务业是最晚向自动化转变的行业之一，但是就如流水线的计算机控制和机器人技术对重工业的转型改造一样，自动化也让饭店与旅游服务业产生了深刻的变革，尤其是直接接触客人的领域——这个一直被现代科技的反对者认为是服务行业里神圣不可侵犯的领域。自动化加速了消费者的购买决策，改变了消费者的购买行为，并向出行者提供了新的服务。

最初，自动化只是被狭隘地定义为一种用于编制和分析预算、报告、数据和账户的工具。在大规模地应用于财务方面之后，自动化技术开始渗透进其他领域，如:

销售报告、客房库存控制和工作计时等。随着通信和电子计算机技术的进一步发展，预订系统和交易处理也开始向自动化转变，计算机能用于分析所获得的预订数据，进而能为营销活动的开展提供重要依据。不仅如此，自动化和电子计算机技术的飞速进步让前厅系统得到进一步的开发，具备了能够提供客人入住历史、使用习惯和偏好等营销数据的功能。很快，自动化就已经进入到饭店与旅游服务业的营销领域了。

同营销者和消费者的关系

科学技术在计算机、系统开发和通信方面的进步让自动化设备（如计算机）、营销者和消费者这三者之间的关系发生了很多变化。对于营销者来说，科学技术是营销者建立客史档案、总结客户偏好、了解地理条件和心理活动的重要工具，能够有助于提高服务水平和质量。免费拨打电话、中央预订中心、基于供需情况的数据分析得出的定价策略等一系列科技进步的表现让消费者的购买行为发生了变化。科技还带来了一系列的便利服务，包括计算机屏幕即时提供多种选择、快速或自动购票服务、快速办理入住或退房手续、全国连锁的旅行支票和现金自动提取机、一站式旅游购物服务等。如今的消费者只需要简单地拨打一个免费电话或用自己的计算机、手持式移动终端等设备登录到网站就可以完成旅游产品或服务的购买，包括饭店房间预订、租车、购买活动门票等。认识到科技进步的重要性并且愿意投资和改变的饭店应该能够坐享其成，而那些不愿意这样做的商家极有可能因为留不住顾客而导致销量下滑。设想一下：现在的消费者都觉得用自动取款机取钱很方便，那他们自然也希望在办理入住或退房手续、购买机票或租车时能享受到同样的便利。

预订系统

早期的航空订票系统、租车预约系统和饭店预订系统只有购买和预订功能，而现在的预订系统的功能更为强大。航空订票系统已经演变成一个重要的出行购买系统，具备多种功能；租车预约系统已经发展成一个极为复杂的数据库，能够生成喜好车型、购买偏好等历史记录；饭店预订系统已经成为一个营销和信息管理系统，能够存储客史档案和喜好记录。

由于某些预订系统已经升级为旅游购买系统，我们在讨论这些特定的系统之前，先来看一下一般预订系统的作用。从根本上来讲，预订系统已经成为一个能够收集或集成大量消费者、产品和营销信息的数据库。它在收集或集成信息数据方面的具体功能如图 14-1 所示。

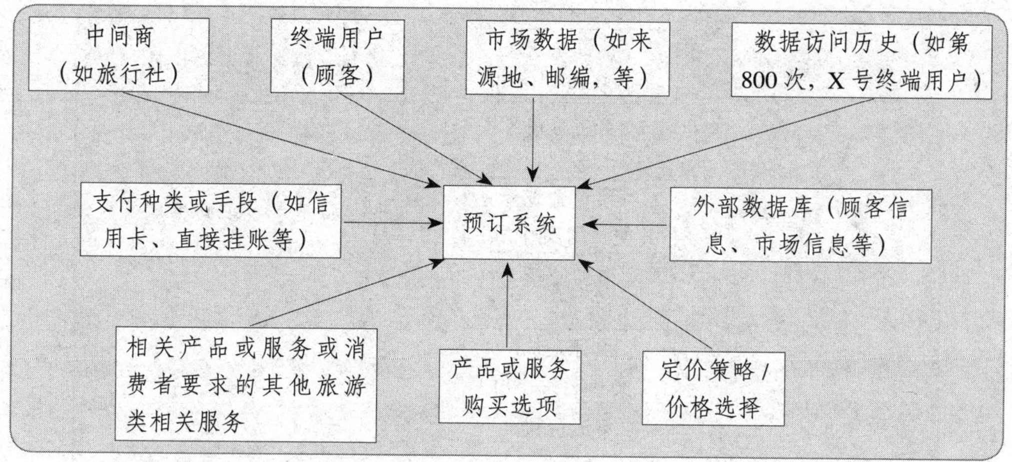

图 14–1　具有收集信息功能的预订系统

预订系统早期发展的一个阶段就是方便购买阶段，经常是通过免费拨打电话和中央预订系统来实现。第二个阶段就是扩张发展阶段，也可以叫作收集数据阶段。第三个阶段就是将收集的原始数据转换成可供经营和营销活动参考的数据资料，因此可以称为信息管理阶段。

预订系统很多功能的扩展都是随着计算机硬件和软件的开发而实现的。预订系统发展的第四个阶段（与消费者互动阶段）就是将预订系统与外部数据库进行对接，从而向消费者提供数据反馈。即时或同步地在不同的交易门店或场所进行数据传递是另一个重要的阶段或突破，我们可以把这个第五阶段称为“中控和遥控”。（图 14-2 列出了这 5 个阶段）。不管这些序号的名称或排序如何，这些进步都象征着早期预订系统的发展历程。

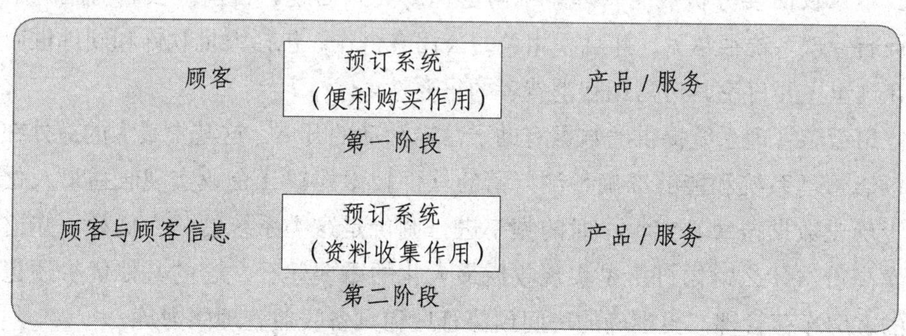

图 14–2　预订系统成长和发展的主要阶段

（续）

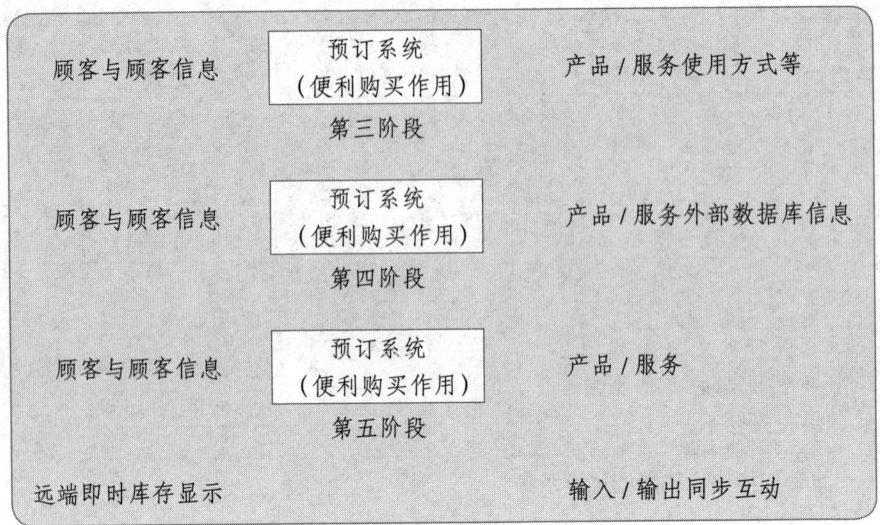

现在，饭店与旅游服务业在使用很多不同的预订系统。Westron 中央预订系统是这类预订系统的鼻祖。其后出现的预订系统都是基于 Westron 中央预订系统开发出来的，如假日集团的 Holidex 系统和希尔顿的 Hiltron 系统等。在汽车租赁行业，阿维斯出租汽车公司使用一个叫作（Wizard of Avis）的预订系统，而赫兹使用本公司的 Hertz 系统。美国航空的（SABRE）航班查询及订票系统和联合航空的 (APOLLO) 系统一直是多年来较为领先的航空订票系统。

饭店管理系统

饭店管理系统、前台操作系统和二线部门的自动化各自所涵盖的内容本身就很复杂。本章仅简要分析饭店管理系统与营销的关系问题。目前，饭店与旅游服务业使用饭店管理系统很常见，并且和相关的公司有合作，包括大批软件和硬件供应商。我们在这里主要讨论其对营销和消费者的重要性。

应用饭店管理系统提供的数据有助于营销活动的开展，这其中最大的益处在于:拥有饭店管理系统和能够准确预测行情的软件技术能够让企业实现收益最大化。能够基于历史数据按每日或每小时的频率进行调价是这类系统的一大优势。知道什么时候卖高价，什么时候打折是实现收益最大化的重要途径。它的其他优势还包括更有效的客房库存管理，更准确的房间预留管理和具备收益管理能力等。

自动化技术能够让饭店提供更好的对客服务和相关的奖励计划。如今，客史与用户档案及喜好系统能实现让客人入住同一间房、坐同一个位置或租同一种车型。饭店管理系统还能有助于实现快速，甚至是自动办理入住或退房手续。类似的科学技术也能实现机票购买和汽车租赁的自动化服务。

为了了解科学技术对于饭店与旅游服务业营销的作用，营销者必须仔细观察消费者对于自动化技术的接受和应用情况，并知道自动化是如何改变消费者行为的。如果消费者特别看重饭店与旅游服务业某一方面的自动化情况，那么营销部门和运营部门必须要对此做出反应。想想那些刚开始没有提供24小时自动取存款服务的银行吧：这些银行发现尽管它们可以提供优质的人工对客服务，但是客人最后还是抛弃了它们。同样的，饭店经营者，尤其是守旧派人士，如果想跟上客人的需求变化并且根据这些变化提供相应服务的话，必须要对自动化技术的进步保持一种开放的态度并能够灵活变通。消费者和他们的需求是饭店与旅游服务业发展的真正驱动力。

营销信息系统

自动化已被广泛用于处理营销类的数据和信息。如今，一个饭店的营销部门可以进行一些复杂的操作了，例如记录消费者行为、分析会议形式、优先选择客户和开发潜在客户等。营销部门还可以通过追踪消费者的反馈情况，明确地理和人口特征，细分参与促销的消费者类型以及消费者做出反应的原因、地点和方式等来评估促销效果。

现在，我们只要指尖一动，就能基于重要客源市场的数据来选择媒介，还能根据潜在消费者的喜好来选择创意策略，这些数据随时可用。你还可以根据计算机自动保存的业绩情况、市场偏好甚至是影响消费者的地理和心理因素等资料来选择旅行社和旅游公司等营销合作伙伴。从样本研究到媒介选择，科学技术几乎影响到了营销的方方面面，而这种影响还将会继续。

营销信息系统能够追踪重要的群体特征，如位置偏好、使用频率、房型和房间号以及消费习惯等。对于公司客户，可以根据现金价值、市场类型、规模或其他衡量标准来分类。促销计划和旅行社业绩等详细的数据也可以生成。需要再次强调的是：以上所有的这些功能都有助于开展产品或服务的市场营销活动。更重要的是，能够及时跟进消费者的需求以帮助你更好地吸引客户。

旅游购买系统

很多人都认为，旅游购买服务的全面提供以及大型旅游购买系统的出现将是旅游营销领域中的一场革命，因为计算机硬件和软件技术已经发展到了一个相当高的水平。

让我们再次回顾旅游购买系统的起源。在20世纪60年代，航空公司开始建立计算机预订系统，并于20世纪70年代在旅行社中得到积极推广。汽车租赁和饭店预订功能的添加让这个系统实现了多项产品和多种服务供应。20世纪80年代，美国放松航空管制，许多航空公司将预订系统作为独立的一项业务运营，并将其衍生成新公司。这些系统随后也因为航空业内的一系列清理整合而开始兼并重组。到了20世纪90年代，航空预订系统通过内外互联和联网开始实现全球化。连锁饭店以多种方式与各种全球旅游购买系统相关联或合作。一个常见的办法就是直接与相关系统签署合作协议或是通过某一服务公司“转手”进行合作。

如今，这个系统的各项功能都更为先进了，它可以更快或即时访问信息、播放视频、提供在线服务、连接个人计算机等。客房库存管理和各种营销计划不断取得的技术进步一直在改变着这些系统的操作功能。今天的出行者能够获得的信息数量和种类实际上是没有止境的。

当然，通过全球性的销售系统和网络进行产品或服务的营销意味着能够接触到消费者并拥有获得市场份额的机会。如果你不加入这些系统，“电子”客户或旅游中间商就不会知道你的存在。

科学技术已经为我们打破了航空自动化预订系统的传统疆域，让对客服务、旅游服务、网上银行系统乃至旅行产品的销售连成一体成为现实。无论你是在家、是办公室还是在车上，你只需要打开计算机、手提电脑或任何手持电子设备，就可以挑选飞机座位，选择你想从饭店房间看到的风景等。你只需要点击一个按钮就可以收到电子客票、密码和旅行支票等。

科学技术正在变革着旅游营销和消费者的购买方式。科技的进步和消费者需求的复杂化需要一个全面的旅游购买系统。这些系统的功能之大绝对超乎你的想象，因为预订系统、自助银行、光纤和通信技术已经能够和新出现的微处理技术相结合，形成一个超级旅游购买系统。这个系统功能全面，能够帮助你选择座位、预付差旅费、提供进门和取车密码等。旅游购买自动化的未来就在眼前。

主要术语

自动化 (Automation)：以计算机操作代替人工操作的过程。

前台办公系统 (Front office systems)：能满足房间管理、客房服务、房量和房价查询等前台业务需要的计算机管理系统。

客史档案 (Guest history)：关于客人消费习惯及喜好的记录。

饭店管理系统 (Property management systems)：能帮助管理者实现客房库存控制、客史档案及房价管理等管理职能的计算机应用程序。

第15章

概　要

学习目标

1. 了解数据库营销的由来，熟悉数据库系统的三大要素，并掌握数据库营销的成功要诀。
2. 总结直邮推销的成功要点。
3. 阐述营销和直邮作为有效工具的作用。

15

主要营销方法的应用：数据库营销

在当今拥挤不堪的传媒市场中，传递你的推销或促销信息颇具挑战。将你的信息直接发送至目标受众手中便是数据库营销的首要功能。本章将讨论数据库营销日益流行的原因、数据库系统的构成要素以及通过直邮法进行推销的工作要点。

数据库营销

1884 年，蒙哥马利 · 沃德公司寄出了它的第一本商品目录。此后不久，其他零售商也开始利用寄送商品目录的办法去影响顾客。到 1902 年，西尔斯公司（Sears）通过寄送商品目录所实现的销售额已超过 5000 万美元。当时，美国的直邮推销领域正经历着一场令人难以置信的大爆发。

在 20 世纪初期，谁都无法想象到 20 世纪中后期，直邮推销领域将会是什么样子。到了 20 世纪 50 年代，一个新生事物出现，它的问世使得直邮推销法进一步流行，并且导致了后来数据库营销的诞生，这一新生事物便是信用卡。随着接受和使用信用卡的消费者数量的增长，潜在顾客的资料和信息也越来越多，进而形成了数据库。20 世纪 70 年代，一项新技术的出现真正使数据库营销开始起飞：这一新技术便是计算机。20 世纪 90 年代，计算机技术、光电扫描技术、大批的软件程序以及其他相关技术的进步，将数据库营销推向了许多企业营销计划的最前线。今天，在多种因素的影响下，数据库营销已成为一项数额巨大的创收业务（图 15-1）。

对数据库营销的成功做出贡献的不只是科学技术。对美国人口的地域划分（如按邮政编码划分）以及来自于美国人口普查局的较为精细的人口统计资料，也都对数据库营销的发展起了很大的帮助作用。

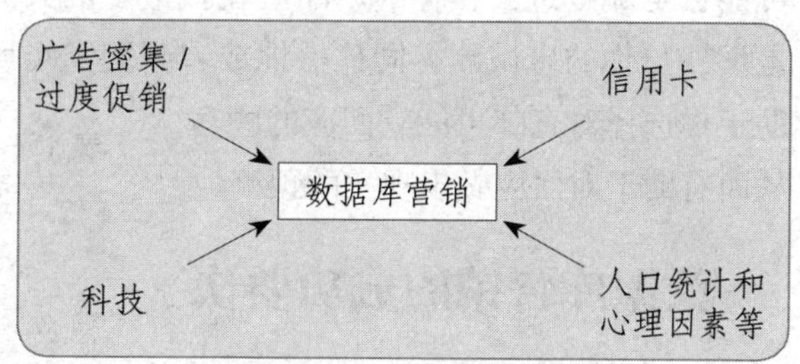

图 15-1　数据库营销发展中的影响因素

人口统计因素和心理类型资料还在影响人们接受这一营销工具方面发挥了关键性作用。随着各方面对人们有限的个人时间争夺的加剧、传统电视广播网作用的削弱，以及产品和服务供应的过度丰富，寻求将营销信息直接传送至潜在顾客手中的新途径开始变得十分必要。消费者对品牌忠诚的转移和品牌忠诚度的下降也促使企业借助直邮的方法向个人进行营销。以高成本效率的方式将直邮信息传送至消费者手中，以及如何以富有创意、有助于使消费者做出回复的直邮广告去突破广告铺天盖地的干扰，则成为当今数据库营销所面临的挑战。

数据库系统

数据库系统的运转需具备三大要素：技术、准确的资料和优先设置。

技术 简单来讲，就是能够支持开展数据库营销的计算机硬件和软件。你所要的这些技术的高级程度取决于你营销工作的复杂性。你所使用的邮寄名单越多，所需储存的顾客资料也就越多，回复频率和回复量也就越大，你所需要的技术也就越高。

准确的资料 一个数据库的好坏取决于其所存数据资料的完整程度。准确的资料包括：正确的地址、正确拼写的姓名、最近的购买行为等，是数据库资料必要的构成内容。纯净的名单（指不含无效或过时信息的名单）有助于提高回复率，降低成本，改善数据库营销的投资回报。购买潜在顾客名单时，永远不要忘记查看该名单更新的最后日期。此外，还要注意及时删除重复记录：没有什么比同一天收到两封提供“仅此一次”机会的直邮信件更令潜在顾客扫兴的了。

优先设置 优先设置有助于企业认清哪些预期顾客最有可能回应你的直邮广告，改进回复率和增加营业额。一般来讲，新近购买过你的产品或服务的人最有可能记得你。他们构成第一组优先的目标对象，适合通过直邮宣传品去敦促他们再次购买（表15-1）。第二组最有可能做出回应的人群是那些已购买多次或经常购买的人。第三组可能会是那些过去在你的产品上花钱最多的人。第四组最有可能做出回应的人群则是那些与你的忠诚顾客同住一地或者到同类场所去购物的人。这些优先设置将会有助于你选择对直邮可能有回应的顾客，从而有助于对回应做出现实的预测。

表 15–1 直邮客户的优先设置

第一组：最近购买过的消费者
第二组：经常购买的消费者
第三组：消费高的消费者
第四组：相似的消费者

数据库营销的成功要诀

同所有其他营销方法一样，数据库营销也需要经过计划才能做到有的放矢和成功。下面将介绍数据库营销成功的10项要诀：

提前计划 要想成功地用好任何一项营销工具，特别是根据数据库邮寄宣传品这样针对性很强的营销工具，你首先需要进行提前计划。其工作内容不仅包括制定目标、预测收益、制定预算，还应包括确定数据库营销的适用范围及其在本企业总体营销工作中的角色。

明确对象 除非你能非常具体地列出你的目标市场，否则你的直邮工作就是浪费。你需要具体地说明对象人群的规模、所在地点，以及他们的构成特点（心理类型、人口统计因素方面的情况、所追求的利益、需要等）。一旦搞清了这些目标市场的情况，便可以着手进行下一步的关键工作了。

选择恰当的信息 选择正确的信息并将其以能够诱使你的目标市场做出回应的方式表达出来，将会增大你同潜在顾客实现沟通的机会。例如，如果你是寄给价格敏感型的人，那么在你所提供的产品或服务信息中加入强烈的打折因素的刺激所产生的效果，可能会好于没有打折内容的产品或服务信息。但是，如果你将某一价格打折的产品信息寄给那些对自我和地位问题较为敏感的人，一旦他们将价格打折视为产品削价，那么你的成功机会便有可能会降低。从一开始就选对信息，一气呵成的做法显然比寄送了错误信息，然后不得不一切从头再来的做法要好得多。其原因在于：等你发现寄错了信息，然后再将纠正后的信息寄出之前，别人可能已经在这一期间同你的潜在顾客联系上了，你可能就被淘汰。

预设投资收益率 你要先问自己一个问题：我需要多大的收益才能偿付基本的邮寄成本？然后再问自己：我还需要再有多大的收益才能实现理想的投资收益率？你永远都应预先确定你的投资收益率，并且将你直邮的投资收益率同你所使用的其他营销工具的投资收益率加以比较。

保持创意的连贯性 在直邮营销工作中，保持你的直邮广告在创意设计上的连贯性可带来多项益处。其中包括：品牌特征和产品定位被清晰地感知（在发生多次邮寄的情况下）；同顾客的关系得以一次一次地加强，使顾客的认可加深；将品牌知名度传至其他的媒体。

将直邮同总体营消方案进行整合 同各自为政、缺乏协调的营销做法相比，在一个总体营销方案内使用多种营销方法并让它们像交响乐团一样分工协作，往往更有可能取得成功。你务必要将你的数据库营销工作同你的总体营销方案整合一体。

永远使用“纯净的”邮寄名单 这是提高直邮的投资收益率和顾客回复率的最佳途径。所谓纯净的邮寄名单是指其中很少存在重复、人名拼写错误以及地址错误等问题的邮寄名单。

把握邮寄时间 决定何时邮寄的最佳方法是要先确定你需要对方何时回应。如果你所需要的业务是在 12 月，并且你知道邮寄之后需要 6 周的时间才能得知结果，那么在 12 月或 1 月寄出你的直邮广告则无济于事。比较可取的做法永远是提早做好邮寄的准备工作，而不是临时抱佛脚。在这方面应当考虑有一段时间的缓冲期，用以进行校对改错和对邮寄品的内容进行微调或重新设计，以及处理诸如印刷商出现延误之类的问题。提早准备将使你能够做到一旦邮寄品印刷完毕，便可随时寄发。

信息反复使用 利用每一次直邮机会，重复强化同一信息，充分发挥重复的威力。促销信息和呼唤行动的信息多次重现，能够增大预期顾客看到你的信息从而做出回应的机会。你可以利用信封的封面和封底、内附的回执或其他回复方式，以及邮寄资料中可以利用的任何机会去传达同一信息。为了突出某一信息，你至少应使其以类似或相同的形式在每套邮寄品中出现 5 次。

跟踪结果 不跟踪结果，你便无法知道这次直邮工作效果。对邮寄结果进行跟踪有助于做好今后的直邮工作，将直邮与其他营销方法进行比较，评价直邮广告内容和设计的有效性等。

记住提醒本企业中所有与这次直邮营销活动有关的各个部门做好准备工作。如果你正在寄出一项重大促销活动的信息，你一定要确信这些部门的工作人员都了解这次促销的内容、顾客前来光顾的时间以及自己分内的工作。

通过直邮法推销

如果你详细地翻阅你一周之内收到的全部直邮广告，你会看到很多有创意的作品。除非你详细地阅读这些材料，否则你无法知道你“可能”已经获奖了：现金支票、小轿车、终身会员资格、度假屋等。像其他大多数人一样，当你开启装有你的借记卡或信用卡账单的信封时，一些“好得无法拒绝”的直邮广告便会从信封中掉出来。

直邮推销的要点

通过直邮方法推销产品或服务会遇到一些特别的挑战，因而要求有一些特别的知识。在直邮推销工作中，你没有机会像面对面推销或电话推销那样同你的预期顾客进行交谈。要想使直邮成功，邮寄材料所载的商品或者服务信息应恰好满足潜在顾客的需求。一份有效的邮寄名单对于此项工作的成败至关重要。在下面各部分的内容中，我们将简要地讨论直邮成功的要点。

有效的邮寄名单 知道你的推销信或其他直邮广告应寄给何人是头等重要的工作。如果你想让对方拆阅你的信函，诸如正确拼写对方姓名这样的小事其实是重要的大事。邮寄名单应不断地“净化”，及时清除那些失效或过时的信息。每次获得新的信息后，应对邮寄名单及时地进行修订和更新。根据你同每一位推销对象最近一次接触的情况，核实邮寄名单上的姓名、头衔和地址。总之要不断努力保持邮寄名单的准确无误。

优秀的直邮广告 关于直邮广告的设计，你可以参考设计邮寄促销宣传品时的要求和禁忌事项去制定一份检查清单。但是，实际上并不存在 “最佳”的标准设计方法。有些时候采用私人信件的形式是恰当可取的；然而在另外一些时候，则宜采用正规的公函设计。有些关于设计促销宣传品的一般原则虽然值得借鉴，但是如果墨守成规，则可能会置人之常情于不顾。例如，当使用推销信时，一项有效的原则便是一定要寄送信函的“原件”：或者起码看起来是原件。谁都不想看复印的“私人”信件。另外，在推销信的内容方面，你还一定要将其关键信息纳入其中，也就是将潜在顾客的需要同你的产品或服务直接联系起来。如果可能的话，全部信息内容应在一页纸上写完。时间对任何人来说都是重要的。因而，同篇幅长达数页、附带众多花里胡哨的直邮广告相比，篇幅仅为一页的私人信函更有机会被“决策者”所阅读。

知道应何时寄出 这一点很重要。试想这样一个例子：有一家大型出版公司刚刚出版了一本给消费者的书，其内容是关于如何规避联邦所得税。该出版商很是兴奋，因为这是一本很棒的书：观点新颖、定价合理。既然如此，那么该出版商为什么不在该书完成印刷和装订后的 6 月和 7 月立即着手其推销工作呢？其答案在于对恰当时间的选择。人们购买有关联邦所得税问题的书籍的时间是在当年 10 月至第二年 3 月这段时间，而不是在 6、7、8 三个月。因此，要慎重考虑何时寄出推销信。此外，有时还需要考虑在一周内的哪一天寄出为好。如果可能的话，在寄往某一工作单位时，你应考虑到邮件的寄送时间，以便使其能够在星期二、星期三或星期四送达。你应该知道星期一办公室里的忙碌样子，你也该知道如果你的邮件在星期五下午送达则有可能被搁置一旁。所以，你何时需要该项业务以及何时是寄出推销信的最佳时间等问题，都必须考虑清楚。

让我们再举一个不知道推销信应何时寄出的例子。G 先生是纽约一家大型饭店的销售部经理，工作热情很高。他拟定了一份该饭店潜在顾客的名单，并准备以私人信件的形式给每一位潜在顾客发一封推销信。信的结尾写道：“本周内我将给您打电话，落实有关您前来考察和免费午餐的安排。”所有这150封信都“乘坐”下午4点钟的航班飞往洛杉矶。而G先生第二天将开始为期4天的闪电式销售拜访。这一案例的教育意义是显而易见的。切记要做到“言必信，行必果”，否则你将不得不从头开始去争取你的潜在顾客，同时可能还需要花大力气让他们重新相信你。

知道何时应停止邮寄 准备和递送宣传品和推销信的费用都是很贵的。因此，知道何时应停止邮寄其实也是可以“赚钱”的。很多推销性邮件的递送可能都是多轮连续进行的，对同一邮寄名单的先后寄送次数累计多达4 ~ 5次。所以你一定要有一套机制，将已经得到其明确答复“买” 或 “不买” 的顾客从下一轮邮寄名单中删除。

及时兑现承诺 一旦你得到对方肯定性的回复，你一定要做到万事俱备，以便能够及时兑现你所做出的承诺。如果你承诺琼斯夫妇可在5月的任何一个周末前来你的饭店度周末，条件是提前一定时间预订，你一定要确信能够为其办理预订，并且在其抵达之前准备好房间。如果你不能兑现自己的承诺，便可能会将琼斯夫妇，连同其朋友和邻居的姓名，一起从你那份“有效的”邮寄名单上划掉：因为他们将不会再理睬你的推销。

营销战略的应用

数据库营销 / 直邮销售在很多市场营销活动中都是非常有效的工具，这其中包括：

- 客户保留计划。
- 现有顾客潜力的挖掘。
- 向潜在顾客介绍产品或者邀请其试用。
- 预热即将推出的产品或服务。
- 推广促销活动。
- 更新产品或服务信息。
- 变更服务政策。
- 活动、新产品或服务信息的发布。
- 收集顾客信息。
- 顾客反馈。
- 测试销售方法的效果。

你可以用下面的数据库检查清单中的问题来组织、检验你的数据库并设置优先顺序。请时刻将管理大师彼得·德鲁克的话铭记心间：“数据库，即使内容很丰富，也可能算不上信息，信息是为了完成一项任务、达成某种效果或者促成一个决定，经过系统整理而形成的。”

- 直邮销售是你的市场营销战略的一部分吗?
- 你的邮件材料是否能衔接并支持你的其他营销工具?
- 你是否及时更新了你的名单并且信息准确?
- 你是否依照最优回复模型来优先处理部分邮件?
- 你的直邮材料是否能够反映你的品牌、产品或服务的市场定位和形象?
- 你的直邮活动是否适用于向客户进行推销?
- 如果你正在使用一份买来的或者外界提供的名单，你是否检查过这份名单的准确性?
- 你的直邮材料是否及时寄出?
- 你是否计算过你的投资回报和预期的结果?
- 你是否保持了你的邮件创意的一致性?

案　例

案例 1：支票就在邮件里

了解你的目标客户的习惯对于数据库营销来说至关重要。令很多使用直邮推广的营销人员头疼的是如何让收件人打开信封而不是直接丢弃。在实际工作中，很多营销人员将促销信函的主旨信息或者一条“勾引”信息印在信封上以激起读者的兴趣，这样的方法对于某些受众来说确实能够起到作用。在和旅行社打交道中，有一种方法可能也可以解决这样的问题。正像很多依靠佣金收入的行业一样，旅行社也需要从客户那里收到一张一张的付款支票来维持生计。而很多支票的邮寄是通过邮件完成的。旅行社每天都会被各种邮件淹没。如果你能够观察到邮件被递送后所发生的一些细节，你就可以得到让收件人打开邮件的“魔法”。旅行社经理是分拣邮件的专家，所有邮件被分为两堆。一堆直接被扔进垃圾箱或者扔在地板上等待处理。另外一堆的邮件则会立即被打开。那是在一张支票样式的纸上印着的“XX 款项付款单”的字眼起了作用。这些信封会立刻得到最优先的注意和处理。道理非常简单：了解你的目标市场客户的习惯，知道如何能够引起他们的注意，并根据这些来设计你的直邮材料。

案例 2：只限受邀参加

促销的邮件每天都会塞满我们的邮箱，但是邀请函则是只为了某个特殊活动而发出的。人们常常会将邀请函打开而直接将促销邮件丢弃。想想你每月（甚至是每日）都能收到的大量的信用卡账单吧。你不会打开这些信件因为你知道里面是信用卡推销或者最低还款比例等信息。你会打开的信件是一些打印或者手写的信封，看上去像是一些特殊活动（婚礼或者社交活动）的邀请函。人们总是乐于收到邀请函或者对于像是邀请函一样的信件有着足够的好奇心。所以你需要将你的直邮材料外观设计得更像是邀请函、私人信函或者支票，这将大大提升你的邮件在被丢弃之前被打开的概率。这听上去很简单，但很有效。

主要术语

干净的名单（Clean lists）：一份没有无效信息和过期信息的名单。

数据库营销（Database marketing）：为了提升销售和利润而采用的邮寄信函销售或者促销的市场营销方法。

直邮（Direct mail）：将促销信函、广告宣传单、产品目录或者其他用于促销的材料寄送给潜在顾客。

邮寄名单（Mailing lists）：通过计算机储存收集的客户姓名和地址信息以用于直邮。

清除（Purge）：将邮寄名单中重复的、无效的和过期的记录删除的过程。

回复率（Response rate）：收到邮件的客户中回复你的比率。

投资回报（Return on investment，简称 ROI）：销售收入对比为了获得这些销售收入所投入的现金比例。

时间缓冲期（Time cushion）：在直邮销售活动中为了完成校对错误、优化或重新设计直邮广告内容和解决问题（如印刷厂延误交货等）所预留的时间。

第16章

概　要

学习目标

能够描述电子营销的不同类型并能够在饭店业中进行应用。

16

主要营销方法的应用：电子营销

很多种形式的营销都可以称作电子营销。它可以是听觉的，如电话营销；也可以是视觉的，如电视营销；还可以是手写的或机打的，如通过网络传播的电子邮件、短信或传真。它同样包括使用互联网和网站传递的广告和促销信息。尤其是网站，借助其电子传播的便利性，立刻成为了众多营销渠道的宠儿，各种网站争相出现，像零售网站、产品目录网站、家庭购物网站、厂家直销网站、客户服务网站和中介类型的网站，如：Hotels.com 和 Travelocity.com。

电子营销

在一个将速度和便利性因素包含于内的重新定义价值的时代，通过互联网的电子营销恰逢其时，正好可以满足大多数消费者的需求。将互联网作为你的产品和服务的一个市场营销工具是极具市场战略价值的。表 16-1 列出了一些使用互联网进行市场推广的方法。

和其他营销工具一样，电子营销也应该成为整体市场战略计划的一部分并且应该和你的品牌、产品及服务的形象和定位高度契合。电子营销是建立、动态管理以及和你的客户群沟通的理想工具。一个清晰的利用互联网的优势来为自己带来好处的理念在当今的大多数商业活动中都是必须的。要将你的信息传递给市场，应当考虑建设自己的网站，在相关网站上放置你的信息栏和图标，并且设法提升访问的便捷度以及针对客户询问的快速反应。

很多在数据库营销中的策略同样适用于电子营销，每一种电子营销工具也有它不同的细微之处。正像你需要提前规划你的数据库营销战略一样，你同样需要谨慎地提前规划你的电子营销战略。无论你选择哪种电子营销工具，你都应考虑投资回报，如何衡量最终结果以及为目标客户带来什么样的好处。你必须保持创意的一致性（网站设计和图标的使用等）来建立顾客对于你的品牌的感知。一定要确保你可以兑现自己的促销承诺，不要破坏你的价格策略，并确保持续监控产出结果。记住，只要你开始“触网”，你就将跨越地理界限，从而使你需要建立或优化货币折算、报价、配送、语言等方面的新策略。

表 16-1 互联网市场营销的应用

- 实施调研
- 收集信息
- 在线买卖
- 在线拍卖
- 在线易货交易和贸易
- 参加论坛讨论
- 接受培训
- 收发数据
- 建立有效的客户服务职能（实时与顾客双向交流）

网站

你可以将你的网站视作你的电视和平面广告、你的产品目录，以及你的对客服务和销售职能的整合体。

为了确保你的网站成为有效的市场营销工具，网站应使用适合速读的字体，并控制每页的信息量，以保证客户轻松阅读其中的内容。使用大图片（小的照片经投射后会像邮票一样模糊），保持背景和字体颜色之间清晰的对比度，时刻从读者的角度和感受出发。记住，即使你的网站是经技术大师设计过的，也应该想到那些没有什么计算机知识的现有或者潜在客户同样会来访问你的网站。一个不错的方法是你可以预先测试你的网站，得到客户反馈，然后依据这些反馈来要求技术人员按照顾客的一般水平来进行相应的修改。一定要倾听客户的意见，然后修改。如果你的网站已经上线运行了一段时间，你可能需要更新一些照片或者网站外观。你可能同样也希望增加一个提示或者信息栏来提示用户有关新的信息或更新情况。

互联网营销需要额外关注链接。列出一份简明扼要的清单以期获得最多的交叉链接，合作链接和相关网站上的信息栏。为了及时与需要帮助的客户或者在网站上找不到相关信息的客户保持联络，一定确保网站上有你的传真号码和电话号码（包括免费电话号码）。

你的官方网站就是公司的对外形象。所以要确保网站的质量。请尽量考虑表

16-2 中的问题，这将使你在电子营销方面受益匪浅。最后，一定要记住网站的设计是以用户为中心。

表 16–2 电子营销清单

- 电子营销在你的整体营销战略 / 计划中扮演什么样的角色？
- 实施此策略需要多少资源？投入多少？投资回报如何？
- 我应该使用电话营销吗？是否要用到传真和电子邮件呢？
- 我的网站与我的公司、品牌、产品和服务的整体形象和定位相比如何？
- 我的网站和我的竞争对手相比如何？
- 潜在顾客是否能很容易地使用我的网站？
- 如果我将我的电子营销进行外包，如何监控？
- 我的网站应该在哪显示？我的网站应该和什么网站建立互联？

电子递送方法

现在有很多电子方法来递送你的营销信息。由于新的软件和硬件的产生，适用于营销的新设备也随之诞生。表 16-3 列出了目前可供营销人员使用的一些电子递送方法。

电子邮件和传真营销的方式适用于现有的客户，信息发送应有服务的意识，同时将退订相关信息的选择权交到客户手中。记住一定要查阅你要实施电话营销的区

表 16–3 电子递送方法

- 互联网
- 电话会议
- 便携式计算机
- 电视（免费播放的或有线的）
- 电子邮件
- 手机短信
- 传真
- 电子标牌
- 广播
- 销售点展示
- 户外广告牌

域的法律。注意在电话营销中应使用提前编写好的台词，不要提前录制然后播放，应该严格遵守相应的要求以保证不违反法律。在使用电子营销方法前应仔细检查相关细节，并多想一想一旦实施后会不会弊大于利。记住很多人对于传真、电子邮件或者电话营销的打扰已经并不陌生了。无论营销的手法是好还是坏，采用这些方法都会有得有失。如果你坚信电子营销工具可以为你带来好处，那就好好地培训你的员工并且持续不断地监控你雇用的外包公司的表现。

当你要计划电子营销方案时，问问自己是否可以使用互联网来推广自己的产品或服务。例如，你的电子营销信息是否在传递信息的同时还包括了一个便捷的购买链接呢？包装和网站展示是互联网营销成功的两大主要因素。

博客、推特和社会化营销

建立在充分的市场调查基础上的并且能快速应对市场趋势的营销活动往往最为有效。而当你的营销信息能够和消费者的需求、行为和目的相结合并且通过消费者乐于接受的内容形式和途径（如博客、推特和社会媒体营销）进行了递送的话，你就非常容易成功了。

从定义上说，博客，或者一个网络留言板，其实是网站的一种形式。它包含了博主的评论，对某事件的描述和其他一些信息，如图片或者视频。所有的博文按照时间倒序排列，也就是说在博客顶端的一条博文是最新的。博客的博主有可能是个人或者一个组织。公司博客往往会用于对内沟通和展示企业文化，或者对外作为营销工具来打造品牌或者增强公司形象，抑或者作为公关工具。除此之外，博客也可能只关注某一个方面，如旅游或者政策。一个含有视频的博客有时能成为视频博客，一个列出链接信息的博客叫作链接博客等。

博客的读者往往比较信任博客中的市场推广信息。一些饭店业的高管们会自己去更新博客，而其他一些饭店组织会聘用专员来全职工作于博客的更新和维护。和所有的市场媒介一样，博客中传递的市场营销信息同样处于法律的边界内，需要履行法律责任。

推特是一个免费的社交网络和微博服务平台，它的用户可以在页面上发送和接收信息，用户称信息的发送和接收为“发推”，所发送和接收的信息为不超过140个字的文本信息。用户可以通过推特的网页、短信或者文本信息、其他应用程序来接收和“发推”。公司客户往往为了公关或者其他的营销目的来使用推特和大众保持沟通，调研意见。

社会化营销是使用一种注重市场营销实践、理论和技术来推动社会公益的营销方法。一些人认为社会化营销和标准的商业营销其实非常相似，前者往往希望公众对赞助者产生积极正面的形象认知。商业营销的目的是积极的财务回报；而社会化营销关注的是营销目标人群的行为，从而达到使目标人群与社会都受益。一些组织希望通过参与一些环保活动来建立自身“绿色组织”的形象就是这种社会化营销和商业营销有机结合的范例。

重视电子营销

饭店业组织正在积极开展电子营销，它们在这一最快速发展的营销方法上花费越来越多的营销费用。这种营销方法比传统营销方法更便宜、涉及范围更广、速度更快。在现实社会中，只要是在服务速度和购买便捷性最能推动消费者消费的行业，电子营销方法就很适用。

案 例

案例 1：让它为你所用

电子营销中一个重要的方面就是和其他网站保持良好的互链。例如，如果你是住宿业者，你的潜在客户可以通过会议和旅游局的网站、区域的和本州的旅游网站、地区或者城市的黄页网站以及其他一些网站上的链接找到你吗？将你的产品或服务链接到尽可能多的相关网站，这样可以延展你的电子营销覆盖面从而使互联网真正为你所用。南加州的一家度假村就与 25 家甚至更多的网站进行了互链。

案例 2：重大失误

这个案例向我们阐述了一旦一些关键信息没有在电子渠道同步发布且没有经过有效沟通，所产生的后果。虽然这个例子不是来自于饭店业，但是它却实实在在地反映出一旦你所有的市场工具没有同步传达同一信息时，所带来的恶果。请记住，你的网站、广告、免费电话、直邮和销售人员在这个电子化的世界中应该同步掌握尽可能最新的关键信息、房价和可卖房数量等。

最近，一个顾客想要在母亲节为母亲购买一块时尚设计师设计的手表。这款手表在一本主流的女性杂志的礼品展示栏目中被描述为一款全新的产品。产品照片、表链的样式和 295 美元的售价等信息在杂志页面上清晰可见。这应顾客来到附近的购物中心里的这个设计师的专卖店去购买手表；而且他还带着这页杂志同去以防买错。店里的店员和经理在看了杂志上的表后回复道：“这肯定是一款新产品，我们店里没有。”没有一个人尝试着联系一下它们的公司办公室或者区域内的另一家店。

这名顾客回到家中并拨打了这个设计师品牌旗下的其他一些店，但也仅仅得到了相同的答复：“我们没有这款表”或者“这肯定是新款”。这名面露难色的顾客只好去登录这家公司的网站（其实这是那几个专卖店的店员都能做的事情，但是他们都没有做）。他点击了“手表”的页面，马上这款手表就在网站上显示了出来。旁边的提示显示这款手表有货，但是如果需要加急送货的话需要提前电话确认。他觉得应该打电话要求加急，因为下周就是母亲节了。然而一个问题出现了，网站的页面上显示这块手表的价格是 429 美元。另外一个问题随之而来，网站上没有免费电话号码。一心想得到这块手表的这个顾客只好通过网站的信息页面找到了专卖店的免费电话并要求接通顾客服务部来购买。客户服务专员在接通电话后表示她自己没有权限去查看公司网络信息，因为网站运作被外包给了其他人，而且他们也没有哪台计算机可以登录外部网站。然而这位专员还是训练有素的，她表示会认真去看看那本杂志和公司的网站，然后再给这位顾客回复。第二天，她打电话给这位顾客并回复她已经找到了这款手表，同时表示可以通过联邦快递运送以保证不会延误在母亲节时使用。这位顾客接着问：“好吧，多少钱？”服务专员回答价格是 429 美元。这名顾客说杂志上写的是 295 美元啊。服务顾问随即将电话转给了她的“主管”，主管说道：“肯定是销售部或者新产品部的人给杂志社信息时出了错。不是我们的错，这块表就是 429 美元。”由于对这块表钟情有加，这位顾客通过电话订购了这块手表，并且按时收到了货。

这位顾客后来写信给这家公司的总裁，随信附上了相关的杂志页面和网站页面的打印页。这封信详细描述了这次购物经历并指出了这块手表在网站和杂志上标出了两个完全不同的价格。他也指出了自己是这家公司的忠实客户，在数年间多次购买公司的产品。公司没有一个人回复这位顾客。他（在 6 个星期之后）再次致电这家公司的客服，被告知公司公关部门的客户服务经理是负责处理投诉的。在没有多说一句话的情况下，电话被转给了这位经理。这位“经理”说：“我们已经接到了一些反映这个问题的电话，然而很遗憾的是这是那家杂志社的问题（她真的以为消费者可以相信这样一家全国性的杂志社会不经你公司任何人的授权而擅自登载你公司新产品的照片和价格吗）。”

这个案例传递的信息又复杂又简单。一定要确保你在网站上的广告信息和其他纸媒上的信息保持一致。一定要确保销售人员和客服人员可以看到和顾客一样的信息。最后，请适当地回复顾客，否则你将永远失去这个客人，就像这家公司做的那样。

主要术语

博客（Blog）：个人或者组织出于各种各样的原因而创立和维护的一种网站类型。

货币折算（Currency translation）：电子营销业者将货币折算服务放置进网站当中，将美元价格转换为顾客所在国货币的价格。

电子邮件（E-mail）：无论身处何地用户都可以借助电子化的邮件快速地沟通。它由在计算机上编辑的一条信息或者一个文档的发送、接收和阅读等环节组成。作为一个电子营销工具，电子邮件被用于产品、服务和品牌的宣传。

电子营销（Electronic marketing）：公司、中介机构或者一个零售商通过使用互联网、网站、电子邮件、传真和其他电子方法来创建和向顾客传递广告、促销和客户服务信息方法的总称。

互联网（Internet）：一个在世界范围内提供信息访问和通信服务的巨大的、复杂的计算机网络系统。营销人员通过使用它可以有效地接触到广大的目标客户人群，而且成本低于传统媒介。

链接（Links）：一个允许用户可以快速从一个文件或者一家网站转到另一家的互联网系统。

图标（Logo）：一个公司或者出版物的名称、标识或者注册商标等，用于在广告、促销和形象建立时的标志。

社会化营销（Social marketing）：系统地运用市场营销实践、理论和技术来促进大众的某种特定的行为变化，以利社会公益。

推特（Twitter）：一个免费的社交网络和微博服务平台，允许用户在上面发送和接收短信息，即“发推”。

网站（Website）：一个包含了一个或者多个页面信息的互联网站点。一个网站结构可以非常简单，由多个级别组成，从首页向更具体的信息页延伸；或者可以很复杂，由不同页面随机链接到另外一些页面。网站上的文档可以链接到同网站上的其他文档，也可以链接到其他站点上的文档。

第 17 章

概　要

饭店客房价格

　标准价格

　其他类型的房价

　价格区间

　价格战略

　价格比较

机票价格

　价格总览

　了解价格

　航空公司的价格战略

租车价格

　租车公司的价格战略

邮轮价格

学习目标

1. 熟悉饭店客房价格的不同类型。
2. 了解饭店客房的价格区间；掌握价格战略的目的以及以方格定位概念为基础的价格战略。
3. 了解航空公司的客运价格；熟悉影响其价格战略的因素。
4. 了解邮轮价格的类型；熟悉影响其价格战略的因素。
5. 了解邮轮服务的价格。

17

主要营销方法的应用：理解价格

价格就是对于一个服务进行标价。旅游服务业对其服务产品实行不同的价格。价格可因日期、目标市场以及所推出活动内容的不同而变化。事实上，价格乃是当今强有力的营销工具之一，因而一些对消费者颇具诱惑力的用词，如“折扣”“特别优惠价”“试销价”“团体价”等，在市场营销和促销活动中随处可见。

本章的目的之一是要阐明旅游服务业中所使用的各种价格类型之间的关系。本章还要讨论价格区间的概念，并介绍一些被饭店、航空公司、汽车租赁公司和邮轮公司所使用的定价战略。此外，本章还要着重讨论价格管理的重要性。

在讨论价格时，一个关键问题是要明确而且自始至终地使用有关的术语。这一点对于消费者来说尤其重要，因为消费者对于阅读附加在特别优惠价格上带有微妙措辞的有关限制条款的耐性已经丧失殆尽。旅游服务业中不少专业人士由于在使用价格术语时不准确，不仅造成了很多混乱，而且损害了本企业的信誉。对有关价格术语的界定应当具体并且始终如一，然而价格类别及其相关的实施条款或条件却总是在变化，即使是在同一旅游企业中也是如此。

饭店客房价格

在饭店企业中，通常情况下都实行标准价格。本节内容主要介绍这类价格。对于在特定市场情况下实行的其他类型的价格，本节也会进行介绍。

标准价格

标准的饭店客房价格包括：公司价、门市价、批量价、超级实惠价、周末价、夏季价和俱乐部楼层价。

公司价 在当今的饭店业市场中，公司价是一种用于吸引经常性商旅客人的有竞争力的价格。依据一个饭店自身的品质及其相对于当地主要竞争对手的位置，该饭店的公司价应当与其前4位主要竞争对手的公司价相同，或十分接近它们的价格。如果某一饭店在位置和产品方面明显优于其他的饭店，则可以成为该地市场的价格领袖。但是，如果某一饭店刚开业不久或者还立足未稳，则其公司价可能需要低于其竞争对手，以便能够吸引顾客尝试购买。

饭店经理在计划其价格战略时，应首先确定公司价。管理者应努力确保所公布的是在当地市场上最具竞争力的公司价或公司价幅度。饭店的公司价幅度应依据房间的类型、房间的位置或其他所选标准去确定。

门市价 饭店客房最高的价格类别被称为门市价。门市价应当是定位价。它能够使消费者和旅游中间商在将本饭店同其竞争对手，以及同选定市场中所有其他饭店进行比较之后，对本饭店的品质产生某种感知。门市价是一种基准价格，其他各种折扣价都是在门市价的基础上打折形成的。一般说来，门市价的价格区间越宽越好，即从一个饭店中条件最差的房间（不打折的全价）到条件最好的房间（定价略高于距离最近的竞争对手的同类房间的价格）的价格区间尽量要宽。实行这种较宽的价格区间的好处在于：它一方面可造就顾客对“本饭店是当地最佳饭店”的感知；另一方面也使得本饭店可以通过控制价位最低的全价客房的销售和库存，去实现收入最大化。这些价位最低的全价客房应当在自动预订系统、饭店企业名录以及网上服务网页中进行宣传，并应纳入本饭店使用的中央预订系统。

批量价 批量价亦称公司批量价，是面向客房的批量购买者实行的一种特定价格。批量价低于公司价。批量价可能有并且应当有多种不同情况。通常情况是：某公司客户所预订的客房量越大，对该公司客户实行的批量价也就越低。

由于一个饭店可能会有多种不同的公司价，因而公司批量价应当根据有关公司客户或机构客户的名称而专有所指，如“IBM价”“3M价”或“雀巢价”等。

超级实惠价 超级实惠价是一种低于公司价的房价，用于面向抗价者（寻求低价的人）实施，或者在必要时用作打折促销价去吸引客人。这种超级实惠价可以并且应当用于在淡季或某些日子为空置的客房招揽客源。同门市价一样，超级实惠价也可以用来填充不出售就会空置（零收入）的客房，从而有助于尽可能地增加收入。这种价格还应当用于将客人从竞争对手那里争取过来。

这种超级实惠价可根据需要来确定。它可以面向任何细分市场实施，但通常需要控制总量，也就是说，只适用于有限数量的客房。饭店经理有责任在必要时停止使用这种价格。

周末价 周末价是指仅在周末有效的价格，即在周五、周六、周日生效的价格。周末价是一种“每房”房价（也就是说，不论多少人同住该客房，其房价不变）。根据市场情况的变化以及当地活动的情况，这类客房可随时停止供应。在周末到店人数很多的情况下，例如周末时当地有橄榄球赛事或其他活动举办，饭店经理则可能希望停止这类客房的供应。周末价的实施应侧重于它的促销性，其价格应定为59美元、69美元、79美元或89美元等（以此类推），这样便于有效宣传。

夏季价 夏季价的有效期通常是从美国阵亡将士纪念日（5月30日）至劳动节（9月的第一个星期一），用以吸引夏季度假者。这些度假者通常都属于同一特定市场——家庭。夏季价既可以是“每房”房价，也可以是个人价（即价格随同住该客房的客人数目而变化）。因而这种房价具有灵活性，并需根据当地市场状况实行总量控制。饭店可根据自己的需要，宣布实施或停止使用这类房价。由于它属于一种推销性价格，所以夏季价的制定应采用59美元、69美元、79美元或89美元（以此类推）的形式。

俱乐部楼层价 这种价格适用于俱乐部楼层、行政楼层或者其他有专人服务的区域的客房。它是一种高于非俱乐部楼层的同类客房门市价或公司价的价格。为了同那些也设有俱乐部楼层的其他饭店进行竞争，一个饭店的俱乐部楼层房价应当定得具有竞争力，但也必须同本饭店总体定位战略相一致。

其他类型的房价

下列其他类型的房价主要应用于某些特定的市场：

- 包价：指将客房与其他服务项目（如餐饮、娱乐、租车等）组合到一起而收取的价格。
- 合同价：指签约入住30天以上的房价。这类客房可能属于航空公司机组人员的包房、搬迁期间的包房或者培训班包房（如果不适用于公司批量价或其他类别的房价）。
- 季节价：指根据因季候原因导致当地作为旅游目的地的吸引力程度的变化而提高或降低的房价。这类价格通常分为旺季价、淡季价和平季价。
- 团体价：随购买量或租住天数而变化。
- 套房价：这种价格的制定可高可低。定低价时，可使一个饭店具有竞争力；定高价时，则有助于增收和提升饭店的定位。
- 政府价：这种价格往往根据市场需求状况、竞争状况，以及根据本饭店从政府部门工作人员处争取业务的需要制定。

- 退休人员和现役军人价：退休人员和现役军人往往享受较低的价格。这种价格只应用于专为这些细分市场分派的少数客房。

价格区间

价格区间应当使用于下列价格类型：公司价、门市价、俱乐部楼层价，以及任何其他不属于"每房"房价的价格类型。价格区间应制定得宽一些，以便允许在规定的幅度内上下调整。正如在前面讨论公司价时所提及的那样，饭店在通过自动预订系统、饭店企业名录和其他类型的价目表公布自己的房价时，应当选择公布价格区间的低端价格（如 99 美元起），以防版面空间太小，不容许饭店列出其全部系列价格。价格区间的确定可与各种各样的标准衔接，如房间类型、坐落位置、窗外景观等（表 17-1）。

表 17–1　饭店房价类型

	标准间（美元）	高级间（美元）	豪华间（美元）
门市价	155*	165	175
俱乐部楼层价	165	175	185
公司价	95*	105	115
公司俱乐部楼层价	115	125	135
超级实惠价	89**		

* 航空公司终端和饭店企业名录上公布的价格。
** 此价格由饭店掌握和控制，用于在淡季时期推销空置客房。

价格战略

饭店经理们必须监控本饭店的各类价格。他们必须要懂得何时启用或停用这些价格，并且必须有效地控制或限制每一类价格适用的房间数量。他们还必须了解如何充分利用价格区间报价，必须知道如何确定价格以满足现有目标市场的需要，以及如何利用这些价格从其他期望的市场争取客源。有效的价格战略可帮助饭店经理们实现这些目标。

下列价格战略案例都是基于方格定位概念提出的。一个饭店在方格图中的位置是其所在市场的强、弱及其产品在该市场中的定位这两者的函数。方格位置有助于决定在价格战略方面应采取的行动（图 17-1）。

		市场 强	市场 中	市场 弱
竞争定位	强	1 强势市场 强势产品	2 中势市场 强势产品	3 弱势市场 强势产品
竞争定位	中	4 强势市场 中势产品	5 中势市场 中势产品	6 弱势市场 中势产品
竞争定位	弱	7 强势市场 弱势产品	8 中势市场 弱势产品	9 弱势市场 弱势产品

图 17–1　竞争 / 市场定位方格图

战略 1：强势市场 / 强势产品

- 需求强劲时期尽量调高价格。
- 客户服务领先于竞争对手。
- 在淡季，利用本饭店的品质，以具有竞争力的价格争取客源。
- 将业务往需求较低的日期或时期安排。

战略 2：中势市场 / 强势产品

- 通过实行竞争性定价，努力争取市场份额。
- 为将来考虑，占据较好（价格）的目标市场。
- 利用产品强势卖高价。
- 不要脱离市场定价。

战略 3：弱势市场 / 强势产品

- 通过培育忠诚顾客，争取回头业务（同时，“关爱”你的中间商）。
- 确保基本的目标，减少空房数量。实现基本的客房销售之后，你可以开始以较高的价格销售剩余的房间。你应努力争取所有业务。
- 针对不同的目标市场，采用多种不同的定价策略。

战略 4：强势市场 / 中势产品

- 将价格定得略低于竞争对手，以争取市场份额。
- 努力争取价值取向型市场，即努力争取那些对价格比较敏感，但同时又追求设施品质的人群。
- 确保本饭店的产品是作为一种可接受的选择产品而为消费者所购买和感知的，即消费者购买本饭店的产品不是因为它是最贵的产品，而是因为它是最好的产品。
- 争取实现按公司价或公司批量价售出基本目标销量，然后可以调高价格出售。

战略 5：中势市场 / 中势产品

- 通过大力促销和价格手段去争取市场份额。
- 在某一特定细分市场中树立本饭店产品的独特地位，从而占据这一细分市场。
- 将产品价格定得较高，但集中精力推广公司价和超级实惠价（通过强调价格突出其更具购买价值）。

- 采取某种奖励措施争取回头客，例如："下次再光顾可免费升级入住俱乐部楼层"。

战略 6：弱势市场 / 中势产品

- 紧盯竞争对手，争取利用其弱点，通过定价争取客源。
- 通过采取短期促销措施，争取所有目标市场。
- 创造新的细分市场，或者说采取一些能够吸引人们来访的举措（如组织当地节庆活动或创办特殊活动等）。
- 减少产品或客房的基数。努力争取销售合同包房，例如航空公司机组人员包房。这样可带来营业收入，还可以降低客房供应量，使你能以较高的价格去销售剩余客房。

战略 7：强势市场 / 弱势产品

- 尽可能提高需求高峰日期的房价。
- 在需求疲软时实行相对较低的价格，并开展促销宣传。
- 考虑对你的产品进行升级换代并提高价格。

在图中方格 8 和 9 这两种情况下，由于产品不佳加之缺乏需求的双重影响，采取价格策略将不会有多大的价值或者根本没有价值。在方格 8 的情况下，如果市场有希望会从中势转向强势，则可以考虑对产品进行升级换代，然后采用方格 7 时的价格战略。

价格比较

你可通过查阅竞争对手的广告，或拨打其免费电话进行查询，或查找其在自动预订系统上公布的报价，以及询问自己的顾客等手段，不断跟踪竞争对手的产品价格，来确定你的产品价格是否同其一致。了解竞争对手产品价格的好处之一在于，这些信息可使你能够评价自己的价格战略，从而在必要时采用新的价格战略。表 17-2 是竞争对手产品价格"每周情报单"的样例，表 17-3 是填写好的情报单。很多饭店经理都定期将有关其竞争对手价格的信息制成这类表单，以便能够有效地制定自己的价格战略。

表 17–2　每周情报单样例

	竞争对手 1	竞争对手 2	竞争对手 3	竞争对手 4	本饭店
价格类型					
免费电话号码					
门市价	$ ~ $	$ ~ $	$ ~ $	$ ~ $	$ ~ $
公司价	$	$	$	$	$ ~ $ ~ $
公司俱乐部楼层价	$	$	$	$	$ ~ $ ~ $
超级实惠价	$	$	$	$	$ ~ $
饭店直拨电话号码					
门市价	$ ~ $	$ ~ $	$ ~ $	$ ~ $	$ ~ $
公司价	$	$	$	$	$ ~ $ ~ $
公司俱乐部楼层价	$	$	$	$	$ ~ $ ~ $
超级实惠价	$	$	$	$	$
周末价	$	$	$	$	$

回答问题:
1. 本饭店价格有竞争力吗?
2. 在航空公司终端上公布的价格是多少?
3. 我们对本饭店的定位正确吗?
4. 应马上采取哪些行动?

表 17–3　填写后的每周情报单样例

	竞争对手 1	竞争对手 2	竞争对手 3	竞争对手 4	本饭店
一般情况					
门市价	$100 ~ $125	$105 ~ $135	$110 ~ $140	$115 ~ $155*	$100 ~ $165
公司价	$95	$95	$101	$103*	$98 ~ $103 ~ $108
公司俱乐部楼层价	$105	$115	$120	$122	$118 ~ $123 ~ $128
超级实惠价	$85	$89	$95	$99	$88
公司价 *					
城市 1	$79	$100	$120	$135*	$98 ~ $108 ~ $128

（续）

	竞争对手1	竞争对手2	竞争对手3	竞争对手4	本饭店
城市2	$115	$118	$119	$130*	$115 ~ $125 ~ $135
城市3	$86	$95	$105	$105*	$95 ~ $105 ~ $115
城市4	$89	$98	$99	不详	$99 ~ $104 ~ $109
公司价 *					
城市5	$92	$91	$81	不详 *	$79 ~ $89 ~ $99**
城市6	$79	$86	不详	不详 *	$85 ~ $95 ~ $105**

* 公布于航空公司终端上的价格。
** 并非最好的产品，只是我们在此用于竞争的饭店条件相对较好而已。

机票价格

同饭店企业的价格战略相比，航空公司的价格战略在原理上并无根本的不同。饭店企业所应对的是客房出租率、平均房价和客房收入，航空公司所应对的则是座位利用率、每位乘客每公里的平均收入以及客运收入。饭店经营中所使用的术语是“房价”，而航空公司经营中所使用的术语则是“票价”。各航空公司所使用的票价代码及其解释内容都是一致的，但是各航空公司所规定的《乘客须知》的详细条款和限制条件往往不同。

价格总览

人们常常开玩笑说在同一个航班中的每一位乘客支付的票价都是不同的；而事实上，上述说法并没有你所想象的那样荒唐。

航空公司的消费者由多元群体组成，人们出行往往是因为商务或者休闲的理由。因此，航空公司制定了一套市场战略，这套战略可以使商务客人几乎不可能享受假期特价，同时还可以保持休闲市场的价格竞争力。

总之，航空公司希望商务旅行者支付全价票，一种能够供消费者从A地飞到B地而且没有任何限制条件的票价。全价票往往在起飞之前的任何时间都可以买到，可以全额退票，允许随时免费更改预订，没有最短或最长停留时间，对于单程或者往返均有效（往返票往往是单程票价的2倍）。旅行者可以购买一个航空公司的去程全价票然后乘坐另外一个航空公司的航班返回，返程的全价票金额和去程一致。简而言之，旅行者一旦购买了全价票基本上可以“为所欲为”了。

例如，一位纽约的大型公司的销售员在周一下午接到了一个洛杉矶的潜在客户的电话，这个客户想要购买她公司的一大批产品。这个客户希望这位销售员在周二将样品带到洛杉矶。因此，在周一下午，这位销售员需要去购买周二从纽约飞往洛杉矶的机票，此时距离出发只有 1 天。她还希望能够乘坐周二的红眼航班或者周三的头一班飞机返回。鉴于这种情况，这位销售员基本上只能购买全价票了，这样的情况也是很多商务人士经常遇到的。

从另一方面讲，假设有一名在纽约的大学生想要购买飞往洛杉矶的机票回家度春假。春假的日期已经在很早之前就确定下来了，这个学生将回家一个星期的时间。这个学生应该去购买一些航空公司推出的特价票，因为他可以满足购买这些特价票的限制条件：购票提前期（经常是 1 ~ 3 周）和最短停留限制（经常是一个周六晚上）。这名学生可能和那些购买全价票的商务人士乘坐同一架航班，但是前者的票价仅是后者的 25%。

了解价格

单程票或往返票 有些价格仅是单程票价，如果旅行者愿意，也可以双倍支付单程票价来飞往返。

很多公司公布往返票价。往返票价经常会比两张单程票价格低，甚至，常常会比一张单程票价格还低。往返票价格总体来说会有更多的价格限制条件。

可能你买了往返票只飞单程会更实惠，当然也请记住航空公司不会因为你没有乘坐返程航班而给你任何退款。

机票净价（需附加税费） 机票净价是一种被认为是基础价格的公开价格。票价收入全部为航空公司所有。在这个基础价格之上，购买者还需支付各种税费和附加费。大多数在线旅游产品都是按照包含所有税费的价格来报价的。美国政府的标准税费是 8%。一些机场还会向途经该机场的乘客收取机场建设费，这些费用将直接用于改善机场。联邦政府同样会向大多数旅客收取每航段 2 美元的联邦消费税。国际航线还会有其他国家征收的一些额外税费。

依据服务等级来收费 为了理解这个很重要的方面，我们必须要介绍容量控制的概念。为了赢利，即使每一位旅客都可以满足航空公司预设的限制条件，航空公司也不会以某个特价售卖航班上的全部座位。换句话说，航空公司只会将一个航班上的部分座位分配给某一个价格。以某一价格售卖多少座位是由很多因素决定的，如航线、淡旺季、航线上一般的商务 / 休闲客人的比例、一天中的不同时间段等。航空公司中有专门的容量控制部门来负责决定按每个价格售卖的座位数。例如，在前文大学生的那个案例中，如果他选择的那个航班预订率很高，在他预订的时候低价票可能已经卖光了，尽管机上还有一些空位，但是基本上已经全都是全价票了。这个学生只能去选择另外一个航班或者支付全价乘坐这架航班（或者选择介于两者之间的价格）。

在航空公司的计算机预订系统中，不同价位的座位数量分配是按照服务等级代码来完成的。请不要将这些代码与实际的舱位混淆（如头等舱、商务舱、经济舱）。一般来说，头等舱和商务舱有特定的服务等级代码，而经济舱则会设置很多不同的服务等级代码，即使所有的乘客都乘坐同样的经济舱。例如，一个商务人士可能和那个大学生并排而坐，但是他们预订的服务等级代码却并不相同。

总体来说，头等舱的代码是 F 或者 P，商务舱是 C 或者 J，全价票是 Y。大多数特价票（一般被视为低等级，因为它们主要针对经济舱）会使用其他字母来设置代码，例如 M,B,H,K,Q,L,V 等。每个航空公司对于低等级代码的设置都有一套规则，例如，在某一航空公司中，代码顺序是 M，B，H，V，Q，L，其中 M 是最接近全价票 Y 的定价，而 L 常常是打折幅度最大的价格。然而，这样的规则在每个航空公司都会有所不同（例如，某家航空公司就将 M 作为打折幅度最大的价格的代码）。表 17-4 列出了简明的服务等级代码。

表 17–4　航空机票类别和相关代码

A 头等舱折扣票

B 二等 / 经济舱折扣票

Bn 控量供应或座位数量有限，如夜间二等票（飞机通常在晚上 9、10 或 11 点以后起飞，具体情况由航空公司自定）。

C 商务等级机票，针对国际商务旅行者推出的机票，服务等级和相关票价介于头等舱与二等舱之间。

Cn 夜间或非高峰时段 / 日期的商务等级机票

D 商务等级折扣票

F 头等票，通常为最高票价（一般情况下与下面所列的 P 同义）

Fn 夜间 / 非高峰时段头等舱二等票（票价低于头等机票，但允许乘坐头等舱座位）

（续）

H 二等经济舱折扣票

J 商务等级优惠票

K 廉价票，通常有座位数量限制或在非高峰时刻提供，其票价低于二等票

L 折扣廉价票

M 二等经济舱折扣票

P 头等最高票

Q 二等经济舱折扣票

Qn 夜间二等经济舱折扣票

R 超音速飞机

S 标准等级

T 二等经济舱折扣票

U 无须预订 / 行李限制

V 折扣廉价票

Vn 夜间折扣廉价票

Y 二等经济舱客票

Yn 夜间 / 非高峰时段二等票，乘客可乘坐头等舱之外的客舱

当你去查询某个航班还有没有票时，实际上你是在查询某个价格等级还能不能买到。如果你想以一个低票价的等级 Q 的价格购买的时候，你就必须要去查询这个价格是否还有。如果价格等级 Q 的票都已经售完，你就只能去购买这班飞机上价格更高的票，或者换乘其他航班。

基于价格的代码 除了预订时会有服务等级代码以外，价格代码显示了票价相应的信息。每一个制定出来的价格都对应一个价格代码，这个价格也是显示在机票上票价栏中的价格。对于同一种服务等级可能会出现一个以上的价格，当然也会对应一个以上的价格代码。例如，对应等级 H 可能会有两个价格，一个是工作日价格，一个是周末价格。

我们来看一个横贯美国的航线的往返票价格代码 HL7LNR。第一个字母 H 代表了预订的服务等级（等级 H）。字母 L 指的是淡季，数字 7 代表需要提前 7 天预订，第二个 L 指长途飞行，最后的 NR 代表不可退款。我们可以推测：如果提前 14 天预订或者是在旺季，价格可能和这个代码的价格就不同了。在这个例子中，代码不同价格也会发生变化。经常你会看到代码中包含字母 X 或者 W，分别表示工作日或者

周末。你无须纠结于通过价格代码来猜测相应的价格规则。相应的价格规则会有专门的部分用于解释。你应该了解的就是每一个价格就会对应一个价格代码，一个服务等级可能会对应一个或一个以上的价格。

价格规则 这一部分我们着重解释价格规则。简言之，每一个公开的价格都对应一套价格规则。这些规则解释了旅客需要满足哪些条件才可以使用某个价格。例如，这些规则可能包含需要提前购票、最短和最长停留时间、一周中的日期限制、一天中时间段的限制、航线限制、季节限制、预订更改的费用、取消预订的费用等。表 17-5 列示了一些基本的价格规则。

在上文中从纽约飞往洛杉矶的商务旅客的案例中，她购买了全价票，座位是 18A。她预订的服务等级是 Y，价格代码是 Y 或者可能是 Y26 或者 YUA。如果价格代码只是一个字母 Y，购买了这张票就意味着可以随意更改航空公司而没有任何麻烦。另外两个以 Y 开头的价格代码表示只限乘坐这个航空公司的飞机，价格比等级 Y 的票价低一点。而在另外一个例子中，我们的学生朋友，代码为 ME721NR，预订服务等级为 M，需要 21 天前购票，座位号是 18B。

表 17–5 基本价格规则

预订代码	一个用于区分预订价格等级的字母。通过运用预订等级，航空公司可以控制每个等级（例如：F,P,J,C,Y,B,M,Q,V,H,L）分配多少座位。
扣款	机票价格中不能退换的部分。有时一张票的价值可以转化为下次购票时抵换的积分。有时机票是不可再次销售的或者叫“不可退票”，这时如果退票，不退款。
预订 / 出票	做预订所需的提前期（如提前 7 天、14 天、21 天），出票需要的提前期。
最短停留时间	对于停留时长的限制，例如，“必须待过周六”（经常表述为“回程票从第一个周日的零时开始有效”）。
最长停留时间	对于停留时长的限制，如 30 天、60 天、365 天。
日期 / 时间	一些价格只是对星期几有效，或者只针对某个时间段。例如，一些价格只在周一至周四有效，或者只在晚上 7 时至早上 6 时有效。
季节	一些价格，尤其是国际航线，会和季节相关（如 9 月 15 日至 12 月 12 日）。往往出发日期决定了返程时选用哪个季节的票价。
价格不适用日期	一些价格在某些特定日期不适用（如假期和周末）。
有效期 / 过期 适用航班	很多座席的价格必须在某个特定日期之前购买。 某些价格只适用于特定的航班（如只限直飞航班，或者只限航班号为 123 的航班）。

航空公司的价格战略

表 17-4 中所列的机票类别告诉我们，航空公司用以争取市场份额的价格战略很多。这些战略涉及范围广，从全部按头等票到全部按照廉价打折票出售，以及介于这两者之间的各种变化。有的航空公司是出于竞争目的而选择某一战略，有的航空公司则是出于市场定位的需要，甚至是根据航班的起飞时间去选择某种价格战略。

从本质上讲，航空公司的收益管理同饭店或任何其他企业的收益管理都是一样的。其收入方面的最低要求是尽可能地扩大每个航班的营业收入，那要利用每个座位或每个航班去争取最大的收益。如何实现这一收益——是薄利多销还是卖高价——那是航空公司的营销战略。

同饭店企业一样，影响航空公司战略的其他因素包括人工成本、机群规模和飞机的大小（相当于一座饭店的规模），以及航线构成（相当于饭店选址）。接下去的因素便是消费者，即忠诚于某一品牌或航空公司的消费者根据自己不断变化的需要而对其机票价格和服务水平或服务质量做出的回应。公费差旅的乘客可能愿意购买高等级服务，但当其与家人一起外出旅游时，则会更关注价格而不在乎享受高等级服务。当各航空公司爆发机票价格战时，消费者会从中受益。在价格战中取胜的航空公司通常都是那些实力雄厚（从而可承受较大亏损）的航空公司，而失利者则是那些经济实力不太稳定的航空公司。

租车价格

汽车租赁的价格取决于消费者，以及汽车出租的日期、租期长短和季节。下面所列的内容是租车价格类型及其影响因素的一般情况。

- 平日价，通常在星期一至星期四执行。此价一般为最高价（周末度假地租车除外，因为周末价可能是最高价）。
- 周末价，通常适用于星期五、星期六、星期日（也有不少租车公司将周末价解释为从星期四中午至星期一中午生效的价格）。多数出租公司每到周末都提供大幅度的折扣价。
- 日租价，通常是最高价的类别之一。此价只在租期为 12 小时或 24 小时的情况下使用（按小时出租的价格，通常要高于日租价的每小时平均价）。
- 2 日价、3 日价、4 日价或 5 日价，租车公司往往根据租期的天数提供某种形式的折扣价。

- 周租价，此价往往根据租期为5天、6天或7天等情况实行折扣。
- 月租价，这是一种针对长期租车而实行的折扣价。
- 公司价，根据客户公司的用车量，此价通常为9折或8折（或幅度更大）的折扣价。
- 公司批量价，租车公司对那些经常租用其车辆的公司企业可能会提供幅度更大的折扣。常见的折扣率为30%，甚至更高。
- 车型等级价，租车价格会因车型的不同而有差异。一般所采用的车型等级划分为：豪华型、标准行、小型、微型（采用这种划分的一个问题是，各租车公司对每一车型等级的解释并非完全相同）。
- 其他价格，租车公司还可能制定和实行一些其他类型的租车价格，如假日特别优惠价、季节价（如在佛罗里达州），以及同某一大型活动（如超级橄榄球大赛）有关的租车价格。

租车公司的价格战略

面对多种多样的车辆租期、车型等级、特别价格和产品升级，租车公司的价格战略也五花八门。有些公司是以标准型车辆的租车价格或者是以固定价格出租豪华型车辆，如“林肯车，59.95美元”。其他一些公司则只选用单价固定的做法，如“租车，每天29美元”。另外还有一些公司则将服务作为其营销重点：“无须排队，我们会带着您租的车辆到行李提取处去接您。”

租车公司在考虑营销战略时，有按里程收费和不计里程两种选择。这些战略的选择取决于竞争状况和其他一些变量因素，如油价、用车日期、旅行距离以及其他一些因素。

租车公司的营业地点位置和租车门店的数量是影响品牌选择的重要因素。同航空运输业和饭店业的情况一样，在汽车租赁业中，品牌忠诚是价格、服务能力和服务质量的函数。正像座位利用率或客房出租率对于航空公司或饭店企业的创收至关重要一样，对于租车公司来说，平均日租量也是至关重要的。销量、价格或者这两方面因素的结合运用，能否实现收支平衡，所有这些战略都包含同样的构成内容：定价、价格管理和收入最大化。

邮轮价格

邮轮公司对其产品价格和价格战略的选择在很大程度上取决于邮轮线路和邮轮舱位。邮轮通常是根据天 / 夜数：如 “5 天 /4 夜”，进行定价的。其价格常为包价，即：含一日三餐。此外，邮轮价格会因船上舱位或房间的安排而不尽相同。总体来讲，处在较高层位置的舱位或房间因为视野好价格最高，而低于甲板的内舱则定价较低。

主要术语

公司价（Corporate rate）：由于公司客户因订单量大而给予的折扣价格。

声明（Disclaims）：清晰打印出来的对于某笔交易的条款要求。

批量价（Preferred rate）：给予常客的一种特别折扣价，通常因订单量大而低于公司价。

限制条件（Restrictions）：一笔交易的限制条款，例如，“必须提前 3 天购票”。

超级实惠价（Super-saver）：深度打折的价格。

第18章

概 要

定价技巧

技巧1：向上推荐式销售

技巧2：实行价格区间报价

技巧3：向下推荐式销售

技巧4：关注单位收入和利润

技巧5：利用通胀率外加因素

技巧6：利用直觉判断和灵活的盈亏平衡分析

技巧7：价格金字塔式划分

技巧8：分析目标市场

学习目标

1. 了解“定价”的概念，掌握“向上推荐式销售”的概念及其应用的一般背景。
2. 了解向旅游消费者提供价格区间和选择范围的重要性。
3. 掌握成本外加理论及其在向下推荐式销售中的应用。
4. 熟悉以追求平均单位收入和平均单位利润为中心的定价技巧与以追求平均价格为重点的定价技巧之间的差别。
5. 掌握利用外加通胀率因素进行调价的方法。
6. 了解直观判断的重要性，并掌握盈亏平衡分析的概念和工作步骤。
7. 熟悉价格金字塔式划分的使用。
8. 解释目标市场分析如何帮助实现收入最大化。

18 主要营销方法的应用：定价策略

旅游服务企业用于创收的营销战术范围不只包括推销、广告、公关、促销宣传、直邮和包价组合。实现营业创收和利润的最终手段是定价。所谓定价是指通过对价格的选用去实现销售。

你一旦为你的旅游服务产品确定了基本销量，随之而来的挑战便是如何去使营业收入和利润最大化，如何去超额完成基本销量以及如何通过你的努力去获取各项可能的效益。营销成功的关键在于要有富于创造力的头脑、切实可行的见解以及为实施这些想法而刻苦工作的意愿。除了这三个基本的方面之外，还要愿意倾听新的思维和见解，并且在必要时放弃有关旅游服务业成功的传统理念和衡量标准。

定价技巧

定价可用于使营业收入和利润最大化。你可以利用本章所阐述的 8 项定价技巧去优化重要的营销工作，从而最大限度地发挥营销的效能。

技巧 1：向上推荐式销售

赚钱不容易。它往往要求人们勤奋工作、认真调研、抓好时机。所谓勤奋工作，包括做好记录、分析数据、预测趋势、识别恰当的时机，以及做好行动的准备工作。所有这些方面的工作都在一项称之为“向上推荐式销售”的定价技巧中扮演着重要的角色。如前所述，所谓向上推荐式销售，就是寻求实现某一较高的房价、推销某一利润较大的产品，或者仅仅是在需求状况有利于卖方时，努力争取卖高价。向上推荐式销售的应用广泛，可以是推销菜单上某一定价较高的菜品，也可以是推荐某一定价较高的度假打包产品。下面案例中提出的某些见解可帮助你通过实行向上推荐式销售策略去赚钱。

案例：训练有素的餐厅服务员　狄密特里先生拥有一处经营不错的高档餐厅，

利润率和人均消费总是高于竞争对手。他将实现这一不凡业绩的技巧称为“辨认（recognition）、推荐（recommendation）、成效（results）”，即“3R”。

狄密特里训练其餐厅服务人员能够辨认常客和那些爱摆阔气的人。他告诉他的员工，首先要询问一下顾客对哪一主菜最感兴趣。根据顾客的回答情况，餐厅服务员便可在下述三种行动路线中做出选择:

行动1: 如果顾客所选择的主菜属于高价、高利润的品种，餐厅服务员便要赞同该顾客的选择，“这是今晚极好的选择，我们已听到很多人都称赞这道菜了”。

行动2: 如果顾客所选择的主菜是一中等价格的品种，并且其利润率也比较低，餐厅服务员的回答便会是，“这道菜的确很棒，不过，今晚我想特别向您推荐XX菜品（行动1中提到的那一主菜名称）”。如果顾客表示反对或者因所推荐的主菜价格很高而显得犹豫不定，那么，服务员应该说:“我可否再推荐XX菜品（中等价格但利润率高的菜品）。今晚的这道菜实在很不错”。

行动3: 这是专门准备用来对付那些一时还拿不定主意选哪道菜的潜在高消费者的。这套办法称之为“狄密特里推荐术”。狄密特里告诉他的餐厅服务员，面对这种潜在高消费者一时还拿不定主意的情况时，一定要说:“请您慢慢选，我马上就回来”。接着，狄密特里便会亲自出面，向该顾客介绍他自己，对该客人的光临表示欢迎，当然，还会就菜单中利润最高的菜品向该顾客提供其个人的推荐意见。要知道，有谁会拒绝本餐厅老板的推荐呢? 所以，在辨认出可进行向上推荐式销售的机会，并采用这种推荐方式之后，必然会导致实现第三个“R”，即成效。

技巧2：实行价格区间报价

多年来，万豪公司和希尔顿公司在对其饭店客房实行价格区间报价方面一直做得很出色。它们的做法是: 提出一个客房价格的选择范围，供消费者从中选择。这一多价结构允许消费者从所提供的价格区间范围内选择其中某一价格。例如，预订员可以申明，“我们现在有价格从119美元至159美元不等的各种客房”。寻求低价的消费者会要求预订价格为119美元的客房。不太喜欢廉价商品的消费者则可能会要求预订129美元的客房。而那些对价格根本不在乎的客人会选择149美元或159美元的客房。采用价格区间报价可使饭店能够以不同的价格去销售接待条件基本相同的客房。

实行区间报价是增大平均客房收入的开始。一个训练有素的预订员可有意识地去采取“向上推荐式销售”策略，也就是说，可有意识地去劝诱客人选择高于最低价的客房。例如，某预订员可以说："我们还有139美元和149美元的客房可以预订。"该客人可能会接受其中一种价格。如果该预订员未能以这些价格销出，饭店仍有机会以119美元的价格销售该客房。再比如，如果该客人不接受139美元和149美元的客房报价，并且问道："你们就没有119美元的空余房间吗？"预订员便可回答："让我查查看。行，我能为您在那晚挤出一间119美元的客房。"

但是一些饭店连锁公司相信，单人间和双人间客房公布的价格应该是固定的，这样能够向消费者做出最强有力的承诺。

下文我们将以一家饭店公司的情况为例，说明通过采用价格区间报价而非固定价格报价，从而实行向上推荐式销售策略的作用（为了便于说明，我们在此案例中不列出其实际经济效果。这一案例只是用来指出采用可让消费者从中选择购买价格的区间报价所具有的潜在好处）。

案例：A连锁饭店公司——价格区间 A连锁饭店公司拥有30多万间客房，是世界上规模最大的饭店连锁集团之一。本案例假定该饭店连锁集团的平均出租率为70%，平均每晚出租客房21万间。全年中有些日子的客房出租率将会是百分之百。让我们保守地假设：其中有半数的成员饭店采用向上推荐式销售策略，这其中又有50个间夜可以以较高价格售出。21万间的一半是10.5万间，将这一数字乘以50间夜：

10.5万间 × 有可能高价售出的50间夜 = 525万高价间夜

A公司对其单间和双人间客房不是采用固定价格报价，而是选择采用价格区间报价，并训练其前台员工实行向上推荐式销售。假定采用向上推荐式销售后，平均每间夜收入只增加了1.5美元，那么将这1.5美元乘以525万间夜，其计算结果将意味着客房收入每年会增加787.5万美元。这笔钱可都是利润呀。假定该公司的利润率为总收入的4%，那么其销售额必须增加1.97亿美元才能带来同样的利润。

实行价格区间报价是一个通过营销工作去增大利润的简单技巧。这一技巧为消费者提供了一个可选价格的范围，而大多数消费者的性情和行为则决定了他们并非总是选择其中的最低价格。借以设立价格区间的因素很多，饭店可根据客房的设施条件、坐落位置、房间朝向（景观）、所处楼层、室内装潢等，去采用不同的价格。不论借助何种方法，其要点都是提出可供顾客选择的价格范围和利益。

即使所制定的价格区间很窄（如72 ~ 78美元），只要保证其中的价格下限等于你通常所要求的固定价格，你仍然能够从中获利。这样做有助于消除因采用价格区间报价而可能产生的风险，因为处在价格区间下限的价格等于你所公布的固定价格，因而两者都可供消费者选择和购买。

既要维持对消费者做出肯定的承诺，又仍要能够实行价格区间报价的操作方法，我们将在下面有关 A 连锁饭店公司的另一个案例中加以说明。

案例：A 连锁饭店公司——消费者的选择 因为既希望按所公布固定房价报价，同时又认识到有必要增大客房收入，A 连锁饭店公司改变了其实行固定房价的做法，开始允许消费者就所提供的房间和价格进行选择。

A 连锁饭店公司的做法是，放弃传统的单人间和双人间客房分类及其固定的房价，决定向顾客提供三种客房选择："特价房"（定价为价格区间的下限）、"标准房"（定价在价格区间的中间）和"大床休闲房"（最高价客房，都是大床房）。这样一来，该公司所属各饭店通过消费者对住宿房间的选择，一定程度上增大了客房收入。

这种对客房进行分类的做法与相信不同的目标市场有着不同的需要和意愿的观点一致。其中"特价房"所吸引的是老年顾客、退休人员或报销额度有限的商旅人士；"标准房"所吸引的是市场中的多数人群；"大床休闲房"所吸引的是经理级的商旅人士、周末度假者、周末休闲的夫妇以及那些身材高大要求睡大床的人。虽然饭店中的大多数客房都是"标准房"，但这一做法毕竟使消费者能够对客房进行选择，并且使饭店经营者能够实行价格区间报价。

技巧 3：向下推荐式销售

今天，越来越多的旅游者都在寻求物有所值其真正含义往往是最划算的价格或者说是最低价格。针对这类价格取向型客人或"抗价者"，实行向下推荐式销售可谓是一种有效的策略。通过制定价格区间并首先根据其中的高价格进行报价，你便可以采用向下推荐式销售的做法去赢得这类客人。例如：

客人："你们星期二的房价是多少？"

预订员："有 139 美元的，有 149 美元的，还有 159 美元的。"

客人："太贵了。你们没有价格低一点的房间吗？"

预订员："我给您查查。真巧，我们那天确实还有几间空余的低价房，是我们最低的房价：119 美元。"

实行向下推荐式销售的前提是营业收入必须大于成本，即使这样做会导致平均房价或利润率下降，但只要是营业收入大于成本，以低价售出也是可取的。知道何时是你的产品或服务的需求淡季，并且知道你的固定成本是多大，这两点是成功实施这一技巧的必要条件。

成本外加理论认为：如果销售某一产品或服务（如飞机座位、饭店的客房、公共汽车座位等）所带来的营业收入大于其空置时的成本，则这一销售便是可取的。下面的案例将说明这一成本外加理论在实际工作中是如何应用的。

案例：成本外加理论 某廉价汽车旅馆拥有 200 间客房。该汽车旅馆业主将其客房出租率的变化情况制作成图表，并对其平均客房成本进行分析之后，发现他的汽车旅馆一年中有 4 个月的出租率从未超过 50%。他进而又发现每间客房的平均固定成本（即无论该客房出租与否都必须支付的成本）为 6 美元。接着，他又计算出增量成本 / 或变动成本（只有当客房出租时才发生的成本，如布草洗涤费和水电费）为平均每间客房 4 美元。因此，平均每间有客房的总成本为 10 美元。该汽车旅馆的单人间客房价格为每晚 32 ~ 38 美元。

他意识到，每年有 4 个月的时间，不仅有半数客房空置，而且每间客房每天还得支出 6 美元。于是，他决定应用成本外加理论，设计了一项优惠计划，为这 4 个月的时间招揽生意。根据这一计划，凡在这些淡季期间入住该汽车旅馆的新顾客，如果在此逗留 3 ~ 6 晚，可享受单间房价每晚 20 美元；如果逗留 7 ~ 10 晚，房价则为每晚 18 美元；如果入住 11 晚以上，房价则为每晚 15 美元。

此举的效果非常明显——这 4 个月的客房出租率上升到了 68%。虽然该汽车旅馆的日平均房价和利润率有所下降，但实际利润额增加了很多。此外，当该优惠计划结束之后，还能够将这些新顾客中的 40% 以上保留下来，成为支付标准房价的常客。他不仅在这段淡季期间弥补了成本开销，赚取了更多收入，而且还将很多初次购买其产品的顾客转化成了常客。

技巧 4：关注单位收入和利润

在上一个案例中，该汽车旅馆业主的竞争对手们可能会放弃销售低价房，因为这样会降低平均房价。如果情况果真如此的话，那么实际出现的问题则是他们丧失了一个创收的机会。过分强调平均房价、人均餐饮消费或各种平均百分率的做法，有可能成为制约增加创收的因素。除非你的产品或服务有着长期强劲的需求并且处在一个强势市场，否则你就应当以单位收入和单位利润为关注的中心，而不是以平均房价为考虑问题的重点。关注单位收入和利润是一种可帮助你提高经济效益的技巧。

强调单位收入和单位利润的做法可使单位总收入和利润总额最大化。在住宿企业中，所谓单位是可供预订的或者已经占用的一间客房；在餐饮设施中，所谓单位则是一个餐位。将关注焦点放到单位收入和单位利润上是至关重要的，特别是在有关设施单位（如客房、飞机座位、公共汽车的座位等）一旦得不到利用，损失不可弥补时。这意味着一旦当天过去，或者一旦飞机起飞，或者一旦公共汽车离站驶出，其单位固定成本并未离去，照样需要支付，但是创造单位收入的机会却是一去不复返了，因而其结果则是该空置单位的零收入和整个企业利润总额的减少。

例如，假定某饭店每间客房每天的固定成本为 20 美元，平均每天房价为 89 美元。那么，一间空置的客房不仅不能带来收入，而且还要付出 20 美元。因此，尽管这种折扣会使平均每日房价降低，饭店经营者还是会以打折价格去出售那些若不出售便会空置的客房。例如，以 49 美元的价格出售这家饭店中的空置客房虽然会导致其日平均房价的降低，但同时也引起了该饭店总收入和总利润的增加。

技巧 5：利用通胀率外加因素

多年来，某全国性大型饭店连锁公司一直按照客房销售额收取特许权使用费作为收入。公司一直担心特许加盟店不积极提升房价。很多特许加盟店业主都是移居的外国人，其中有些人所关心的是如何争取免税，另外有些人则缺乏经营意识。

该连锁公司每年出版其成员饭店名录两次，在印制新名录之前，都要征询各成员饭店的最新房价情况。公司对“特许加盟店情况反馈卡”所做的一项分析显示，多数特许加盟店都是将其房价每 6 个月提高 5%，另外有一小批特许加盟店只是在 1 月出版的成员饭店名录中公布其房价已经提高，而在 6 月出版的名录中则表示其房价“没有变化”。当通货膨胀率很低时，该连锁公司对上述情况还不太担心。但是，到年末时，通货膨胀率跃升到了 12% 以上，其结果可想而知。依据客房收入计算的特许权使用费收入所具有的实际购买力开始大大缩水。而与此同时，用于支付媒体、员工和供应商等方面的成本费用却在持续增长，而且其增长速度相当于特许费收入增速的两倍。于是该公司认识到需要采取行动了。

该公司举办了一期以利用通胀率外加因素为内容的集中培训班——教育其特许加盟商，让他们明白房价应根据通货膨胀率因素而作相应提高，以抵消其有关经营成本的增加。所谓“外加”这一概念是说：以高于通货膨胀率的幅度提高价格（在需求状况容许的情况下），将会使利润率提高。

这次培训活动的效果虽然不错，但具体工作的时机把握却又成了一个问题。该公司需要各特许加盟商在名录出版之前，提前 90 天提交其房价变更情况，而这些价格的有效期是 6 个月。即使是各特许加盟商煞费苦心地提高了自己的房价，然而到了名录出版时，这一房价的 3% 已被通货膨胀所吞没（按照年通胀率为 12% 计算）。

另外，当名录上公布的房价 6 个月后又将被取代之时，又有 8% 会吞没于通货膨胀。

为了解决这一问题，公司管理部门重新调整了名录的印制时间表和印刷版式，将所需时间提前量从原来的 90 天缩短为 30 天。此外，公司还决定将出版的名录从原来的一年 2 期更改为一年 4 期。这样做的结果是，出版费用虽然上升了，但特许权使用费收入的增长远远高于所增加的成本。

技巧 6：利用直觉判断和灵活的盈亏平衡分析

为你的产品或服务制定最有效的价格需要基于很多因素。在所有各种可能性因素中，当地的市场和竞争状况是影响价格决策的决定性因素。但是，在制定价格策略时，当地市场状况以及你的保本需要并不能完全制约你的判断或创造力。在选择最佳价格或最佳定价策略时，最重要的因素往往来自于你自己根据当地市场和竞争的状况所做出的直觉判断。

在分析市场和竞争状况的基础上，另一项有助于选择最佳价格策略的工具便是盈亏平衡分析。所谓盈亏平衡分析就是考虑一个企业的销售总额与开支总额之间的比例关系，不论这一企业是饭店、航空公司还是餐馆。这种盈亏平衡分析往往是借助一张简单的坐标图（图 18-1），去说明变化销售总额将会产生的效应。这种坐标图的纵轴代表营业收入，横轴代表单位产品销售量，单位产品销售量也可以表示为出租率或出售的座位数等。

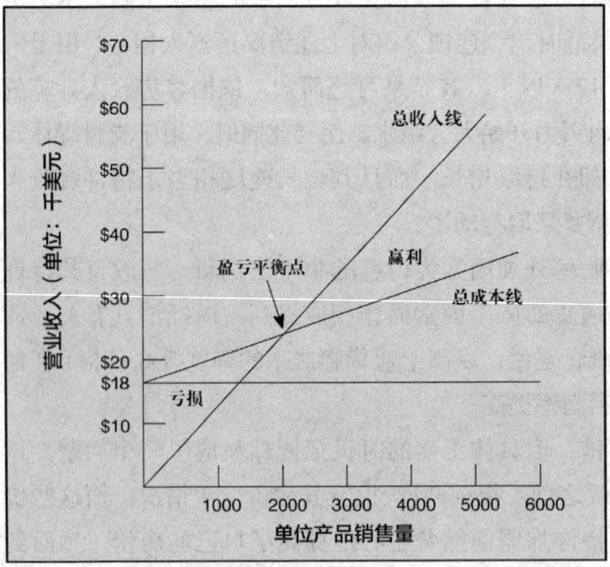

图 18-1 盈亏平衡分析图样例

不同销量的总成本在图中用一条同纵轴在固定成本处相交的直线去表示。用最简单的术语来说，总成本就是固定成本（不论销售与否都需支付的成本）和变动成本（只有当销售实现时才发生的成本）的总和。因此，当单位产品销售量为零时，总成本等于固定成本（图 18-1 中为 18000 美元）；当销量超过零以后，总成本等于固定成本加上销售量与单位产品变动成本的乘积。总收入在坐标图中表现为始于两条轴零点的一条直线（因为收入不像固定成本那样无论销售是否实现都会发生，而是只有当实现销售后才会发生；也就是说，零销售量意味着零收入）。总成本线与总收入线的相交点即为盈亏平衡点，在这一点上，销售额刚好能够偿付成本。高于总成本线之上的任何一点都代表赢利，低于总成本线的任何一点都表示亏损。在图 18-1 所示的例子中，该盈亏平衡点既表示收入额（24000 美元），也表示单位产品销售量（2400 个单位产品）。

虽然有时不够精确，但盈亏平衡分析图还是很有用的工具。另外还有两个数学公式可用来计算保本销售量和保本销售额。

保本销售量的计算方法是，先用单位产品的售价减去单位产品的变动成本，然后再用总固定成本除以这一计算结果:

$$保本销售量=\frac{总固定成本}{单位产品售价-单位产品变动成本}$$

计算保本销售额的方法是，用保本销售量乘以售价:

$$保本销售额 = 保本销售量 \times 售价$$

有了基本的盈亏平衡分析图以及保本销售量和保本销售额这些工具，你便可以根据具体的实际情况，利用盈亏平衡分析去制定利润目标以及为实现这一目标所需完成的销售额指标。

技巧 7：价格金字塔式划分

这一技巧乃是技巧 1（向上推荐式销售）和技巧 2（实行价格区间报价）这两者的混合物。对价格进行金字塔式划分就是根据不同的特点或种类，对产品或服务进行分类或区分。区分后的结果就像前述 A 连锁饭店公司案例中的情况那样，将客房划分为“特价房”“标准房”和“大床休闲房”三种类型，或者简单地划分为“山景房”和“海景房”等类型。然后针对每一类客房，为其确定一个价格或价格区间。当顾客询问房价时，则可让其从价格“金字塔”中进行选择（图 18-2）。针对从实行价格区间报价到实施向上推荐式销售策略的递进过程举例说明如下:

前台职员：“琼斯先生，欢迎您光临我们克里福顿饭店。”

琼斯先生：“你们房价多少钱？”

前台职员：“我们的房价中有 78 美元起的经济房，有 82 美元起的标准房，有 90 美元起的豪华房，还有 100 美元以上的套房。”

琼斯先生：“请给我订一间经济房。”

前台职员："琼斯先生，我们目前只剩 80 美元的经济房。不过，我们还有一间 82 美元的标准房，条件很不错，我想您会喜欢。这间房位置挺好，可以欣赏城市景观。"

如果琼斯先生选择了这间 82 美元的标准房，则会比他最初想要的 78 美元的经济房多花 4 美元。如果他选择了 80 美元的经济房，该饭店仍会多收入 2 美元。很多人不订经济房的原因只是因为他们不想住最便宜的房间，而且通常他们也不想住最贵的房间。通过实行金字塔式的价格结构，利用人们的这种选择倾向，你便能够直接影响本饭店的创收潜力。

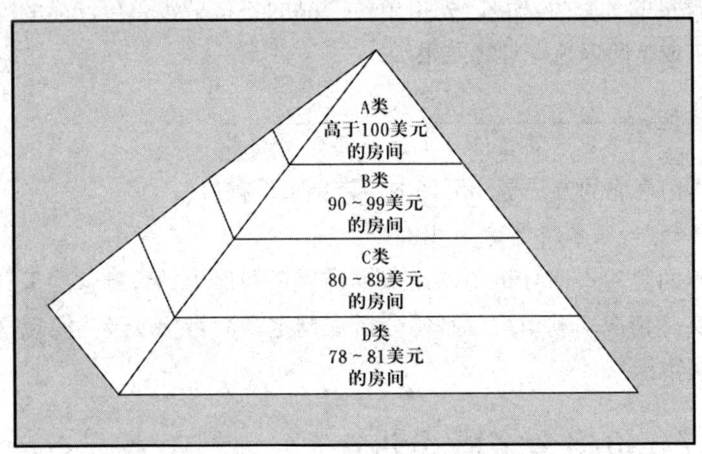

图 18-2 价格金字塔

技巧 8：分析目标市场

定价或创收问题也可以从业务类型的角度考虑。从客人的需要、期望以及消费水平来看，各饭店的客人组合或客人类型并非完全相同。一方面，客人中的随行儿童可能要免费住宿，希望能吃到热狗，或者根本不会在饭店内用餐。另一方面，一位前来出席某一团体会议的男士则可能需要宴请、在饭店内的酒吧消费或者在饭店内的礼品店为子女和夫人购买礼物。一旦选定了你应面向哪些人出售你的客房，如何决策也就清楚了。

万豪饭店集团在餐饮销售方面一直走在同行的前列。其原因之一是万豪创造了对当地市场颇有吸引力的餐厅概念，另外，万豪的目标市场组合在很大程度上侧重于团体、公司管理人员和公司会议。这一侧重的结果是给各成员饭店都带来了较高的营业收入。

其实，你不必非得像万豪那样精细地去分析你自己的目标市场并争取客源。以一家名为“尼克斯”的地方餐厅为例，该餐厅所吸引的消费者类型很广，其中包括外出用餐的家庭、办公室职员、夫妇等。有一次，该餐厅面临这样的选择：有一家当地的办公设备供应公司想预订该餐厅的宴会厅，在星期五晚上举办一场有 15 人出席的销售奖励宴会。而与此同时，荣获冠军的河滨市少年男子棒球队也要求预订该宴会厅，23 名队员和 2 名成年人教练共进晚餐。

尼克斯餐厅最终选择了只有 15 人用餐的那家办公设备公司，而没有选择那支 25 人的棒球队，因为该餐厅所做的分析显示，虽然这两个团体从宴会菜单上选择的菜品相同（费用相同），但该办公设备公司可能会大量购买酒水、饮料，其收入之高足以抵消因少 10 人而减少的食品收入。这一案例中的信息很简单：不论你是万豪，还是尼克斯餐厅，都应争取那些能够带来高营业额 / 高利润的顾客。

主要术语

成本外加理论（Cost-plus theory）：一种在淡季时使用的，以高于固定和变动成本的折扣价销售产品和服务的理论。

通胀率外加因素（Inflation rate-plus factor）：提高价格的前提是必须考虑在通货膨胀率基础上再加上一个目标百分比的加价。

价格金字塔式划分（Rate pyramiding）：为消费者提供多个价格或者价格区间，以便让消费者选择的理论。当然这当中蕴含着向上销售的机会。

向上推荐式销售（Selling up）：寻找机会从一间房中获得更高的房价。销售一个单位产品赚取更高的边际利润，或者在卖方市场中获得最高的卖价。

第 19 章

概 要

市场组合

案例：基督教大会

价格制定

案例：公园饭店、广场饭店和王宫饭店

收益管理

实践收入最大化实务

学习目标

1. 掌握运用市场组合增加收入的原理和方法。
2. 通过案例分析，掌握利用价格策略增加收入的原理和方法。
3. 掌握通过收益管理增加收入的原理和方法。
4. 掌握收入最大化的目标、战略和主要战术手段。

19 主要营销方法的应用：收入最大化

收入最大化涉及对创收工作进行全面的管理。它包括选择和运用适当的营销工具去确定理想的市场组合；还涉及对你的市场和竞争状况进行调研，并针对各个目标市场制定正确的价格；并且，它还要求实行收益管理，根据供求的变化去调整价格。完善这三方面工作的管理将会带来收入最大化，即：市场组合 + 定价 + 收益管理 = 收入最大化

市场组合

所谓市场组合就是指一个饭店所试图去吸引的那些不同客人类别的组合。在实行收益管理（其定义稍后再作解释）或定价之前，你首先需要确定能够为你提供最大收入和最大利润潜力的目标市场组合。调查结果表明，在饭店消费者市场中，人们对价格的抗拒程度不尽相同，因而在饭店中的消费特点也不一样。例如，同政府部门工作人员或那些费用报销额度有限的差旅人员相比，那些费用开销不受限制的公司高管或者出席集团公司会议的企业经理可能会支付较高的房价，并且会将更多的钱花在饭店中高利润的营业区域（酒吧、礼品店等）。同样的消费差异在休闲旅行者中也可见到。例如，同带小孩外出旅游的散客相比，奖励旅游的团体通常会给饭店带来较高的收入（表 19-1）。

表 19–1　以创收和利润潜力为依据的市场细分

具有较高创收 / 利润潜力的市场细分：

- 费用额度无限制的公司高管。
- 出席公司集团会议的成员企业代表。
- 某些社团协会会议的参会者。

具有中等创收 / 利润潜力的细分市场：

- 外出差旅，无子女随行的夫妇。
- 外出休闲旅游，无子女随行的夫妇。
- 某些社团协会会议的参会者。

具有较低创收 / 利润潜力的细分市场：

- 费用额度有限的经理 / 商务旅行者。
- 只购买客房住宿的周末度假者。
- 带小孩的家庭。
- 政府、军队和教育部门的差旅人员。

用于确定市场重点和销售指标的指导原则可以很简单，比如：只要将目标对准某些消费潜力高的细分市场即可；或者也可以很复杂，比如：需要根据行业类别，对本企业的营业收入来源和盈利率进行跟踪调研和构建模型。但无论如何，其原理都是一样的，即都要寻求那些消费潜力最高、利润潜力最大的目标市场。在下面的内容中，我们将讨论一个利用“市场组合”原理使营业收入最大化的案例。

案例：基督教大会

某城市有两家档次相同的饭店，都拥有 400 间客房，并且其门市价都是每间夜 150 美元。这两家饭店都获悉有一个为期 3 天的基督教大型会议将在该市举行，届时该市所有的饭店可能都会客满。A 饭店认为，针对这次会议，将双人间客房定价为 130 美元，单人间客房定价为 110 美元是与会者可以接受的，并且预计本饭店中 60% 的客房届时将双人入住，也就是说，将会以 130 美元的价格售出。A 饭店有意将这次大会期间的客房全部售出，并且为此提前 9 个月同某一教会团体进行了联系。A 饭店的收入预测如下：

3 天 ×（400 间 ×60%）×130 美元 / 间夜 = 93600 美元

3 天 ×（400 间 × 40%）× 110 美元 / 间夜 = 52800 美元

客房收入总额：93600 美元＋ 52800 美元＝ 146400 美元

历史资料表明：这一教会团体将不会为该饭店带来很大的餐饮收入。让我们假设该团体在饭店内的餐饮消费（只有食品消费，因为该团体是不饮酒的宗教团体）为每人每天 15 美元，即：

240 间 ×2 人 × 3 天 × 15 美元 = 21600 美元

160 间 ×1 人 × 3 天 × 15 美元 = 7200 美元

餐饮收入总额：21600 美元＋ 7200 美元＝ 28800 美元

因此，A 饭店估计该教会团体将会带来 175200 美元的总收入。

接下去让我们再来看看另一家 400 间客房的饭店对基督教大会召开期间那一周的业务是如何策划的。B 饭店在查阅了同样的调研资料之后，知道自己的客房也可以全部售出。不过，B 饭店所信奉的是收入最大化。该饭店知道，在基督教大会召开的那一周，其客房中的 200 间会像大多数其他周的情况一样，预计能够以 140 美元的价格（公司价与俱乐部楼层价的平均数）出售给商务经理们。此外，该饭店的销售部已经收到某小型公司的意向，要在基督教大会召开的 3 天期间每天为他们提供 50 间客房，房价是每间夜 105 美元，餐饮费用另计。由于 A 饭店连同另外两家竞争对手饭店通常都是将其客房出售给商务散客或高消费的奖励旅游团，而如今它们已将其客房数量总计的50%预订给了基督教团体会议，所以B饭店相信，自己能够以135美元的最高公司价卖出另外100间客房。最后，由于了解到大会期间全城饭店爆满的情况将会出现，所以B饭店相信自己能够以150美元的最高门市价卖出25间客房，并且能够将其余剩下的客房在最后时刻以110美元的房价出售给尚未订到房间的教会团体客人。因此，其客房收入组合如下：

200间 × 3晚 ×140美元 = 84000美元

50间 × 3晚 ×105美元 = 15750美元

100间 × 3晚 × 135美元 = 40500美元

25间 × 3晚 × 150美元 = 11250美元

25间 ×3晚 ×110美元 = 8250美元

客房收入总计：84000美元＋15750美元＋40500美元＋11250美元＋8250美元＝159750美元

B饭店知道，商务经理每天的人均餐饮消费为28美元，每天的人均酒水饮品消费为7美元，而且那家小型公司团体已经签约，讲明每人每天的餐饮预算为50美元，其中包括其鸡尾酒招待会的餐饮费用在内。因此，B饭店对其餐饮收入的测算如下：

325人 × 35美元 × 3天 = 34125美元

50人 × 50美元 × 3天 = 7500美元

25人 × 15美元 ×3天 = 1125美元

餐饮收入总计：34125美元＋7500美元＋1125美元＝42750美元

正如你会发现的那样，B饭店没有选择试图提前9个月将全部客房售出的做法，也没有参与这次基督教大会事务，但却获得了总计202500美元的收入，远远大于A饭店的175200美元。

诸如此类的案例还有很多。这些案例都可清楚地说明安排好市场组合能使收入最大化。同时，这些案例也都说明，若想以此去争取收入最大化，事先计划工作、了解竞争对手的情况以及理解目标市场的实际价值都是十分重要的。

价格制定

争取收入最大化的另一项工作是定价。作为收入最大化的关键要素之一，所谓定价工作就是要策略而灵活地去决定价格。

你是否猜想过，在一个你从未去过的城市中，其“最好的”饭店会是什么样子？或者说，你如何去发现哪家饭店是最好的饭店？你可能会去查阅饭店企业名录或者去查阅诸如《饭店与旅游索引》（Hotel & Travel Index）之类的出版物，浏览其中的饭店名单，寻找其中最高的房价，然后便会设想所列门市价最高的饭店很可能就是最好的饭店。然而当你看到就是这家“最好的”饭店，其客房的公司价或周末价比一家门市价较低的饭店的公司价或周末价更具竞争力时，情况又会如何呢？你可能会得出这样的结论，这家“最好的”饭店（除了有最贵的房价之外）也有最便宜的房价；或者，另外那家饭店的门市价虽然较低，但相比之下，也有很高的公司价或周末价。在下面内容中，让我们看一个关于价格的案例。

案例：公园饭店、广场饭店和王宫饭店

公园饭店、广场饭店和王宫饭店都坐落在同一城市内。公园饭店的门市价是150 ~ 170 美元，广场饭店的门市价是 145 ~ 175 美元，王宫饭店的门市价是 155 ~ 200 美元。

你可能会想象，王宫饭店肯定是该城市中最好的饭店：因为其房价高达200美元，而且即使是其最低的门市价也比公园饭店和广场饭店的分别高出 5 美元和 10 美元。你分别打电话给这三家饭店的预订部之后，才发现公园饭店的公司价为 138 美元，广场饭店的公司价为 135 美元，王宫饭店的公司价则是 138 ~ 153 美元。王宫饭店还告诉你，现在还有你想去下榻的那天晚上的 138 美元的空余客房。在这种情况下，王宫饭店无论是在价格感知策略上还是在价值策略上都占了上风。在王宫饭店，你能够住上房价 200 美元的房间；而在公园饭店或广场饭店，最高档的客房也只是 170 美元或 175 美元。

我们还是以这个城市和这些饭店为例，来比较一下周末房的定价策略。该市整个住宿业周末的客房出租率大约为 50%。其中，汽车旅馆和中档饭店周末客房的房价为 49 ~ 79 美元。本案例中的这三家高档饭店则采取了不同的做法，以图在争取最大收入的同时，维护其作为“最好的”饭店的定位。公园饭店宣布的周末房价为 109 美元，外加在其全天营业的餐厅中免费提供 2 人的大陆式早餐。广场饭店的情况与公园饭店相同。而王宫饭店的做法有些不同，提出了三种周末包价组合产品：第一，一间客房，房价 109 美元（外加在大堂酒廊享用大陆式早餐）；第二，一间俱乐部楼层大床房，2 人在客房内用大陆式早餐，价格为 119 美元；第三，一间大床套房（视房间出租率而定），房间内赠欢迎香槟或饮品，以及 2 人在客房内用丰盛早餐，价格

为129美元。王宫饭店采用第一种组合，提供与其竞争对手同样的价格/价值；让那些追求私密和身份的客人有机会选择第二种和第三种组合。对于一个拥有俱乐部楼层高档客房和套房的饭店来说，为何不去向上销售，坚守自己的定位，从而使自己的价格在目标市场中保持竞争优势呢？王宫饭店非常了解消费者的心理。对那些追求私密和地位的人来说，多10美元或20美元实在算不了什么。如果不提供这些选择，那只会是完全放弃能卖好价钱的机会，或者说放弃一部分周末市场中的机会。试想一下你应采取下述哪一种消费者感知战略：你是愿意宣传你的饭店提供“109美元的周末房价和两张在全天营业餐厅中用餐的早餐券”呢？还是愿意宣传“我们以119美元的价格提供俱乐部楼层的高档客房和房内早餐”？或者“我们以129美元的价格提供套房和送早餐到客房的服务”呢？利用你的空置套房和俱乐部楼层客房去卖高价，从而保持你的形象和价值感知，这不仅是一种可取的定价策略，而且也是一种收入最大化战略。

收益管理

收益管理是一种用来增加收入的方法，根据市场供需和竞争程度的动态变化去定价，从而达到增加收入的目的。从根本上讲，当需求强劲，大于供给时，应提高价格；反之，当需求趋于下降，从而供给超过需求时，则应降低价格。目的是在供需状况不变的条件下，力争实现最大收益。收益测定方法是将实际实现的收入同理论上的潜在总收入进行比较。对于潜在总收入的解释及其计算方法，各饭店或连锁公司往往多有不同。

我们可以根据提前一小时、一天、一周乃至数月或数年确定的需求动向，去应用收益管理的原理。例如，对于未来需求预计会变得强劲的时期，我们可以调高价格。在需求疲软时期，我们则可调低价格，以便通过占有市场份额去争取客房收入。

收益管理所关注的不是出租率或房价的多少，而是每间客房的收入，如同在汽车租赁业中是以每租出一辆车的收入为关注点或者在航空运输业中以每一位乘客所带来的收入为关注点一样。虽然“收益管理”这一术语源于航空运输业，但饭店和度假村对收益管理原理的应用远远早于航空公司。从历史上看，度假村的经理们早就懂得：到了旺季时，由于需求十分强劲，其度假村房间将会全部客满。据此，很多度假村在旺季时，都是只卖最高价格。因此，按照收益管理原则根据需求定价，那时便已开始实施了。

事实上，收益管理中的预测因素在很大程度上早就存在：那时如果你想预订明年也是这个“季节”的房间，你所得到的报价也会是“旺季”价格。并且有些度假饭店会采用分类价格，将其水景房卖最高价或者将房前是沙滩的客房提高售价，这两种房间同样有旺季价和淡季价之分。所以，在第一架喷气式客机开始投入运营之前，收益管理的另一个组成部分——可变价格——也已开始得到应用。当然，当“收益管理”这一概念在航空运输业中出现并开始扩展到饭店业和租车业时，饭店业的注意力仍集中在客房出租率和平均房价上，仍在将出租率和平均房价作为衡量其绩效的指标。

收益管理在饭店业中的应用盛行于20世纪80年代中期。到了20世纪80年代后期，将市场组合、定价策略和收益管理结合起来而形成的一种多维模型概念，被证实是一种用以争取收入最大化的较好方法，其效果优于其中任何一个方面被单独使用。收益管理本身也从一项用以评判绩效的测量工具发展成为一种科学和方法。进入20世纪90年代后，不论哪一学术流派，都承认收益管理作为一项工具将会继续在所有的大型饭店连锁集团中发展和普及。

在饭店业中，对客房类别、价格折扣和入住天数的管理都有助于决定收益。收益管理的构成内容还包括一些变量因素，如团队的订房节奏（分配给团队客人的房间的预订确认速度）和散客销售动向 / 预测 （指散客预订时愿意接受的房价）。这些因素，加上预订取消和其他影响因素，都有助于形成实际的预测。根据这种预测，便可以提出相应的报价和控房策略。这一交互作用的整个过程便是收益管理工作。

虽然很多饭店连锁集团和大型的独立饭店和度假饭店都执行其自定的收益管理流程，但其中都会涉及以下一些主要的收益管理前提和工作内容：

第一，采用价格区间报价。采用价格区间报价可使你能够进行向上推荐式销售或向下推荐式销售。

第二，实行“客房分类”（如划分为豪华房、标准房、景观房）。实行客房分类可使你能够根据情况开放或者关闭某些客房类别的供应，以便提高房价或出租率。

第三，保持门市价定位。将你所要公布的门市价定到一定的高度，从而留有余地，在必要时推出价格折扣，以及在需求强劲时“全部实行最高房价”。

第四，实行价格分类。根据能够识别出的目标市场人群或购买原因，尽可能制定多种不同的价格类别。这样可使你能够在价格区间范围内去适应和满足不同消费者的需要。

第五，将明确而可行的价格管理指导机制落实到所有涉及报价的部门，如预订部、销售部、前厅部、餐饮部等。你要确信你所发出的“关于停止使用某一价格或开始推出某一价格”的信息能为上述所有人员知晓。当然，最好是对价格类别实行自动化管理。

第六，每日例会能够确保所有依据供需所做的工作安排都落实到位，并且各部门都了解当天、当周、当月以及未来月份的情况。

第七，每日同中央预订办公室联系。这样做可使你能够确定对所有有关价格策略的更改情况都已经通知到中央预订办公室所有各班次人员以及是否都已落实到位。

以上 7 项要点有助于确保你的收益管理行之有效。

实践收入最大化实务

为使你的饭店收入最大化，你首先应当懂得市场组合、定价以及收益管理等概念，但是你还必须能够实施这些概念。下列工作检查清单中的各项目标和战略将会帮助你将收益最大化付诸实践。

目标：

- 选择最佳目标市场组合。
- 定价策略和有关的价格区间范围。
- 制订各类空置房间的推销计划。
- 在需求状况允许的情况下，将以最高价格出售所有房间作为目标。
- 控制和把握团体业务和散客业务的类型与性质。
- 对客房价格、客房预订、客房销售和宴会业务实行按小时、按天、按周、按月、按季度以及按年度管理。

战略：

- 调整你的公司价，使其能够同你的前四位主要竞争对手竞争。
- 告诉每个人你的新房价。沟通!
- 设立门市价——包括最高价和最低价——去增加收入；宣传最低价。
- 通过直接打电话的方法，每天查询竞争对手的情况。可拨打你的竞争对手的免费电话号码或通过航空公司终端查询。
- 公布你的公司价并将其列入所有能够列入的宣传媒介（航空公司终端、各种名录和服务指南等）。
- 设立超级实惠价，排好房间，选好时机。

• 设立一个专门小组去实施你的价格策略并负责提供与此有关的工作培训、日常管理、工作检查、调整并评价效果。

• 为你的产品制定恰当的价格，这是你最重要的管理职责。

以上所列的各项目标和战略是实现收入最大化的总体步骤。除此之外，为了确保收入最大化这一最终目标，还必须根据每天、每周以及每月的具体情况，采取一些必要的战术。主要可采用的战术如下:

主要战术措施:

• 编制一份 365 天的工作日历，明确标出每一天应当采取的推销战术（向上推荐式或向下推荐式）。

• 在客房出租率低迷期间，所有各类房价都必须保证供应（此时不能有“停止使用”的价格类别）。

• 在预计的高出租率期间，房价不得打折。

• 对于需求极高的时期（全城客满期间），可考虑实施“最低住宿天数”的预订限制。

• 每天上午召开一次例会，确保销售部、预订部、餐饮部、会议服务以及前台等工作领域内的所有人员都已知晓当天的收入最大化工作计划，会议内容如下:

第一，回顾前一天的收入情况并将其同预算和预测情况进行比较。

第二，回顾本月至今和本年至今的收入情况和工作成效。

第三，回顾你的竞争情报（价格调查、团体预订情况等）。

第四，回顾当天的、本周的和本月的出租率预测数字。

第五，检查团体用房和相关情况（截止日期、预订节奏等）并进行调整。

第六，评审未来的需求低谷时期或需求高峰时期。

第七，根据预测资料，评价对未来各种新业务的影响。

第八，根据需求变化，对有关时期（当天、本周、下个月等）的价格策略进行适当调整。

• 同中央预订办公室保持每天沟通，以确保本饭店所有的价格变更都已得到执行。

• 每天都将价格策略的变化告知所有其他有关的销售渠道（区域销售办公室、有合同关系的代理商、自动预订系统、销售代表等）。

遵循这些战术开展工作将会带来对市场组合有效的管理、对定价策略的最佳选择和最高的收益，并且最终会带来最大化的收入。

主要术语

预订节奏（Booking pace）： 预留给团队销售的房间的预订落实速度。

关闭（Close）： 关闭某种类型的客房或者某个价格的客房的销售。

打开（Open）： 打开某种类型的客房或者某个价格的客房的销售。

价格区间（Rate range）： 饭店对于每一种客房的销售价格的幅度（下限到上限）。

收入最大化（Revenue maximization）： 通过管理市场组合、价格战略和收益管理来获取最大的潜在收益。

房间类型（Room categories）： 根据房型（标准房和豪华房等）或者房间位置（景观、房前沙滩等属性）将房间进行的归类。

收益（Yield）： 将实际获得的收入与理论的潜在收入进行比较。

第 20 章

概　要

增加收入和利润的思路

令企业脱颖而出的方法

促使消费者做出积极反应的 10 项要诀

提高营销竞争力的 5 个步骤

学习目标

1. 了解扩大收入和利润的思路。
2. 熟悉使一个企业区别于其竞争对手的方法。
3. 通过给出的 10 个例子，掌握确保消费者积极反应的方法。
4. 掌握可用于提高营销竞争力的 5 个步骤。

实现最佳营销效果的可行方法

要想使营销工作富有成效，不一定非得采用复杂的营销战术。用以提高收入和利润的可行方法很多，其中包括利用你的饭店、餐厅或者顾客数据库的现有条件去开展市场营销。本章将讨论一些能够使你的企业区别于竞争对手的方法。顾客对你的企业所做出的反应在很大程度上都基于你如何对待他们。本章还将讨论有助于顾客对你的企业产生积极反应的 10 项要诀。最后，本章将介绍可用以增强企业竞争力的 5 项简便步骤。

增加收入和利润的思路

下面所列的一些思路可有效地为你的企业带来额外收入。

商品销售，增加创收。利用本企业内设的利润中心去创造额外收入是一个有把握的增收途径。这些利润中心都是用以推销附加商品和服务的理想地点。实现这些内设利润中心创收潜力的两个主要步骤是：

- 将你的企业看作是消费者途经之地。
- 你需要认识到，即使是提供不起眼的微小服务，也有助于满足消费者的某种需要，而且你也可以从中获利。

饭店企业传统上的收入和利润中心都在客房和餐饮等主要经营区域。有些饭店还将宴会销售和礼品店设为不同的收入和利润中心。作为利润中心，每一个部分都有其目标市场、销售指标和利润指标。但是除了这些传统的利润中心之外，你还应尽力去识别其他方面的利润中心。本饭店中是否设有游艺室、供出租的大厅展览空间、健身房、美发 / 美容店或大堂酒廊？本饭店中是否有不经常使用的储藏室？是否应将其清理出来用于经营创收？是否有必要设置投币式复印中心？是否有必要增设自助洗衣机、书报摊、壁挂艺术品的销售？餐厅卫生间中是否可销售必要的物品？总之，你应检视所有这些方面的可能性以及其他机会，尽可能地利用每一空间去增收创利。当客人来到你的饭店后，你应发挥你的营销创造力去“抓住顾客”。

餐厅中常常设有旧式的陈列柜，透过脏兮兮的玻璃，可以看到其中摆放着薄荷糖、口香糖和雪茄等。有时这是餐厅利用收银台区域来增加收入的唯一方法。然而，餐厅在利用顾客光临之机增加额外收入方面，可做的事情还有很多。问问自己，陈列柜中的商品可否摆放得讲究一些，以便吸引顾客购买？是否可将某些甜品或风味食品进行打包，出售给即将离店的顾客？是否有儿童感兴趣的东西出售（即使儿童并非你的顾客，但很多父母都会为孩子购买）？采用甜品售货车巡回售货的做法是否会增加甜品的销售量？如果你的顾客数量很大，你是否有空间去设立一个礼品商店？

对上述这些问题的肯定性回答往往有助于你利用顾客已经来到店内的机会，尽可能扩大顾客所需商品的销售。你务必要对这类商品销售情况进行监控，并且要为每一创收机会设定指标。

减轻顾客的内疚感，增加收入。研究表明，人们多有内疚情结。你可通过帮助你的客人消除内疚感，从而为自己创收。长期以来，电话公司、邮政局和贺卡公司一直在宣传“给家里打电话是何等惬意的事情”，或者“你忘记祖母，忘记给她寄贺卡或写信，不是太没良心了吗？”饭店何不去宣传“莫忘你的爱人和小孩：欢迎光顾我们的礼品柜台”呢？

有一家大型的饭店连锁公司，其顾客绝大多数为男性。该公司针对离家在外的商务客人的内疚心理，通过采取一系列的推销措施，使其礼品商店的销售额增长了3倍。该公司各饭店的礼品商店都备有适合在公文箱或旅行包中携带的妇女和儿童用品，货架上摆放的商品也由原先的80%为男士用品改为80%为妇女儿童用品。这类商品的销售，如珠宝饰物和高档儿童玩具等，使得住店的男性客人有机会去减轻因其离家在外而产生的内疚压力。对于饭店来讲，则意味着可观的额外收入和利润。此外，住店的女性客人觉得这些妇女用品讨人喜欢，因而也在这些礼品商店中购买。这些饭店在商品销售方面不仅经营有道，而且所宣传的推销信息也很巧妙。客房中提供的宣传品清楚地写道：“本饭店设有品种齐全的礼品商店，其中包括一系列精美的妇女和儿童用品。礼品商店的营业时间为上午6点至凌晨1点”。并非巧合的是，礼品商店的营业时间一直延续到酒吧和酒廊营业结束后的半个小时。礼品商店的位置设在酒吧与电梯之间。透过礼品商店的玻璃窗，可看到一幅不大的招贴画，画面上是一个眼中含有泪花的儿童，画中的文字标题“老爸，您可还记得我？”清晰可见。礼品商店结束营业之前的一个小时是其营业额最高的时段。

孩子高兴，你挣钱。你的饭店是否提供电子游戏机或游艺室？游艺室的提供不仅会使小孩子高兴，而且家长也会因为有事情可以让发孩子去做而感到高兴。这种创收机会可通过在客房内采取助销措施进行推销。某个有创新精神的饭店老板甚至向所有随家长来店下榻的儿童免费提供一个游戏机筹码。另外，有些饭店将电子游戏机安装到客房中，同本饭店的房内电影点播系统连接，然后根据所玩的时间长短进行收费。

零投入也挣钱。如果你有可以利用的空间，那么有很多方法无须投入一分钱，却照样可以实现创收。例如，你可同某一信誉可靠的娱乐经营商合作，邀其在你所提供的店内空间设立游艺室，然后双方进行利润分成。同样的做法也可应用于自动售货机的投放，但采用这种做法时，你所分享的利润比例可能会低于前者。此前我们曾提到过，你可通过艺术品展示去装扮你的店堂。其他一些可能的类似做法包括展卖鲜花、盆栽植物以及平装书籍等。你也可以从这些物品的销售中，抽取一定的比例作为你的收入。通过与经营这类物品的外部企业或经销商签订协议，让其进入你的饭店进行经营，你不仅能够借此满足你的顾客的需要和扩大你的服务能力，而且无须做出太大投入或根本不用投入一分钱便可带来额外的收入和利润。

满足客人健康，增加创收。保持身体健美已成为当今人们主要的心理追求，也可以用作商机。如果你的饭店有可以利用的空间（面积较大的房间、屋顶平台或停车场的空地），可考虑是否有可能开设健身房、桑拿浴室或慢跑区。有些饭店通过对使用这些设施的客人收费而获取收入，但是即使你对使用这类设施的客人不收费，也并非意味着不可以通过推销与健康相关的产品或服务去获取收入。例如，你可以利用客房内的宣传品去推销“本月的健康鸡尾酒”或者“高蛋白特色晚餐”。有一家饭店在其推销宣传活动中，不仅告诉客人有关慢跑场地的情况，而且告诉客人跑完之后去取一张“时间记录卡”，将此卡交给酒廊的服务员，第二杯健康鸡尾酒便可免费。此外，该饭店的菜单上还特别推销分别标注为“低热量”“高蛋白”和“节食者佳肴”的三种菜品（三者的利润都很高）。所有这些做法都取得了完美的效果:客人因自己的需要得到重视而感到满意，而该饭店的餐饮收入和利润也得到了增加。

调控现金流，增加收入。你可以通过改进你的现金管理计划去改善收入，简化同银行的往来。你应避免将现金存放在店内，因为这样做很危险。使用支票账户需要花钱（需要交支票费、手续费、服务费等），而且不能挣钱。使用储蓄账户和可转让提款单账户虽然能有利息收入，但是如果出现高通胀，也可能会得不偿失。大多数企业都不可能将其现金存为长期储蓄存单。那么，有何其他的选择做法呢？货币市场基金是一种可供考虑的选择。货币市场基金的利率一般都高于多数地方存贷款机构提供的利率，并且流动性（指需要时提取现金的能力）与支票账户相同。大多数货币市场基金还提供免费支票。你可考虑采用这样一种做法，即对于一般性的支付款采用可转让提款单账户（在允许的情况下），并且利用货币市场基金去定期调入你的现金（《华尔街日报》和其他一些报纸每天都刊载各种货币市场基金及其现行利率的情况）。货币市场基金还是一种存放预付保证金的理想方式，何不利用别人的钱去赚取利息？

提高工作效率，增加创收。改进销售人员的工作效率可使企业的利润得以增加。在提高销售人员的工作效率方面，有两种截然不同的做法。第一种做法是顺其自然法，称之为"任其离去"或者"不予补充"。这种做法常常是在拥有一大批销售人员时使用。实际上，当某销售人员主动或被动离职时，如果你不想补充新的人员，那么你就需要评价这一情况会对你总的销售额（更重要的是，会对你总的利润）产生何种影响。有可能发生的情况很多，如平均销售费用的减少、在岗销售人员的人均工作量增大，或者最糟糕的情况——销售额的下降大于离岗人员的成本。

第二种做法称之为"找人替补"，即为销售队伍增补一名新的销售人员，但需要合理地为该销售人员制定出其必须完成的工作指标。这一指标可相当于雇用该新增销售人员所需总成本的 9 ~ 10 倍，或者是其他某种具体的销售额指标。

"找人替补"的做法可以调整为向旅行社推出某种具有吸引力的奖励措施，条件是该旅行社为你实现的销售额必须达到该奖励成本的规定倍数。这一做法的好处是，你无须增加费用便可有效地扩充你的销售力量。有一家连锁饭店集团曾面向旅行社推出一辆昂贵的跑车作为奖品，规定获奖者为达到某一销售额基数（其数额为该跑车价格的 4 倍），且销售额增长最大的旅行社。此举的效果令人振奋：旅行社销售额增加了 3 倍，获奖的旅行代理商所实现的销售额增长量足够买下一个车队的跑车。

令企业脱颖而出的方法

实现营业收入和利润的增长不只是涉及应用某一营销战略，而且往往需要在经营做法上、在设施条件上或者在理念态度上做出调整。让我们简要讨论一下可能会帮助你突出本企业经营以及产品或服务特色的一些思路。

有不少营销方法都可用来增大你的产品的市场吸引力。下面所述的建议虽不能说对所有企业都行之有效，但可能会帮助你拓展思路，改进你的产品或服务的适销性。

打造精品。在餐饮经营中，为顾客提供多种选择（在价格和品种方面）固然有助于满足广大顾客的需要，但是你还应从中选出至少两个菜品作为你所能提供的精品。你应当能够树立起这样一种声誉，即本店是享用这些菜品的最佳去处。这些“标志性菜品”能帮助你吸引回头客。一道菜品完美程度可根据下述特点去衡量：

• 用料质量。
• 制作技术。
• 外观呈现。
• 宣传推销。
• 对其实际价值的感知。

所谓标志性菜品可以是某一特殊风味菜、主菜或者是与众不同的甜品。对于一道标志性菜品来说，其实现成功的条件是，必须要有广泛的吸引力并且必须保持完美。对于一道标志性菜品，在制作过程和呈现方式方面做到始终如一是至关重要的。

力争独特。如果你能有什么独特的东西向客人提供，那么你的客人不仅会自己购买，而且还会向朋友和熟人介绍。所以你应设法使本企业的某些服务或产品明显有别于你的竞争对手。这种突出本企业经营特色的做法形式多样。例如，美国中西部地区有一家饭店的餐厅和酒廊经营一种别具一格的“英国血红玛丽”饮品。这种饮品出售时盛放在一只碗状大小磨砂玻璃杯中，略带咸味，并饰以芹菜梗和欧芹。此外，在这款口感略带辣味的饮品旁边，还放上一杯容量为4盎司的冰啤酒。该饭店利用台卡宣传这种别具一格的饮品，其训练有素的餐厅服务员也推荐客人购买。该酒的价格分两步：一杯英国血红玛莉饮品外加第一杯啤酒共收费2.25美元；此后每斟满一杯4盎司的冰啤酒，另加收费1.5美元。训练有素的服务员手提着能盛16盎司冰啤酒的小酒罐，随时准备为客人斟满酒杯。不用说，很多顾客在喝这种英国血红玛莉饮品时，最后都要花上6～7美元，因为他们都会买好几杯啤酒去伴着喝完那一大杯别有风味的血红玛莉。这款饮品的提供造就了不少老顾客，从而也带来了众多的回头业务。同时，它也是一种吸引新顾客品尝的理想产品。其结果是不仅给该饭店带来了高额利润，而且成就了该餐厅的特色。

第一信号。人们的感知总是先入为主。你可应用这一认识去推销你的产品/服务，从而增加你的收入和利润。美国西部地区的一家饭店曾为运用“第一信号”法绞尽脑汁，并最后大获成功。

该饭店（我们称之经典饭店）是一家一流的饭店，开业已经40多年。该饭店的业主们很担心来自一家新建的希尔顿饭店的竞争。这家新建的希尔顿饭店是一座高层建筑，外部饰以壮观的黑色遮光玻璃幕墙，看上去非常漂亮——这意味着它具有外观上的营销优势。但是，这家老饭店的服务水平和服务质量却更好一些。那么老饭店如何才能显示自己的特色并保持自己的地位呢？它需要给潜在顾客创造一种能够立竿见影的“第一信号”，使其不亚于或者胜于竞争对手的“外观特色”，并且不能花费过多的投资。有一位营销咨询师想出了一套既切实可行，又无须花费巨资的“第一信号”。鉴于这家老饭店是褐色沙石建筑，他建议该饭店的业主在朝向大街的正门处增设一个金色的雨搭，并为旁边的人行道配以颜色适当的顶棚。他还建议做其他几项投资，其中之一是在该饭店的名称前加上定冠词“The”（即将原名称“Classic Hotel”修改为“The Classic Hotel”），并将修改后的名称以手写体书于雨搭上。接下来，他帮助该饭店在当地大学中招募了一名篮球运动员（身高超过1.9米），让其在每天下午4点至晚上9点钟身着华贵的门童制服，头戴大礼帽（颜色也是金色与褐色相间）担任该饭店的迎宾。最后，为了抵消这些投资，建议这家老饭店提高房价，使其略高于那家新希尔顿饭店的房价。所有这些建议都得到了采纳。事后的效果如下：

首先，该饭店金色的雨搭和高大的门童成了人们沿街经过时最容易看到的景象。两者是如此耀眼，以致那家新希尔顿饭店的黑色玻璃建筑成了前者画面的背景。当那些富有的客人来到这一西部城市，询问哪里是最好的下榻去处时，他们只得到一种回答：“经典饭店是本市最高级的饭店，而且房价比希尔顿饭店只多一两美元”（这一概念在应用于一些希望提升其形象的餐厅时，同样也收到了很好的效果）。

店内信号。改进你的产品或服务对消费者的销售吸引力不一定非得涉及店外的包装工作。店内常有一些顾客经常经过的地方，只要改进一下这些地方的灯光照明或者增设一面镜子，同样也可以带来奇迹般的效果。例如，某大型豪华连锁饭店曾发现自己营业中存在一个问题：在客人较多的高出租率期间，其电梯服务有时很慢。此外，电梯间处在走廊尽头，而该处的窗户正对着饭店的供暖和通风设备。由于客观条件所限，要想增设电梯已属不可能的事情。为了使客人在等候电梯时不感到乏味，该饭店想出了一个非常简单的解决办法，将电梯口附近的墙面通体上下都安装上大镜子。这些镜子的安装有效地分散了客人的注意力和心神，因为他们在等候电梯时可以照照镜子，对着镜子整理整理自己的装束。该饭店借助这一简单措施，不仅转移了客人对烦恼的注意力，而且美化了该饭店的内部环境。客人的抱怨当然也就不再发生，并且这一做法很快也被本集团内其他有类似电梯问题的成员饭店所采纳。当等候电梯的客人将注意力转向欣赏镜子中的自我时，他们的不满也随之转为了满意。

另外有一家饭店的总经理发现，本饭店的客房虽然还未到修缮期，但是同其他饭店的客房相比，其面貌已不具竞争力。面对这一问题，他的做法是通过采取替代措施进行补偿。他决定分出大约20%的客房用于接待女性旅行者，其余80%的客房只接待男性客人。在为女性客人准备的客房中，他决定增添鲜花，并将花瓶摆放在显眼的镜台上，此外还增添了颜色柔和的新毛巾、颜色搭配适宜的新浴帘、裙架，以及双舌的新门锁。在为男性客人准备的客房中，他决定增加提供当期的《体育画报》《时代周刊》《新闻周刊》或《美国新闻》等杂志，最新一期的报纸，以及一套免费的钢笔和铅笔。虽然该饭店为此而增加了一定成本，但却重新获得了客人满意，并使业务量得以稳定。该饭店略显陈旧的客房也因此而保持了竞争力。从根本上讲，他所采取的店内信号弥补了客房老化的缺陷。

"一罐油漆"技术。要想改变某物陈旧或肮脏的外貌，最便宜的做法便是对其进行粉刷。这种"一罐油漆"技术可为你解决很多问题。你应经常在你的饭店外边转上一圈， 找那些最显眼的设施老化情况。这种情况可能是大门附近的外墙出现了尘污、停车场的地面出现了破损，或者某些标牌出现了褪色等。你只需投入"一罐油漆"便可使问题得以解决。在消费者看来，它标志着你已经从脏乱或破旧转变为新鲜、整洁和保养得当。

促使消费者做出积极反应的10项要诀

在经营工作中，有些诀窍能够帮助你招徕新的消费者并使其成为你的回头客。让我们来研讨一下用于争取回头业务、提高适销力以及改善消费者对你的产品或服务的感知的10项要诀。

要诀1: 注重新貌 对绝大多数消费者来说，"新更换的"和"崭新的"都预示着质量的可靠。无论是对设施进行油漆粉刷还是对台布、餐巾、毛巾、工作服或菜单进行更换，你所需要清楚传递的信号都是: 本饭店的产品或服务都是最新的。所以，你应仔细地检查你的设施或营业场所，看看你可以在哪些方面采取措施向市场显示最令人动心的新貌。

要诀2: 检查整洁情况。你的产品或服务即便不是崭新的也能传递积极的信号。清洁卫生是房客、就餐者和旅行者的另一强烈期望。客房（特别是浴室）、酒廊、餐厅地面乃至航空公司的飞机座位，都应通过清洁卫生检查。即使是新的设施，如果脏乱不堪，也会丢掉生意。调查结果表明，客人在评价饭店、餐厅以及其他的旅

游接待设施时，始终都将干净、整洁排在优先考虑的地位。请带着这些问题去检查你的设施:

- 在会议间歇之前和之后，或者在大量客人使用的前后，酒廊是否都已得到清扫?
- 地毯是否干净并且经过吸尘?
- 是否人人都是“废纸巡查员”（意思是说如果见到地上有废纸，或者走道中放有客房送餐服务的托盘，是否所有的员工——包括你自己在内——都明白自己有责任将废纸捡起来或者将托盘挪离客人的视野）？

要诀 3：讲求效率。对于很多旅行者来说，时间是其关注的根本要素。迅速办理入住登记和离店手续以及前台工作给客人留下的高效率印象，这对于确保有利的顾客反馈是十分必要的。虽然前台工作人员热情友好的待客态度也很重要，但是对于忙碌的商务客人来说，微笑的面孔并不能替代办事效率。员工可以做到笑脸相陪，但如果令顾客等了 10 分钟，可以断定该顾客绝不会笑脸相还。所以，高效办理入住登记和离店手续，加上热情的微笑，才能博得顾客欢心。

要诀 4：保证可靠性。饭店服务工作的可靠性首先始于确保客人抵达之时，其预订要求都已安排无误。但是，可靠性的要求不止于此。可靠性还体现在:

- 电视机工作正常。
- 客房照明、光线充足（特别是客人工作或阅读的区域）。
- 毛巾和面巾纸。
- 准确而及时的留言服务系统。

可靠性意味着当客房送餐服务告诉客人“过 15 分钟送上”时，实际送达时间为 10 ~ 12 分钟——而不是过了 30 或 45 分钟才送到。可靠性还意味着当有人给客人来电话(而该客人又不在房间)时，有关工作人员应记下留言，并及时将留言转达给客人。可靠性是所有这些因素的总和，它能够给客人一种服务周到的感觉，使其感到“这个地方靠谱儿”。

要诀 5：款待客人。人们都喜欢自己受到款待。你的经营工作是否能创造宾至如归的氛围或者你的客人是否能感到自己受到重视？他们是否被视为局外人而非本饭店的客人？本饭店所有一线员工是否还记得“欢迎光临”这句话？这些员工是否也能为客人所接受？态度粗鲁、衣冠不整等情况都可能会使原本十分可靠的服务转化成为客人无法接受的环境。所以你一定要做到使客人感到受到了款待。

要诀 6：体谅客人。并非所有的客人在抵达前台办理入住登记时都有一份好心情。你要确信你的员工在应付客人焦躁情绪方面受过良好的训练，并且能够辨别那些刚刚经历过一段恼人旅程，才来到本店的客人。关于体谅客人的重要性，我们可以用下面一个真实的故事加以说明：

有一次我应邀去一个遥远的度假村作一次讲演。由于出发前还有一些其他的事情要办，所以我不得不乘坐很晚的航班，因而没有时间顾得上刮胡子和梳洗。经过6小时的飞行到达后，由于知道自己还未刮胡子，加之在飞机上喝了两杯，所以我希望快点儿入住饭店，以便在上午演讲开始之前还能休息一会儿。不幸的是，航空公司弄丢了我的行李箱。等我填写完行李丢失登记表，来到饭店时，已经是凌晨1点多了。没想到在这家豪华型的度假饭店办理入住登记时的经历竟然同样令人气愤。

一名夜审员坐在前台里面，一边整理着索引卡片，一边从眼镜上方瞄了我一眼，那副表情明显是在说，“如果我不搭理他，可能他就会走开”。毕竟，我胡子拉碴，还没带行李。终于，这位夜审员还是决定行使其前台接待员的职责而站起身来，但手中仍在继续整理他的小卡片。他嘟嘟囔囔地说：“我马上就会接待你，不过我要把这叠卡片整理完再说。”别的不说，我此时没有感到一丝的“受欢迎”。经过简短几句沟通，我表示希望快些办完入住登记。该夜审员听后问道：“你有预订吗？”我回答：“有，而且由我的邀请方（该度假村的业主）和我的运通卡作了双重担保。”该夜审员的回答是：“我没有查到，你肯定你预订的是29日的房间吗？”至此，时间已经过去了整整10分钟，我仍未拿到入住登记单，仍未得到钥匙和房间。该夜审员使事情变得更糟糕的是，他的行为已经使这家饭店带给客人的冷漠转变为客人对这家饭店“可靠性”的质疑。

我不想进一步细说这位夜审员应如何学习体谅客人，或者他应如何履行自己的职责，但是我可以告诉你，他如今已不再是那家度假村的员工了。

要诀7：创造特色。由于你经常听到人们说，“那些饭店的情况都基本相同”，所以，一个饭店有必要具备某些特色。这并非是说你必须做到完全不同于别人（比如非得去用伦敦式的双层公共汽车取代普通样式的专车），但是你应该有某些东西能告诉市场：“这家饭店的餐饮特别棒”“饭店总是很繁忙”；“这里有一个很棒的钢琴酒吧”以及“这家饭店的门童身高1.9米”。总之，向顾客提供某些具有代表性的特色将会使你的产品或服务获得一种易于辨识的优势。

要诀8：待人风度。人们对风度一词有多种解释。其中最适用于服务业的一种解释便是指，在备受压力的情况下仍能风度翩翩地待人处世的能力。一名有经验的前台员工在面对一名大动肝火的客人时所表现的处理方式，可以成为所有员工学习的榜样。风度还是一种来自于全体员工团结精神的归属感。总经理的傲慢作风或者餐饮部经理在工作中不屑于向下级员工伸出援助之手，都是没有风度的表现。在面向顾客经营时，风度表现为你和员工的服务态度。如果你和员工有风度，你的顾客自然会了解并且会做出积极的回应。

要诀 9：灵活经营。长期以来的历次调查结果都显示，绝大多数人都不喜欢刻板的环境，或者说都不喜欢“制度”的死板规定。获得顾客好感的方法之一便是，使你的顾客在来访逗留期间至少能有一次机会“占你的便宜”。其实这种机会可能只不过是能够免费获得餐后薄荷糖，或者酒吧内第二杯酒免费，抑或者是能够获得某种价格折扣而已。

要诀 10：注重价值。所谓价值是指价格公道、质量上乘。正像绝大多数人都希望自己能够享受到“破例”优惠一样，任何人都不愿感到受骗。定价过高、产品质量低劣和服务不达水准，都是“欺诈”的信号，都会毁掉使消费者成为你顾客的机会——价值。当今的消费大众比过去任何时候都更需要价值，然而人们也发现这种价值越来越难以获得。因此只要你能向消费者提供价值，你的经营就肯定能够成功。给消费者最强的理由成为你的顾客，这会带来对你的产品或服务的重复购买。

提高营销竞争力的5个步骤

下列步骤可帮助你更成功地营销你的企业：

第一，走出去了解最主要竞争对手的经营情况。这意味着所需要了解的不只是其价格和设施的情况，而且需要了解该竞争对手的员工状况：他们的敬业精神、胜任能力、工作热情，以及体贴顾客的程度等。据此制定相关工作行为目标。

第二，增加推销拜访的次数——哪怕是只增加一次。将争取顾客和营业收入作为最优先的任务。

第三，争取成交。收入最大化的实现首先需要达成销售。除非所有房间都被售出，否则便会失去收入。

第四，调整战略。击败竞争对手的方法很多，所以你应根据情况的需要，不失时机地调整战略。如果这种调整无须任何代价，则无疑应马上着手实施。即使确需付出某种代价，那么这一代价也可能小于因失去生意而造成的损失。例如，如果你经过打探，发现竞争对手的客房报价是你饭店在需求低谷时期的价格，那么你便应相应地调整你的现行方案，以便紧跟情况变化，将生意“抓回来”。

第五，巡视检查。检查每天的销售档案记录，并与有关的负责员工讨论销售情况。

每天都要注意观察前台接待人员办理入住登记和收银员办理离店手续的工作表现。你要确保你的客人都能得到良好的服务。你不仅要努力说服顾客购买你的产品或服务，而且还要确信自己的员工也都在努力争取使其成为回头客。

主要术语

店内利润中心（In-house profit center）：饭店内任何一个能获得收入的区域。

第21章

概　要

编制方法

市场营销预算报告的组成部分

市场营销预算列表

学习目标

1. 描述编制市场营销预算的准备工作。
2. 描述编制预算参数所需使用的各种方法。
3. 讨论市场营销预算中的要点。

21 市场营销预算

市场营销预算清晰地量化出了为实施你的战略所付出的成本，同时以可能是最好的方法显示了所有的资金来源和相关的花费等。预算可以帮助每一个人理解你的整体战略以及每一个市场工具在计划中所扮演的角色。在编制预算时运用多种方法进行往往有利于整体预算计划的检查。在接下来的部分我们介绍了一些方法供你使用。

编制方法

销售额百分比法：行业里的企业多采用平均数的表述，用销售额的百分比表示。总体销售额的百分比作为销售预算在行业中会有一个平均水平；例如，公司平均花费 15% 在市场营销方面。行业中的不同类型企业在市场工具和预算类别划分上往往有着相近的百分比配比，例如，广告费用占 5%，销售费用占 7% 等。你可以运用行业平均的销售额百分比来和你的平均数进行比较。如果你在整体或者某一方面的数额高于平均值，你需要去想一想原因（是增加了新产品推广费用，希望提升产品的知名度水平还是新增了销售办公室数量）。将整体的百分比对比进行分析，再将上述非常因素排除之后，看看你是否达到了行业平均水平。

任务法。任务法是从关注目标开始（如希望增长多少收益、销售额等），同时考虑为了达成上述目标所需要的因素（市场工具）有哪些？花费多少？例如，推出新产品会花费 X 美元，新增的和现行的销售工作会花费 Y 美元，等等。在整体的销售预算中需要包含基础花费和任务的增量花费的总和（将这个平均数和行业的平均数进行对比可以看出和行业一般水平相比，你的花费是否激进）。

竞争对手法。在竞争对手法中，你需要选出离你最近的竞争对手中的标杆（那些和你的公司最相像的，或者行业领导者），并将你的市场营销预算和他们的进行比较，既要进行单独比较，也要和竞争对手的平均值进行比较。

零基预算法。这是一个宽泛的概念，它可以帮助你用好你手中有限的资源，将好钢用在刀刃上。在使用零基预算法的前提下，任何的支出都不一定合理，因为这些支出计划都是上年制订的。每一项支出都会以年为单位进行再度分析，看看是否合理，以及如果将同样数额的钱花到其他方面会不会产生更好的结果。然而，必须为一些关键要素进行能够维持其功用的最低水平的投入，例如，对销售团队或者预订系统保持一定的投入以保证它们的运行。在这些方面使用零基预算法应非常小心。一些营销人员将市场营销预算进行细分，并归类为关键的核心支出和所有其他分类，然后在所有其他分类中使用零基预算概念。有些人认为这样的做法是违反零基预算法的，而另外一些人则认为这是非常平常的做法。你是最有资格来决定你的公司最适用哪种方法的人。

无论使用哪种方法，你必须去分析和计算每一种类型的支出所带来的回报或者说是收益。如果你在销售人员的投入上要多投 10 万美元，并且你的比率（每一个销售人员的成本投入和预期每人带来的营业收入之比）是 20%，你就需要在整体预算中增加的销售额（收益）中标记 200 万美元。我们通常去判断一个营销项目整体在偿付各种变动成本和固定成本的能力。其他的一些非常有用的对比包括，今年预算同去年相比，同相关公司销售额相比等。这将有助于非常简单地去判断总体的效率。然而，请注意，这样的对比可能会因为没有深入分析到影响年度市场营销预算的各种因素而导致错误性判断。

市场营销预算报告的组成部分

营销目标。一种方法，你应该制定总体的关键营销目标，例如，收入 / 销售额增长百分比，预期的市场份额，留住顾客的目标，顾客满意度目标，以及品牌知名度目标。同时，确保加入一个新的或者增量的目标，比如说 6 个主要新产品的发布。将目标分类将更有利于相关人员的理解，如短期目标、长期目标或者中长期目标（指一到两年的目标）。另一种方法是分别列出现有的营销项目和新项目并合并计总。无论使用哪种方法，如果在和之前的年份进行比较时，预期的增长或者下降必须合理。同时，将你的营销支出趋势线和行业中相同方面的趋势线，最近的竞争对手的趋势线以及竞争对手的平均值趋势线进行比较。

预算总览。预算总览通常是在一页纸上将主要的支出类型和市场组合（工具）进行列表。上面的各项目应列出明确的金额和占总预算的百分比。其中的项目可能包括媒体（电视、报纸、直邮、电子营销、户外和电台等）；媒体制作支出；销售支出（个人销售）；促销、零售、公关、市场调查、品牌推广等相关的支出；代理费和其他成本；固定费用；以及为了拓展业务所增加的任何非常规项目，如并购支出等。

营销日历。这个参考工具可以向我们清晰地显示每周媒体支出的具体时间和形式。往往我们会用营销日历来作为媒体支出的参考，将这些支出按照地理区划来细分（如全国性电视台、区域性市场等），按照每周的媒体权重来细分（如总收视率）。这样的日历也可以用于促销和活动，我们称这样的日历为促销或者活动日历。

项目计划摘要。项目计划摘要是在整个报告中需要突出的那部分主要的项目计划或者营销工具。（如新的广告创意、电子营销站点、新的企业形象/品牌推广计划、新的分销系统和你的呼叫中心。）

备注。为一些影响市场营销预算的项目加上一个有若干要点的备注往往是非常可取的，例如，销售办公室租金递增条款、佣金结构变化、媒体成本增加、与通胀相关的项目、工会合同条款确认。这些备注有助于解释出现的差额或者非常规情况。

市场营销预算列表

当准备市场营销预算汇报时，记住一定要考虑听众的感受。出资人可能往往和你的总监或者管理层抱有不同视角。一定要根据每一位听众的不同来调整你的市场营销预算汇报，要准确且准备充分。认真考虑下面的问题会对你有帮助。

- 你的预算比率与行业平均百分比相比较会怎么样？与你邻近的竞争对手相比又会怎么样？
- 你的支出比率所形成的历史趋势在行业中的比较结果和与竞争对手的比较结果是什么？
- 你的目标是否已经量化并且得到相应的预算？
- 你是否已经编制并提交了关于增量支出以及所带来的增量回报的相关内容？
- 你有没有看出哪些支出的增长（或降低）是不正常的？
- 你的预算计划中关于支出的部分（按照营销工具和功能分类）是否已经开始实施或者部分实施了？为什么？
- 你的预算计划总览是否标出了变化的金额和变化的百分比？
- 你是否已经准备了媒体、促销和活动等的日历？
- 你的整体预算与前一版本的预算相比如何？你是否已经准备好了能够解释相应

变化的理由？

• 你是否为主要的新项目和主要的变化准备了单独的文件？

主要术语

预算总览（Budget overview）：在一页纸的篇幅上列出主要的支出类别和市场营销组合（工具）的摘要。

竞争对手法（Competitive method）：在编制预算时找出你附近的主要竞争对手并将你的营销预算同他们进行比较的一种方法，既要单独比较，也要和几个竞争对手的平均值进行比较。

营销日历（Marketing calendar）：一个清晰展示每周的媒体支出时间和方式的日历。

回报（Payback）：投入的某项营销支出所带来的收入。如果你在销售人员的身上多投 10 万美元，并且你的回报比率（每一个销售人员的成本投入和预期每人带来的营业收入之比）是 20%，你就需要在整体预算中增加的销售额（收益）中标记 200 万美元。

销售额百分比法－行业平均值（Percentage of sales-industry averages）：一种预算的编制方法。也就是将自己的整体营销预算和整个行业的营销预算平均值进行对比。这种方法可以非常简单地反映你对比行业平均线所处的位置。

项目计划摘要（Program plan summaries）：项目计划摘要是在整个报告中需要突出的主要项目计划或者营销工具。

收入产生（Revenue generation）：某一特定市场预算项目投入所带来的现金流。请参见“回报”。

任务法（Task method）：任务法是从关注目标开始，同时考虑为了达成上述目标所需要的因素有哪些？花费多少？

零基预算法（Zero-base budgeting）：一项不考虑以往的支出和分配比例的预算编制方法。每一项支出都会以年为单位进行再度分析，看看是否合理，以及如果将同样数额的钱花到其他方面会不会产生更好的结果。

第 22 章

概 要

市场营销计划

营销计划纲要与说明

竞争／市场定位方格图

工作计划样例

学习目标

1. 掌握营销计划的要素和制定步骤。
2. 熟悉竞争／市场定位方格图及其应用。

22 单体饭店的市场营销计划

市场营销计划是饭店用以争取市场份额和经营成功的蓝图。营销计划的制订需要详细分析你的产品、市场和竞争对手。一旦制订出来，还应定期对其进行复审和评价，并且在必要时应根据形势和情况的变化对其进行修订。

本章提供了有关制订营销计划的说明、样本形式，并提供了一份对单体饭店实际可行的市场营销计划样例。本章的目的是要使你了解和熟悉制订年度营销计划的整个过程。

市场营销计划

开始着手制订营销计划的最佳做法之一，是为各项主要计划工作的完成拟订一份时间表。举例如下：

营销计划时间表

7月15日	下达制订营销计划的指令
9月1日	完成总体目标说明
	工作目标与战略
	竞争/市场分析
9月15日	初步费用预算方案
	完成初步的广告工作计划
10月1日	完成预算明细
	详细的广告工作计划
11月15日	概要细分市场工作计划
	第一季度工作计划
1月15日	第二季度工作计划
4月15日	第三季度工作计划
7月15日	第四季度工作计划

营销计划纲要与说明

制订营销计划时，第一步的工作是提出所需要的全部数据和信息资料。在以下内容中，我们复制了一份真实的营销计划纲要，并对其中所要完成的工作分步骤地加以说明和解释。

表 22–1 工作目标与战略文本样例

目标 1：业务组合

使团体业务从占本饭店业务组合的 35% 提高到 40%。

战略：

• 将星期一至星期四的团体房间分配量增加到 250 间。

• 提高销售人员的销售指标。

• 增加去纽约和华盛顿特区开展推销的次数。

• 增加广告以及面向公司集团会议组织者开展直邮推销的力度。

目标 2：定价宗旨

成为本市饭店业中的价格领袖，保持房价比竞争对手高 10 美元。实现平均房价 82 美元。

• 每 2 个月提高房价 2 美元，或根据保持最高价位的需要进行提价。

• 开展每月一度的房价调查。

• 6 月至 9 月周末包价产品的平均价格为 60 美元，10 月至 12 月为 64 美元。

• 1 月的套房价格提高 10%。

• 未经总经理批准，不得接受低于 50 美元平均价的周末团队订房。

竞争 / 市场定位方格图

一、总体目标说明——9 月 1 日到期完成

该部分的内容是简洁而明确地陈述本饭店在计划期内所要实现的总体目标，主要包括：

1. 拟实现的市场定位与市场感知。

2. 目标业务组合（散客业务与团体业务的比重）。

3. 总体创收指标，如平均客房收入、日平均房价、出租率、营业利润总额以及

其他一些对本饭店意义重大的经营指标。

二、工作目标与战略——9 月 1 日到期完成

列出并简要阐述营销工作的重点目标（即你想要实现的目标，根据具体情况以金额或百分率进行量化表示）。所谓重点目标意味着这些目标的实现将保证总体目标任务的完成。对于每一项工作目标，要列出为实现这一目标拟采取的战略和行动步骤（表 22-1）。工作目标应涉及但不限于以下几个方面:

1. 业务组合。列出所计划的有关工作目标和实施战略，以实现你业已制定出的团体 / 散客业务组合总体目标。

2. 定价宗旨。阐述你关于客房价格与定位的目标。列出为实现所计划的目标日平均房价而拟采取的战略。将所做的竞争对手房价调查结果（表 22-2）列入营销计划附录。

表 22–2 房价调查表样例

	本饭店	希尔顿	万豪	假日	喜来登	丽笙
门市价	$105/115/125	$95/105/115	$89/99/119	$79/89	$85/95/105	$89/99
公司价	$95/105 单人 / 双人	$85/95 单人 / 双人	$80/90 单人 / 双人	$69/79 单人 / 双人	$75/85 单人 / 双人	$79/89 单人 / 双人
公司批量价	$85/95 单人 / 双人	$80/90 单人 / 双人	$75/85 单人 / 双人	$65/75 单人 / 双人	$70/80 单人 / 双人	$74/84 单人 / 双人
秘书人员	$85/95 单人 / 双人	$80/90 单人 / 双人	$75/85 单人 / 双人	不详	$70/80 单人 / 双人	不详
俱乐部楼层	另加 $20	另加 $15	另加 $15	不详	另加 $15	不详
行政房						
技术房						
政府价	$72	$68	$65	$60	$60	$60
周末价	$79	$69	$69	$59	$59	$59
周末包价	$85	$75	$75	不详	不详	不详
房加双早						
套房价格幅度	$175 ~ $375	$160 ~ $380	$175 ~ $425	$125/$150	$150/$175	$125/$175

3. 散客市场。阐述你关于平日 / 周末散客用房组合情况的目标。列出为实现理想结果而计划采取的主要战略。列出为实现休闲散客购买量和商务散客购买量而拟采

取的主要战略。

4. 团体市场。阐述针对团体业务的工作目标，包括团体客房间夜数、房价和业务收入。列出你实现工作目标的战略。按团体细分市场（包括旅行社团组）制定各类细分市场应实现的客房出租间夜数指标，使用表 22-3 中所示的团体客房市场组合表将其汇总后，列入营销计划附录。另外，将销售人员的推销任务分派情况也列入附录。

表 22–3 团体用房市场组合表

团体用房市场组合（趋势与预测）　　饭店:　编号:

	20XX 年总计		20XX 年总计		20XX 年总计		20XX 年总计		20XX 年总计	
市场	总计	%	总计	%	总计	%	总计	%	总计	%
公司										
本州 / 本地区社团										
全国性社团										
旅行社										
汽车旅行团										
体育团体										
政府										
总计（%）		100		100		100		100		100

5. 出租率低下期。针对出租率较低时段——无论是周末、夏季、淡季、假日，还是其他时段，要提出解决问题的具体战略，并说明其预期结果。

6. 社区意识。列出为提高本饭店的亲和力以及在市场中的声誉而拟采取的战略。将本饭店管理人员参加的当地社团组织名单列入营销计划附录。

三、竞争 / 市场分析——9 月 1 日到期完成

在营销计划的这一部分，首先简要阐述市场状况与动向，然后提出同竞争对手相比较，本饭店在市场中所处的地位。这些方面的阐述务必简明扼要。

1. 经济状况。阐明当地经济发展状况将会如何影响你的散客业务和团体业务。尽量将当地饭店业过去 12 个月期间的平均出租率资料列入附录。

2. 机会 / 不利因素。列出将会给本饭店计划期内的业务带来有利或不利影响的当地情况变化，包括已知将会出现的变化和预期将会发生的变化。

3. 业务趋势。简述过去两年半以来在散客需求（平日和周末）、业务组合和需求低谷期等方面所呈现出来的变化趋势。根据这一期间的情况，填写团体用房市场组合表（表 22-3），并将其列入附录。

4. 产品和竞争分析。阐述并分析本饭店以及三个主要竞争对手饭店的产品情况。推销你的优势产品并提出克服本饭店产品劣势的战略。

5. 竞争 / 市场定位方格图。（图 22-1）关于此图的说明，本章将在稍后部分讨论。

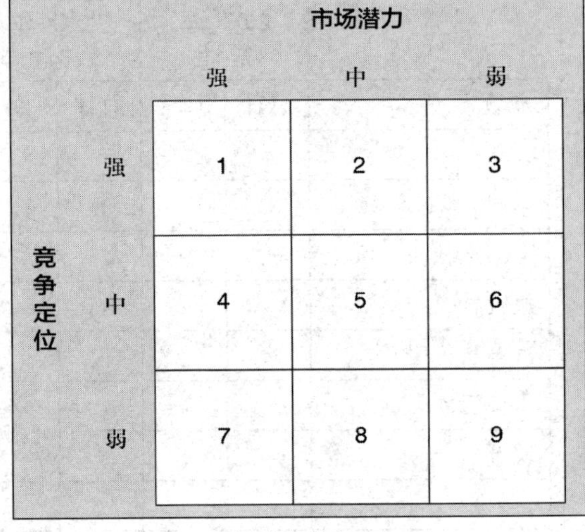

图 22–1 竞争 / 市场定位方格图

四、附录——9 月 1 日到期完成

1. 营销预算概算表。利用表 22-4 所示的汇总表，列出本饭店去年的实际费用、今年的预计费用以及下一计划年度的预测数额。

2. 房价调查表。利用表 22-2 所示的样表，填写有关竞争对手的房价调查结果。

3. 目标业务组合附件。将所计划的全年每个月份拟实现的散客用房市场组合与团体用房市场组合记录下来，供将来对照实际业绩进行测量。

4. 散客市场排序表。列出计划年度内的所有各散客细分市场，并按其对本饭店利润贡献大小排序。

5. 团体市场排序表。列出计划年度内所有各团体细分市场，并按其对本饭店利润贡献大小排序（表 22-5）。

6. 销售人员任务分派单。列出市场目标责任在销售部内是如何分配的（表 22-6）。

五、初步预算和广告计划——9月15日到期完成

初步预算和广告计划工作应在9月中旬完成。

六、最终的详细预算和广告计划——10月1日到期完成

最终预算和广告计划此时应得到批准，以便能够有适量的时间去制作广告和购买广告媒体。

表22-4 营销费用预算表

营销费用预算
项目概算

饭店: ________ 编号: ________

账目	去年	今年	计划年度
直接推销（包括差旅费、电话费、报刊资料费、业务费、交际费）	\$__/__%	\$__/__%	\$__/__%
公共关系（只包括用于公关的业务费用）	\$__/__%	\$__/__%	\$__/__%
销售推广（包括直邮广告和邮费）	\$__/__%	\$__/__%	\$__/__%
印刷品（包括用于拍照、宣传册和其他推销宣传资料的成本费用）	\$__/__%	\$__/__%	\$__/__%
工资（包括工资、津贴）	\$__/__%	\$__/__%	\$__/__%
办公用品	\$__/__%	\$__/__%	\$__/__%
杂项	\$__/__%	\$__/__%	\$__/__%
广告			
a.全国性媒体及制作费:			\$__/__%
b.当地媒体及制作费:			\$__/__%
c.电话簿、名录刊登费:			\$__/__%
（a. b. c. ）小计			\$__/__%

表 22-5　团体细分市场排序

XX 饭店		
细分市场 A	细分市场 B	细分市场 C
本地公司	全国性社团组织	学生联谊会 / 俱乐部
本州社团组织	汽车旅游团	军队联谊会
公司常客	体育运动队	社交活动团体
周末包价市场	搬迁 / 常住客人	航空公司机组
	政府部门	特别活动组织者
	旅行社	

表 22-6　市场分派与目标

XX 饭店	
销售人员:	吉姆·史密斯
主要市场:	华盛顿特区全国性社团组织
主要客户:	所有主要社团组织
第二位市场:	政府团体; 巴尔的摩公司
第二位客户:	IBM; 额恩斯特温尼公司; 明星航运公司; 巴尔的摩港务局
负责地区:	华盛顿特区; 马里兰州; 弗吉尼亚州
房间数:	每周 250 间夜
销售拜访:	每周 8 次
跟踪拜访:	每周 1 次
店内宴请:	每周 3 次
注: 采用这种列表形式, 用 1 ~ 2 页纸列出所有销售人员的任务分派情况	

七、按目标市场列出纲要式工作计划——11 月 15 日到期完成

采用简要陈述方式，针对每一个目标市场按工作类别分别列出具体的计划行动。这些工作类别包括:

• 直销和促销活动（邀请考察、参加展会等）。

• 直邮（只限当地和本地区范围内）工作。

• 广告。

• 公关。

所有这些工作活动都应按月份进行安排，并分派给具体的销售人员。正在进行

的活动无须在工作计划中列出。所有的工作计划文件都要按样例格式打印。

八、分季度工作计划（第一季度工作计划于 11 月 15 日到期完成）

第一季度工作计划的制订任务应在 11 月 15 日到期完成。工作内容应按日期顺序列出（表 22-7）。第二季度工作计划的制订任务应在 1 月 15 日到期完成。

表 22-7　工作时序计划样例

马里兰州赫文丽市 XX 饭店 20XX 年 7 月	
第一周：6 月 27 日星期一至 7 月 1 日星期五	
华盛顿特区社团销售拜访（2 天）	史密斯
向安那波里斯地区寄发夏季政府价推销材料	帕顿
到当地托森区通用汽车公司做销售拜访	华莱士
开始准备 8 月份面向公司企业开展的电话推销活动	加尔尼
第二周：7 月 4 日星期一至 7 月 8 日星期五	
出席在纽约举办的“会议世界”交易会	约翰孙
向长期合作公司客户寄送《季度业务通讯》	华莱士
从退伍军人杂志上寻找联谊会相关信息	史密斯
更新直邮名单	帕顿
第三周：7 月 11 日星期一至 7 月 15 日星期五	
对本州的社团组织进行销售拜访（2 天）	帕顿
关于营销计划的头脑风暴讨论会	全体
向当地的乡村俱乐部邮寄关于婚礼客房的推销材料	华莱士
去休斯敦参加推销工作讲座	史密斯
第四周：7 月 18 日星期一至 7 月 22 日星期五	
去本地的莱斯特敦地区开展销售拜访	华莱士
对于夏季政府价推销材料的跟进电话拜访	帕顿
费城的销售拜访（2 天）	约翰逊
完成 8 月份的电话推销活动名单	加尔尼

竞争 / 市场定位方格图

一个企业经营的成功程度是决定其未来行动计划的一项重大考虑因素。一个住宿企业经营的成功程度是其所处市场的潜力及其在该市场中的竞争定位这两项因素的函数。

制订行动计划时，可使用前面图 22-1 中的方格图，将所处市场的潜力同对有关企业竞争地位的估测联系起来。方格图的横轴表示该市场的潜力，纵轴则代表该市场中某特定企业的竞争地位。两条轴上的排列顺序都是从强至弱。竞争地位的确定既需要考虑定量因素，也需要考虑定性分析的结果，例如：

• 竞争对手的数量与品质。

• 有关坐落地点、交通、形象、设计、规模、价格等方面的竞争优势。

• 满足现有目标市场需要的能力。

将每一个同行企业的方格图全部填出。如果你的企业或任何你的竞争对手正在经历某些变革，从而将会影响你在计划年度内的定位，则需要另外填制方格图进行未来定位。当然，方格图中的位置都有其具体含义。一个处在 1 号、2 号或 3 号位置的饭店都可能是该市表现最好的饭店，或者说处在 1 号位的竞争对手与处在 2 号位的竞争对手并无明显的差别。一个处在 4 号、5 号或 6 号位的饭店不会是该市数一数二的饭店，而只是品质一般的饭店。一个处在 7 号、8 号或 9 号位的饭店同其竞争对手相比较则是品质较差的饭店。这种饭店在竞争中处于明显不利的地位。

对每个饭店来说，需要分别针对下列 4 个主要市场填制 4 份定位方格图：

• 商务旅行——团体。

• 商务旅行——散客。

• 休闲旅行——周末。

• 休闲旅行——度假。

你应考虑本饭店在以上每一目标消费者市场中所占据的位置。例如，处在 1 号位意味着你在一个强劲的市场中拥有最好的饭店；也就是说，你在一个出租率为 80% 的市场中拥有最好的饭店。处在 3 号位则意味着你处在一个弱势市场：比如一个出租率仅为 40% 的市场。

选择在最恰当的方格内划“X”表示本饭店的位置。然后以同样的方法分别另外标出三个主要竞争对手所处的位置。这样做完之后，你便可以制定和使用最恰当的定位战略了。

工作计划样例

下面是一个关于从公司市场争取团体业务的工作计划样例。

行动计划

	负责人	完成日期
一、直接推销		
1. 前往下列城市拜访主要客户:		
纽约	史密斯	1月、9月
达拉斯 / 沃尔斯堡	加尔尼	2月
底特律	帕顿	3月
波士顿	帕顿	4月
圣路易斯	华莱士	5月
坎萨斯市	加尔尼	6月
明尼阿波利斯	马歇尔	9月
旧金山、圣约瑟	史密斯	10月
2. 出席全国有关公司（会议市场）业务的会议:		
国际会议策划人会议	史密斯	6月、12月
达拉斯洽谈会	加尔尼	2月
芝加哥洽谈会	史密斯	6月
纽约洽谈会	史密斯	9月
纽约会议世界交易会	史密斯	7月
中西部商务旅游协会年会	帕顿	5月
3. 开展下列闪电式推销活动:		
波士顿	帕顿	4月
圣路易斯	华莱士	5月
明尼阿波利斯	马歇尔	9月
旧金山 / 圣约瑟	史密斯	10月
主办“家庭之友”客户茶话会	全体	5月
圣路易斯市公司执行官考察旅行	华莱士	3月
二、直邮		
1. 面向所有伊利诺伊州公司客户每季度定期邮寄	全体	12月 3月 6月 9月

		12 月
2. 安排向所有公司客户寄送材料，宣传本饭店的“会议组合包价产品”，为 7 月、8 月、11 月和 12 月争取业务。	全体	4 月 10 月
3. 编印一本会议宣传册并寄给芝加哥地区那些目前尚未提出预订要求的公司客户。	华莱士	3 月
三、广告（仅限于本地和本地区媒体）		
广告重点应放在面向公司团体市场上。下列出版物已被选定用于刊发面向本地和本地区的广告： 《芝加哥论坛报》商业版 《克雷恩芝加哥商报》	加尔尼	正在进行中
四、公关		
1. 向圣路易斯市媒体投发关于公司执行官考察团来本饭店考察的新闻稿件。	加尔尼	3 月
2. 向行业出版物投发介绍本饭店会议组合产品的稿件。	加尔尼	4 月、10 月
五、广告（仅限于本地和本地区媒体）		
1. 向当地传媒投发报道“家庭之友”聚会的稿件。	加尔尼	5 月
2. 针对本饭店接待的公司会议中具有新闻价值的活动撰发稿件。	加尔尼	正在进行中

主要术语

业务组合 (Business mix)：接待的客人来自主要几个细分市场，如 30% 的团体客人，60% 的散客和 10% 的休闲度假客人。

工作时序计划（Chronological work plan）：一份按时间顺序排列的行动步骤列表，其中包括具体的负责人。

第 23 章

概　要

零基预算

　调研和所需要的信息资料

　市场细分、需求识别和顾客感知的测定

　关于竞争对手的情况

　外部信息资料

　内部信息资料

　在旅游服务业其他业态中的应用

市场营销计划

　分析调研信息

　营销方案

　营销预算

　销售指标

　行动计划

　职责分派的沟通

　行动计划的监控

学习目标

1. 了解零基预算法；掌握制订市场营销计划时所需信息的 4 种主要类型以及获得这些信息的方法。
2. 熟悉市场营销计划的内容结构，以及将这些内容组织到一起的技巧。

23

集团化公司的市场营销计划

如果不了解消费者，你就不知道使用哪些营销工具向消费者推销，你便无法制订有效的市场营销计划。本章的目的是提供一套集中反映营销调研与营销实施各阶段工作的营销计划纲要。

本章中所提出的各项论点和战略只要酌情修订，便可适用于旅游服务业的所有各业态。

企业几乎很少有足够的财力去支持营销人员理想中的各项营销活动计划和手段。很多营销人员制订营销计划的传统方法是：在上一年营销计划的基础上，争取预算经费有所增加，或者在经费预算受限的情况下，砍掉某些工作内容。但是，那些采用这种方式制订营销计划的人忽视了市场营销的一个基本前提——调查和了解自己产品的消费者。他们可能认为，用粗略估计的方法去分配营销预算比较省事，因为自己长期以来已经熟悉了自己的客源市场。

为了制订出真正有效的营销计划，从而使你的财力能够得到最佳利用，你需要去了解你的顾客当前的需要。你还要去了解他们的需要正在向哪一方向发展。你应该知道他们的习惯、偏好、对你的产品或服务的感知，以及他们如何看待你的竞争对手。你应该知道你的问题所在，不论这些问题是市场方面的问题、所处城市的问题、某些特定设施的问题，还是人员方面的问题。最后，你还应当辨清你的优势和面临的机会。只有在彻底了解所有这些情况之后，你才可以去动用你的营销预算。为了说明如何制订营销计划，本章的讨论首先始于零基预算这一概念。

零基预算

零基预算这一概念可帮助你优先排列有限资金的使用顺序。根据零基预算法，任何一笔开支都不能仅仅因为上一年是这样使用的而成为合理开销。对于各项费用开支，每年都要重新进行合理性分析，以确定其成效是否会好于另一种开支方式。

需要注意的是，在营销预算中，有一些费用开支项目往往属于必须维持在某一最低水准上的必需性开支，如为了维持饭店的销售队伍或预订系统就必须保持一定的费用预算。正因为如此，饭店在应用零基预算法时，更应极其小心。有些营销者将营销预算划分为“必需性与核心类”费用开支和“所有其他类”费用开支，而只是将零基预算概念应用于“所有其他类”费用开支的安排。有些人认为这样做是对零基预算法则的违背，而另一些人则认为这样做合乎常理。面对这两种不同的见解，作为管理者的你最有资格决定哪一种做法对你的企业更为可行。

调研和所需要的信息资料

在制订市场营销计划过程中，第一步工作便是开展调研和收集所需要的信息资料。所需要开展的调研和信息资料收集工作可划分为 4 个主要方面:

- 市场细分、需求识别和顾客感知的测定。
- 关于竞争对手的情况。
- 外部信息资料。
- 内部信息资料。

市场细分、需求识别和顾客感知的测定

基于本企业内部所做的客源分析，以及阅读本企业的顾客资料或者本企业从外界购买的市场信息资料，你可能已经了解了有关你的市场及其细分市场的大量情况。为了更新你的认识并更加有效地使用营销费用，可采用下列 9 个步骤去开展工作。

第一，识别能给本集团成员饭店所在地带来最大客流量（包括商务旅行者和休闲旅行者）的客源市场。

第二，以所识别出来的主要客源市场为调查样本，对整个市场进行适当细分。在住宿业中，一些常见的细分市场包括:

- 出席团体会议的人。
- 外出差旅、费用报销额度相对不受限制的个人。
- 外出差旅、费用报销额度有限的个人。
- 不带小孩的个人休闲旅游者。
- 外出休闲旅游的家庭。
- 只对基本住宿服务感兴趣的夫妇或家庭。

• 不想住饭店、汽车旅馆和度假村的夫妇或家庭，他们设法避免非基本服务、小费、高消费、半刚性消费等。

• 宴会和当地餐馆的顾客。

常见的中介细分市场则包括：

• 会议策划者。

• 旅行社。

• 大公司的差旅部。

• 秘书人员。

• VIP 俱乐部。

• 旅游批发商。

• 航空公司。

• 汽车租赁公司。

• 预订服务商。

第三，在市场细分过程中，大致地判定一下各细分市场人口统计因素方面的特点，其中包括该细分市场的规模和变化趋势。应当搞清各细分市场正在向哪一方向发展，即该细分市场在你的业务中所占的比重是在增大还是在减小？该细分市场自身的规模是在增大还是在缩小？能够较为准确而具体地测定人口统计因素情况的调研技术是有的，但全面开展调研所需的费用可能会大于调研的价值。因此，对人口统计因素做粗略分析就足够了。其后的工作则是选择适当的媒体，面向这些细分市场去宣传你的产品或服务。

第四，评价每一个人口统计因素市场的发展趋势，采用对全国性样本进行概率分析的做法将使你能够对这些发展趋势做出相当准确的评价。当你把抽样调查的结果同本公司掌握的人口统计因素资料进行汇总分析后，你便可以对各目标市场在人口统计因素方面的发展趋势做出有意义的预测。这些预测结果很可能足以满足你在制订市场营销计划过程初始阶段的工作需要。

第五，确定细分市场目标。在进行这类决策时，应考虑以下情况：

• 现有设施是否适合满足这些细分市场的需求？

• 每一细分市场的发展趋势——其规模是在增大还是在缩小？

• 该细分市场的盈利率如何？

虽然这些决策多半不会改变你的营销大局，但是对于现有业务组合的某些边缘市场来说，这类决策将会变得十分重要，你需要有更多的信息才能做出决策。所以，对于是否追求这种边缘市场，先不要急于做出营销决策，直至你有比较好的办法适合这些市场的需要（第七步可帮你确定你的饭店是否适合这些市场）。

第六，了解你所希望进入的各个细分市场的具体需要。分别针对每一个细分市场的情况判定哪些因素、产品对消费者是最重要的，哪些是最不重要的。受过训练的调查人员可从焦点小组访谈中得到这种信息（第九步可帮助你通过组织焦点小组访谈，去进一步测定顾客的感知）。所谓焦点小组是从你的现有顾客或潜在顾客中抽选出来一小部分作为样本对象。调查人员根据事先拟订好的计划，对该小组成员进行访谈或询问一系列的问题，然后通过分析其回答情况，得出营销信息。

第七，分析你的现有产品/服务在多大程度上能适应各细分市场的需要。本企业在提供各细分市场所要求的产品或服务方面是否存在差距？现有的设施和服务项目能否通过改造，去适应各细分市场的需要？在分析你的设施、产品和服务项目时，切记要客观对待。顾客对设施和服务的感知往往同你的看法有出入。在这一点上，如果你的设施不能满足某些细分市场的需要，你可将这些细分市场从你的潜在市场中排除掉（注意：即使你的企业不能完全满足某一细分市场的需要，但仍可能会比任何竞争对手都做得更好一些。如何判定这一点可参见第九步。如果情况果真如此，那么你仍可将该细分市场作为你的目标市场）。

第八，识别所有那些与你的市场相同的主要公司。为了做到这一点，你必须要分析有哪些公司在经营同样的市场、它们设有哪种类型的办事机构（即公司总部、地区办事处、市区办事处等），它们的主要供应商及游客的情况和来源。

第九，同来自各细分市场的顾客分别开展焦点小组访谈，测评他们对你的产品及服务以及对你所有竞争对手的产品或服务的感知。这一工作应分步骤进行：

- 摸清该细分市场中的顾客偏好哪些饭店。他们喜欢这些饭店的哪些特点？他们对其中每一个饭店的感知如何？哪些饭店同该细分市场联系最紧密？为什么？
- 摸清顾客对其他（非偏好）饭店的感知。哪些方面的特点被视为正面的特点？哪些方面的特点被视为负面的特点？
- 摸清在满足该细分市场最重要的需求方面，人们对各个饭店的感知如何。

在开展焦点小组访谈过程中，你要确信访谈人员平等对待你的饭店和竞争对手的饭店。对于不同细分市场中的顾客对其所选住宿设施的看法，你所需要的是一种客观的测评。

消费者对每一竞争方的感知既是其设施条件和经营工作质量的产物，也是其广告和宣传工作影响的结果。同样，改善形象的途径也需要从经营工作、设施条件和营销宣传这三个方面着手。

通过调研得到信息对你来说可能不是新鲜事儿。但是，同你此前掌握的情况相比，关于如何与竞争对手进行比较的信息可能较为客观，因此对你来说这些信息更为有用。

例如，你的饭店在哪些方面真正优于你的竞争对手？你的饭店的弱点何在？你的竞争对手有哪些弱点？你可将市场扩大到哪些新的人群？哪些细分市场绝对不会购买你的产品或服务？

通过上述9步骤，你可摸清以下信息：

- 你的市场构成，即按照需求特点及大致的人口统计因素特征进行划分，你的市场都包括哪些人群。
- 各个细分市场的规模及其发展趋势——哪些细分市场的规模正在增大，哪些正在萎缩。
- 各个细分市场的具体需求以及这些需求的相对重要程度。
- 同你的竞争对手相比，客观评价人们认为你的饭店及其产品或服务在满足这些需求方面的表现。
- 了解哪些饭店同哪些细分市场联系最紧密，以及形成这些情况的原因。

掌握这些信息后，你便能够较为准确地判定你的企业在市场中所处的地位。

关于竞争对手的情况

你往往可能不大理会竞争对手对你业务的影响。但是，一旦忽视了竞争对手，你便会忽视某些影响营销计划工作的变量。竞争如此激烈，特别是在某一特定细分市场竞争加剧的情况下，只关注自己目前的优势是一种短视行为。

虽然你认为自己所做的一切都很重要，但消费者可能并非总是和你看法一样。他们把你看作是一张床、一名彬彬有礼（或不懂礼貌）的员工、一次办理得有条不紊（或漏洞百出）的预订等。他们对有关事项的重要性排序往往不同于你。而且分属不同细分市场的消费者对同样一些事项的重要性排序也不尽相同。价格、服务水平以及一次完美的经历（住宿、餐饮和服务）都是极其重要的。因此，了解你的企业在这些领域如何胜过你的竞争对手是非常重要的。

为了评价你的竞争对手，你需要掌握以下信息：市场份额数据、竞争对手的营销战略及其实施做法，以及所在城市的客房出租率详情。

市场份额数据 市场份额数据资料可对你和你的主要竞争对手在市场占有率方

面的发展变化情况提供一种长期的观察。虽然有关整个市场的规模往往没有现成的准确数字，但是通过将你自己的数字（即客房出租率和房价数字）同所有主要竞争对手或者同所选择的一小批竞争对手的同类数字总量加以比较，你可以得到一个相当有用的估测。这一工作可以在当地、地区和全国等不同层次上进行，你可以通过资助和参与各种有关的行业调查活动，如“史密斯旅游数据调查”（Smith Travel Research，简称 STR），查阅行业会计事务所发布的市场报告，以及通过同有关的地方旅游局联系，去获取相关资料。

竞争对手的营销战略及其实施做法 在制定你自己的营销战略时，你应了解你的竞争对手现行的营销活动。其中最有效的方法便是从最近几个月以来的报刊上剪下竞争对手的所有广告。你可委托剪报服务商为你做这项工作，或者要求你的广告代理商提供帮助。

另外，始终了解竞争对手在开展其营销活动中所使用的其他媒体和方法也相当有意义。这些媒体和方法包括:

- 广播电台和电视台。
- 户外和机场广告。
- 直邮。
- 直接推销。
- 旅行社。
- 公共宣传。
- 销售推广。
- 网站。

获取这类信息资料虽然比较困难，但总会有一些方法可用。大多数广告代理商都参与联合调查，提供这类调查资料。你也可以自己动手，从广告公司销售代表以及从其他媒体（报刊、广播电台等）销售人员那里去获取有关的市场情报。

你所收集的有关竞争对手营销活动的信息资料不必精确、详尽，只要足以能够回答下列问题就行:

- 你的竞争对手正在追求的是哪些细分市场?
- 它们在形象建设方面实施何种战略?
- 它们目前正在使用哪些媒体或营销方法?
- 它们所开展的营销活动是否成功?

这些信息资料收集一段时间之后，你便能够探查出竞争对手在市场营销战略方面的变化。

所在城市客房出租率详情 按照你的饭店经营所在的主要大都市地区，将你的饭店的出租率及其变化趋势同其中每一家竞争饭店或汽车旅馆的出租率和变化趋势进行比较。出租率的比较范围应包括该地所有的主要竞争对手，既包括主要面向休闲旅游市场经营的饭店和汽车旅馆，也包括主要面向商务旅游市场经营的饭店。

外部信息资料

当你准备着手制定营销战略时，有关市场和行业动向以及旅游方式的外部资料是十分有用的。

整个旅游和住宿市场的动向 你需要做到对主要细分市场的发展动向有一个大致的了解，如休闲旅游市场和商务旅游市场分别将会增大或缩小的迹象，以及任何其他你可以得到的关于其他细分市场将会出现增长趋势的信息资料。这类信息可能不具体，但却可帮助你做出市场营销战略选择。

客源城市的资料 当你计划广告工作时，客源城市资料可能非常有价值，并且你可能手头就有这类资料。客源城市必须纳入营销活动总体方案之中。所谓客源城市是指你的客人来自的那些城市。获得这种资料的信息渠道很多，其中包括从会议旅游局、机场管理局以及汽车租赁管理处等机构去查询这类资料。休闲旅游市场和商务旅游市场可能会有不同的客源城市。因此，你应分别予以考虑。

要去收集所有这类信息未免显得有些过于雄心勃勃。然而，收集其中一些有关的信息，如某些团体顾客长期以来都是何时聚会？某些行业何时派遣销售人员出差以及其他类似的信息等，都将被证明是颇有价值的。收集这类信息时，应将重点放在那些可帮助你制定具体的战略，能够堵塞销售工作漏洞的地方。

内部信息资料

客观地对待你的营销成本。所谓营销成本应界定为“为获得销售而必需的开支”。根据这一定义，所有下列费用开支都应纳为你的营销成本的组成部分：

- 销售人员的工资和行政开支。
- 广告费用。
- 公关费用。
- 差旅费用。
- 打折券、折扣。

- 预订系统费用。
- 支付给信用卡公司的费用。
- 其他。

上述解释可能与《饭店业统一会计制度》中的规定不一致，但可使你对实际营销成本有一个较为清晰的了解。当你将所有各项费用开支同趋势分析结合起来考虑时，你便能够比较客观地确定如何合理分配执行营销战略所需要的资源。业务组合的发展趋势可以检测本企业的客房销售量在下列细分市场中的变化趋势:

- 家庭和休闲旅游者。
- 商务人员（推销员、经商者等）。
- 公司行政人员。
- 团体（公司和协会）。

无论是对于在某地独立经营的单体饭店还是门店众多的连锁集团，当销售额上升或下降时，这类信息会告诉你个中原委。你需要了解你在某一特定细分市场中争取业务的努力是否有效。当销售额下降时，你需要了解问题出在哪一细分市场，从而立即采取有针对性的补救措施。

简言之，客房销售量的变化趋势是你的监控系统——不但可以反映目前的情况，而且还能反映你在营销计划的制订与实施方面的有效性程度。

在旅游服务业其他业态中的应用

本章简要介绍的营销计划制订过程稍加修订便可直接应用于旅游服务业中的其他业态。4 种主要的调研工作和所需准备的信息同样适用于连锁餐馆、航空公司、租车公司、邮轮公司以及服务于旅游市场的任何其他大型企业。每一调研阶段中所列出的工作步骤和应当回答的问题在某种程度上也都适用于研究你的市场、产品或服务。至于应用效果，则取决于你对前述问题的回答以及对资料的分析。你在这些方面的工作做得越好，你的营销和竞争优势就越大。

市场营销计划

既然你已经了解了整个营销计划结构的第一部分工作内容，了解了所应回答的问题，并且获得了能够提供答案的有关资料，那么你便可以开始制订和撰写实际的营销计划了。下面的提纲所显示的是整个营销计划下一阶段的工作内容:

营销计划的结构

- 分析调研信息。
- 营销目标。
- 营销方案。
- 营销预算。
- 销售指标。
- 行动计划。
- 职责分派的沟通。
- 行动计划的监控。

在营销计划中，你要分析已经了解到的业务情况，并将其转化为行动计划。在将所有调研结果合并为一份文件时，你应强迫自己搞清楚下面的问题:

- 你正在做的事情是否真正协调一致。
- 这些结论是否逻辑清晰、合情合理。
- 根据现有的人力和财力，是否有可能完成计划内容。

你还需要根据实现长期目标的需要，明确建立处理日常事务的指导原则。

分析调研信息

下面所列的问题都属营销战略所需针对的具体领域。用于回答这些问题所需的信息，来自前面所讨论过的关于市场细分、需求识别和消费者感知等方面的调研结果。

第一，顾客的需求、偏好与感知:

- 哪些细分市场最欢迎你的产品或服务？
- 你的产品或服务在哪些方面被现有目标市场认知为强项？哪些方面属劣项？
- 你的那些优势（市场所认知的优势）符合该细分市场第一位的优先性需求吗？
- 在各个劣势方面（市场所认知的劣势），造成这种认知结果的是经营工作方面的因素，还是纯属印象或意识问题？
- 在你目前最适合经营的各细分市场中，哪些饭店是你的主要竞争对手？它们的主要优势和劣势分别是什么（为该细分市场所认知的优势和劣势）？
- 你的主要市场目前是否处于最适合你经营的细分市场范围内？有没有该市场认为你的竞争对手比你做得好的地方？
- 哪些细分市场对你的产品或服务欢迎程度最差？造成这种情况的原因是因为你过去的营销战略重点偏差，还是因为这些细分市场对你的产品或服务了解有误或了解不够?

- 在你发现有机会去开拓的各细分市场中，哪些饭店是你的主要竞争对手？它们被该细分市场所认知的优势和劣势分别是什么?

第二，竞争趋势:

- 你的饭店近年来在同其他连锁集团竞争方面做得如何?
- 你的主要竞争对手的主要经营方向是什么?
- 你的饭店目前以及在不久的将来所面临的主要竞争威胁是什么?

第三，当前问题:

今年必须加以纠正的问题是什么？下面所列各项都是必须立即解决的问题:

- 某饭店的销售问题。
- 某些特定细分市场业务量正在下降。
- 服务质量问题。
- 定价问题。
- 某些新竞争对手的出现预计会对某一特定市场或某一饭店产生不利影响。
- 现有营销战略不成功。

第四，主要的长期性问题:

为了能在今后 5 年中取得更大的成功，你面临哪些必须要解决的主要营销问题?例如:

- 需要改变形象。
- 某些特定细分市场业务量的全行业下滑。
- 某一特定竞争对手越来越成功（在饭店设施设计、服务质量、市场营销工作、总体经营成效等方面）。
- 某一特定细分市场的偏好和需求出现变化。
- 定价问题。
- 营销费用增多但成效不佳。

第五，机会与替代方案:

- 你的竞争对手有哪些主要劣势可供你充分利用?
- 在你目前经营的各细分市场中，有哪些需求尚未得到满足？你是否有可能提供能满足这些需求的产品或服务?
- 在你目前营销工作的推动下，哪些边缘市场可为你提供拓展市场的机会?

第六，营销目标:

你的营销方案的总体目标是什么？这些目标应在调研和信息分析的基础上确定。目标的范围应涉及下列领域:

- 识别顾客偏好以及你是否希望改变顾客对你产品或服务的感知?
- 在将你目前的市场同总体市场中的变化情况进行比较之后，你希望对营销方向做出哪些调整?
- 面对竞争对手的成功和新的竞争走势，你决定采取哪些防守型或进攻型营销举措?
- 解决当前问题。
- 解决长期性问题。
- 利用所出现的机会。

为了使营销方案尽可能有效，可将营销目标限定于少数最具优先性的事项。整个营销计划工作的目的就是要“去粗取精”，将焦点集中于那些能够获得最大成效的领域。那种事无巨细的做法只会事倍功半，造成费用增加且人人烦恼的结果。将优先目标独立于非优先目标，可使你的工作更具成效。因此，专注于某些营销目标是明智的做法。

营销方案

本部分介绍制订今后数年的总体营销方案的方法，重点在第一年的营销方案。同整个营销计划一样，营销方案的内容每一年都应酌情更新。

总体战略　首先要明确主题。即以概括性的语言说明你准备向你的市场提供和出售何种产品或服务。这种产品或服务应成为一种最符合顾客利益的承诺。以营销计划制订过程中各调研阶段所收集的信息为基础，做到符合实际、切实可行、有独到之处，并且应当明显地有别于你的竞争对手。

你可能需要针对各个细分市场提供不同的产品或服务主题。如果是这种情况，你一定要确信这些产品或服务主题之间不存在冲突。

接下来要搞清楚你的营销平台。所谓营销平台是指以清单形式列明本企业可向消费者提供的各种利益及其优于竞争对手之处。你应逐一列出所有各项准备向顾客进行宣传的内容。不要做一般性陈述，而是要列清能够体现所定产品或服务主题的具体细节。你的广告和促销宣传都将以这一平台为基础。

媒体战略　你应根据你的既定营销目标，去识别准确的目标市场，并据此选择宣传媒体。你应制订具体的广告、公关、直邮等工作计划，并清楚地确定各项工作计划的目的、所选用的媒体、开展日期以及费用预算。

每一项广告、公关和直邮计划都应与以往的媒体安排进行比较。在分析新的计划如何才能实现预期的目标，以及如何才能使其宣传效果好于过去做法的基础上，可对所选用的媒体安排进行调整。另外，你还应将你的媒体计划与竞争对手的媒体使用情况加以比较，以解决同竞争对手相比宣传力度明显不够的问题。

推销战略　在面向社会团体、商务团体、商务散客、旅行社，以及其他细分市场开展推销宣传方面，你应制定具体的战略。推销战略的制定应在以下两个层面上进行:

第一，集团层面。应识别和制定出本公司设在全国各地的销售部门都应开展哪些营销活动。此外，要明确整体营销计划中哪些由某个饭店销售部执行，哪些由区域销售部执行。

第二，成员饭店层面。制定每一个成员饭店的具体销售目标和推销战略（同样，这里指的是制定几条主要的战略，而不是试图提出扩大销量的所有可能途径）。

然后，将这些推销战略同竞争对手的推销战略进行比较，对明显存在的不足之处予以纠正。此外，还应将这些战略同过去所采用的战略进行比较，以发现在实现目标的做法上是否有必要做出变化。

你还应当识别是否需要调整推销人员的配备，以及同过去的推销战略相比，在成本费用方面出现的变化。

调整实施安排　识别出在实施安排或工作程序上需要做出哪些调整才能实现既定的营销目标和保证时效。

营销预算

预算总额　你应测算营销预算的总额，即为了保证既定营销目标的实现和营销活动的开展，总共需要多少资金。所需要的资金数额与实际可用的资金数额有多大的差距？无论如何，最后应确定出营销预算的总额。需要切记的是：如果采用增量预算，则应以增加营业收入去抵消。

预算分配　你应确定预算资金在各项营销职能间的分配，包括广告、公共宣传、人员推销、旅行社佣金、折扣优惠券、新产品或新价格的宣传活动以及调研工作等。你可采用零基预算法，对所有各种营销开支进行全面分析，并且每年都要查验其合理性。这一做法有助于在下一年重新分配营销资金时，将资金分配到那些最能发挥效能的领域。

由于可用于营销工作的资金通常都不足以全面应付所有营销活动的开展，所以需要根据成本效益的原则对这些资金进行分配。

分析合理性 查证营销预算是否合理的方法是开展调研与分析。如果你在制订营销计划时，方法系统且分析得当，那么你就会有充分的理由说明预算的合理性。如果管理部门没能配置足够的资金或者这些资金未能得到有效的安排和使用，那么你便不得不接受无法实现既定目标的后果。

销售指标

销售指标既可以是宏观性指标，也可以是微观性指标，但无论是哪一种指标，永远记住要量化。你所追求的指标可以是目标销售额，也可以是整个连锁集团销售额的平均增长率。下面所列的问题可帮助你识别销售指标：

第一，整个集团的总销售指标是多少？这一总指标可以是销售额，也可以是销售额增长率。

第二，平均每间客房的营业收入指标是多少？

第三，整个集团所有成员饭店的平均出租率指标是多少？

第四，整个集团所有成员饭店的平均房价指标是多少？

第五，各主要目标市场应实现的客房销售额指标分别是多少？确定出每一目标市场客房销售额所占的百分比。

家庭和休闲客人 ________ %

商务散客（推销人员） ________ %

商务高管人员 ________ %

团体客人（公司和社团） ________ %

第六，根据本年度营销费用较之去年增加的情况，计划出本年度需实现的销售额（比去年）增加量。

行动计划

按时间顺序，列出所有配有营销预算的各项行动战略。其中，需列明具体的目标日期、工作职责和预算开支数

表 23-1 营销工作计划安排表

项目	目标日期	预算开支	工作职责
媒体计划			
推销计划			

额。表 23-1 所示为组织这类信息的一种方式。

职责分派的沟通

必须采取适当措施，确保本计划中各项最重要的工作，特别是其中的行动计划安排，能够清楚无误地传达到负责执行计划的所有人员当中。

行动计划的监控

为了有效地监控行动计划，需要采取恰当的跟踪检查措施。本章附录中列出了一份简单的工作清单，可帮助你按开支项目以及目标市场去分配营销预算。该工作清单可以酌情修订，并可应用于单体饭店。

要想一次性地完成营销计划的制订过程是极其困难的。有计划地开展定期调研和更新资料，可不断地为你提供有利的信息。在有关调研工作完成之前的各个阶段，你只能慎重地合理判断。不过，只要你有良好的判断力，有较好的知识和专长，有些资料是可以直接拿来应用并有助于你的营销行动的。

主要术语

行动计划 / 方案 (Action program)：为了实施市场营销计划而列出的一系列必要行动。它包括目标日期、已批准的支出（与未批准的预计花费相区分），以及每项行动的责任人。

竞争 (Competition)：任何企业、产品或者概念在争取市场活动中的行为。

顾客需求 (Customer needs)：在你的市场中的顾客需要的产品或服务，顾客是准备从你这里还是你的竞争对手那里购买。

顾客感知 (Customer perceptions)：顾客自身对一件产品的看法。顾客感知往往会和管理层的想法和感知有所不同。

客源城市（Feeder cities）：一个地理区域内提供旅游者的主要几个城市。例如，在美国西部，棕榈泉、拉斯维加斯、凤凰城和旧金山的旅游者就主要来自洛杉矶，反之亦然。

焦点小组 (Focus group)：一种整合了一系列问题并通过小组讨论征集个人意见的市场调查技术。

细分市场 (Market segment)：在一个整体的市场中，一部分消费者会有一定的共性。细分市场的方法有很多，最主要的一种方法就是依据人口统计特征来细分（性别、年龄、收入、教育水平等）。

营销规划 (Marketing planning)：通过经验丰富的营销团队的判断来考察市场、识别并研判市场趋势、制定目标并支撑项目，以及利用现有的信息等活动的行动过程。这一过程包括制定目标（时间、成本、预期收益）和将实际获得的结果与目标相对比。营销规划的目的是为了通过资源的有效利用并付出努力，以取得预想的结果。

目标 (Objectives)：通过你的营销努力想要获取的某种结果。例如，到明年年底，使本饭店在休闲旅游市场中的份额增加 10%。

战略 (Strategy)：获取你预设目标的途径。例如：为了使本饭店在接下来的 12 个月里在休闲旅游市场中的份额增加 10%，我们将增加户外广告，并且增加在家庭类杂志上的广告。

零基预算法 (Zero-base budgeting)：一项不考虑以往的支出和分配比例的预算编制方法。每一项支出都会以年为单位进行再度分析，确定其合理性，分析如果将同样数额花到其他方面会不会产生更好的结果。

本章附录：市场细分表

<table>
<tr><td rowspan="4"></td><td colspan="13">细分市场</td></tr>
<tr><td colspan="7">休闲度假</td><td colspan="6">商务差旅</td></tr>
<tr><td rowspan="2">国际</td><td rowspan="2">度假</td><td rowspan="2">家庭</td><td rowspan="2">单身</td><td colspan="2">周末</td><td rowspan="2">其他</td><td colspan="2">团体</td><td rowspan="2">高管人员</td><td colspan="2">商务散客</td><td rowspan="2">其他</td></tr>
<tr><td>家庭</td><td>儿童</td><td>公司</td><td>社团</td><td>无报销限制</td><td>有报销限制</td></tr>
<tr><td>全国性广告</td><td></td><td></td><td></td><td></td><td></td><td></td><td></td><td></td><td></td><td></td><td></td><td></td><td></td></tr>
<tr><td>消费者</td><td></td><td></td><td></td><td></td><td></td><td></td><td></td><td></td><td></td><td></td><td></td><td></td><td></td></tr>
<tr><td>行业</td><td></td><td></td><td></td><td></td><td></td><td></td><td></td><td></td><td></td><td></td><td></td><td></td><td></td></tr>
<tr><td>体育运动</td><td></td><td></td><td></td><td></td><td></td><td></td><td></td><td></td><td></td><td></td><td></td><td></td><td></td></tr>
</table>

（续）

	细分市场												
	休闲度假							商务差旅					
	国际	度假	家庭	单身	周末		其他	团体		高管人员	商务散客		其他
					家庭	儿童		公司	社团		无报销限制	有报销限制	
黄页													
机场广告													
本地广告													
制作													
广告和电视片													
广告代理费													
广告商差旅费													
全国性公关													
手续费													
公关开支													
电视													
参与人员													
全国性直邮													
邮寄费													
名单费													
宣传册													
调研（广告与营销）													
特别促销/店内促销													
广告管理													
本地公关													
本地联合推销与销售竞赛													
直接销售													
本地销售部门													

（续）

	细分市场													
	休闲度假							商务差旅						
	国际	度假	家庭	单身	周末		其他	团体		高管人员	商务散客		其他
					家庭	儿童		公司	社团		无报销限制	有报销限制	
全国销售部门													
特别中间商													
行业展览会													
邀请考察													
推销性联谊活动													
部门费用													
总计													

第 24 章

概　要

联邦法律

谢尔曼反垄断法案

克莱顿反垄断法案

联邦贸易委员会法案

鲁宾孙－帕特曼法案

法律与竞争性市场营销

学习目标

1. 描述与市场营销相关的主要联邦法律与法规。
2. 详述在营销战略与定价方面企业应回避的做法。

24 市场营销与法律

大量的联邦、州以及本地法律都会直接影响到我们的市场营销工具和战略。每一个营销人员的第一要务就是查阅相关的法律或者——也最好是——去咨询法律部门。还应确保为你提供资料、协助促销、打广告、理清价格数据、递送邮寄材料的外包公司和供应商同样是在他们的法律部门指导下开展工作的。也请记住，一定要给予法律方面的审核人员足够的时间来审核你的营销方案和战略。在保证完全合法之前，一定不要将其打印、张贴、广告或者给予他人。

联邦法律

美国有大量的法律已经涵盖了市场营销的每个方面。例如，在联邦层面，主要依法管理市场营销实务的部门就是联邦贸易委员会和司法部。接下来我们看一看其中的一部分法律法规。

谢尔曼反垄断法案

谢尔曼反垄断法案总体来说就是要禁止一切限制贸易，禁止在某方面贸易或者商业中形成垄断（或者试图形成垄断）的“合同、合并或者合谋”。

克莱顿反垄断法案

克莱顿反垄断法案中包含了对于下述行为的根本禁止：第一，独家经营协议，和与经销商和消费者的搭售协议；第二，可能会产生不利竞争的企业兼并重组；第三，个人在同一时间担任互为竞争关系的公司的董事。

联邦贸易委员会法案

联邦贸易委员会法案在谢尔曼法案和克莱顿法案的基础上增加了对于“以不公

平的方法竞争和影响贸易，和以不公平的欺骗性方法或者行为影响贸易”的禁止。

鲁宾孙 - 帕特曼法案

这项法律总体来说是要禁止对于不同购买者采取的价格歧视或者服务歧视行为（指当如果这种行为对竞争起到负面作用时）。在鲁宾孙 - 帕特曼法案中（其修改了克莱顿法案的第 2 部分），购买者也可被追究法律责任。个人或者公司在面对两个在同一时间段内持续的购买相同数量的产品或者服务时，不可对两个购买者提出不同的价格。这项法律鼓励公司维持具有竞争力的价格。

法律与竞争性市场营销

这些法律非常详细地阐述了在你面对市场竞争时，哪些是可以做的，哪些是不可以做的。你不可以去诋毁你的竞争对手的产品或者服务。你不可以采取欺诈的手段来获取样品。你不可以让朋友去持续地给竞争对手打电话以阻断竞争对手的电话线路。你也不可以以逼迫竞争对手出局为目的，而采取成本价销售或者低于成本价销售。

反垄断法最主要的目标对象是互为竞争对手的竞争者。与竞争对手之间达成任何形式的对于价格、条款、销售条件、产品数量、生产或者销售的区域限制、消费者分配或者产品市场及质量限制的协议，无论是正式的还是非正式的，口头的或者书面的，明示或者暗示的，都会被前述的一项或者多项法律视为非法。

违反这些法律会给相应的个人或者公司带来一系列的惩罚。个人会被判入狱。你的市场营销战略不仅要符合上述这些法律，还要符合各州以及本地的大量法律法规。下面一些方面也同样在法律的监管之下：

- 产品责任，其中包括欺诈、误导、设计缺陷、违反质保承诺以及产品安全性（最后这一项由消费者产品安全委员会监管）。
- 包装 / 标签适用法律（促销战略符合规定）。
- 质量保障符合规定。
- 专利保护。
- 作为你的包装一部分的你的注册商标。
- 与分销渠道相关的反垄断问题。
- 与销售相关的法律。

- 直接符合法律规定的销售行为（包括隐私、高压战术、电话营销、盗版、淫秽、电视购物节目）。
- 特许经营符合法律规定（包括披露声明、终止合作、商标许可问题、反垄断问题等）。
- 搭售、合作和胁迫。
- 价格政策（包括限价、竞争对手、价格歧视等）。
- 促销政策（包括时间段、权利、礼券、邮件欺诈、标识和广告问题等）。
- 传统广告（包括版权保护、照片、发布、影像、标题合规、“打折”、“新品”、纳入和排除、免责声明、条件、规则、“试用”、“测试”、用词、旗帜的使用、货币的使用、演示、声明、对比、代言等）。
- 个人促销（包括上门销售、产品演示、取消、多层级销售、金字塔模式、推荐销售协议、诱饵广告等）。
- 信用 / 融资（包括诚实借贷、信息披露法律、担保权益、滞纳金、信用卡购买、损失、现金折扣、收账、预审、歧视、信用报告和检查、明确的措辞 / 合同条款、电子资金结转、冒用等）。
- 讨债（包括催款、电话惯例、禁止行为、方法等）。
- 合同（包括合同关系、条件、条款、交易秘密、签名、计算机软硬件协议、雇用合同、关于保密的合同、产品和特征许可协议、特征版权、计算机欺诈等）。

法律每天都在变：一些被修改了，其他则被替换了，新的法律被批准了，甚至法庭对于现有法律又有了新的解释。在开始你的营销项目之前，一定要确保所有的做法都合乎法律规定。最好的检查方法就是将项目中的每一个部分都进行合法性审核流程。同时，你也可以使用法律有利于你的方面作为营销工具。你应建立一套体系来监控你的主要竞争对手的行为，确保他们都不仅是在公平地竞争而且是在法律的框架内竞争。

反垄断法（Antitrust law）：一项规范或者禁止为了限制自由贸易和商业往来以及减少竞争为目的的合并、限价、与竞争对手达成协议、垄断和其他行为的法律（主要是联邦层面的）。

克莱顿反垄断法案（Clayton Antitrust Act）：一项美国联邦法律，用以禁止可能会导致不良竞争影响的卖家与买家之间的独家经营协议和搭售协议，以及个人同时担任多家存在竞争关系的公司的董事的行为。

联系（Contact）：根据反垄断法，任何以操纵和控制竞争为目的的与个人的商业会面。

诋毁（Denigrate）：为了美化自己产品的特性和声誉而去贬损竞争对手的产品的特性或者声誉的行为。

联邦贸易委员会法案（Federal Trade Commission Act）：一项美国联邦法律，作为谢尔曼反垄断法案的补充，用以禁止在商业活动中使用不公平手段竞争以及商业活动中的不公平欺诈行为。

欺诈（Fraud）：在宣传产品或者服务的特性、功能、质量等时故意欺骗或者误导的行为。

责任（Liability）：一个公司在生产产品或者执行一项交易时对于损失所应承担的法律责任。

鲁宾孙－帕特曼法案（Robinson-Patman Act）：一项美国联邦法律，用以禁止向不同购买者实施价格歧视或者服务歧视的行为。这项法律禁止了销售方向两个在同一时间段内持续购买相同数量的产品或服务的购买者报价不同的行为。

谢尔曼反垄断法案（Sherman Antitrust Act）：一项美国联邦法律，用以禁止以限制贸易为目的的一切合同、合并或者合谋行为。这项法律也禁止在任何方面的贸易或者商业的垄断或者试图垄断的行为。

第 25 章

概　要

调研

运营

学习目标

1. 熟悉调研在企业市场营销中的作用。
2. 掌握可用以满足客人需求的运营要点，熟悉处理客人投诉的方法。

调研与运营

掌握必要的营销工具和坚持执行既定的营销计划固然重要，但仍不足以保证一个旅游企业会经营成功。营销工具和营销计划的有效实施需要具备两个前提条件：第一，它们必须要以可靠的调研为基础；第二，它们必须要被本企业的运营部门所支持。本章将集中讨论调研、营销、运营和客人之间的关系。

调 研

无论是运营工作中还是营销工作中，调研工作都可以，并且应当扮演重要的角色。虽然调研工作本身并不能提供战略措施，但的确能够找出营销和运营需要重点解决的问题。调研工作对整个市场营销工作的支持作用主要表现在它可以识别：

• 目前市场正在发生哪些变化（顾客的感知、需求等）。
• 哪些竞争对手对市场具有影响力（竞争战略评价）。
• 哪些会影响市场的情况有可能出现（环境预测）。
• 同竞争对手相比较，本企业或本企业的产品在市场中表现如何（图 25-1）。

在某种非常实际的意义上，调研可对市场营销和运营提供协调和支援。

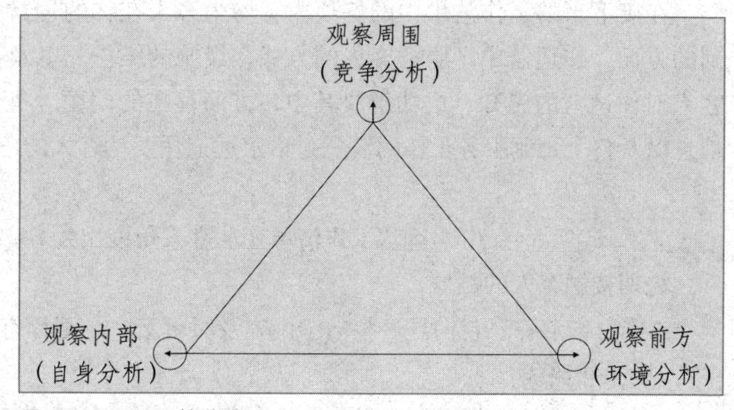

图 25–1 调研的焦点

调研结果应成为营销、运营和产品开发等工作开展的真实参考。这些结果应揭示主要的市场和行业发展动向、竞争战略及其所包含的意义，以便使本企业可据此制定营销战略。

调研还应用于客观地测定企业绩效、战略实施效果、客人偏好情况，以及客人对本企业战略的回应情况。一旦你测定出这些变量，便能够评价本企业营销计划的有效性——所选营销战略的适当程度以及完成预期目标的程度。

调研工作可提供对本企业和本企业的竞争对手进行排序、分级和比较的基础数据。不论你与竞争对手的比较结果如何（在市场份额、客房出租率、平均房价、用餐人数、人均小费等方面），这些结果都反映着客人对你的营销信息或承诺以及对运营落实这些信息的程度的反应。关于客人需求和客人偏好的分析工作，则应在调研识别阶段的基础上，进一步准确评价客人的各种期望，并将评价结果传达给市场营销部门和运营部门。

运 营

市场营销计划是基于通过调研所识别出来的客人需求和期望而制订出来的。营销计划的成功实施，有赖于运营部门按照营销做出的承诺，提供能够满足客人需求和客人所期望的产品或服务。为了确保顾客满意，运营部门必须通过提供同营销信息和相关定价相一致的产品或服务去满足客人的需求。

只有调研、营销和运营部门像团队一样协调行动，才能采取一系列的实际措施，保证客人的期望得到满足。运营工作清单是一种有效工具，根据住宿业的情况略加改编即可使用。编制运营工作清单时，要从客人的观点出发，而不一定依据本企业市场营销和运营部门工作人员的观点。

在接下来的工作清单中的各项内容均为客人在你的运营中可以直接看到或感受到的方面。在运营中，服务客人的方式、设施的维护，以及员工的培训等都决定着客人对你运营的感知。成功解决其中各方面存在的问题，将会带来顾客对你的营销信息以及整个企业服务工作的满意。请永远记住要从客人的角度出发!

运营工作清单（从客人角度出发）

先期接触客人的领域

- 广告指示牌。它们是否整洁，内容及时更新？是否标有正确的电话号码和清楚的来店路线？
- 接送客人的豪华轿车、班车和免费车辆。这些车辆是否清洁并且保养良好？所提供的交通服务对客人来说是否方便？这些车辆是否准时？

- 司机 / 代客泊车专员。他们的着装是否整洁、专业？他们是否擅长推销，且服务态度友好？
- 店外环境。饭店建筑的外观及其外围环境是否清洁和维护良好？灌木丛和其他景观是否养护良好，没有杂物？人行道是否有良好的照明，整洁并且没有障碍物？停车场及其周围区域是否安全并且照明良好？

主要接触客人的区域（前台 / 大堂）

- 前台 / 大堂。是否干净整洁？气氛是否充满活力？促销宣传材料是否摆放得明显而整齐，方便客人取阅？
- 前台 / 大堂员工。是否热情友好地招呼客人？是否能帮助客人迅速办理入住登记和离店结账等手续？是否询问正在离店的客人是否要做下一次到店预订？
- 总机话务员。他们是否礼貌并且训练有素？总机房是否配有足够的人手？话务员是否总是在电话铃响三次之内接听电话？
- 行李员。他们是否礼貌并且工作主动？能否做到服务迅速？能否主动向客人介绍有关本饭店的情况而不是多嘴多舌？
- 卫生间。公共区域附近卫生间中的用品是否充足？会议休息时间之前和之后，卫生间地面是否都能得到清扫？台面是否擦得很干净？

餐饮区域

- 早餐服务。服务是否迅速？服务员是否总是及时为客人添咖啡？是否提供当天早晨的报纸？服务人员的态度表现是否友好、礼貌？
- 餐饮服务人员。是否所有的餐饮服务人员都能做到以友好和殷勤的态度对待客人？是否每一名员工的着装都整洁和专业？服务人员是否训练有素，且服务效率很高？
- 食品质量 / 呈现方式。食品是否使人觉得价实、质优、量足？食品的呈现方式是否诱人？
- 菜单和促销宣传材料。菜单和促销宣传材料是否都放在餐桌上或者可以很快地拿给客人？其中的信息内容是否准确和有效？外观是否整洁？
- 地面 / 窗户。地面是否清洁、干爽？是否存在障碍物和安全隐患？窗户是否擦得干净并得到良好的维护？

• 餐桌桌面。所有的餐具、布巾和玻璃器具是否都已清洁并且都摆放得当？摆台物品是否齐全？桌椅是否整洁且维护得当？

• 出示账单。当客人要求看账单时，是否能很快地向客人出示？此时客人是否被告知应如何支付以及向何人支付？

其他区域

• 礼品商店。礼品商店是否备妥当期的读物？现有的各种商品（各种梳妆用具或用于赠送家人和儿童的各种礼品），是否适合旅行者的需要？如果接受使用信用卡支付，这一信息是否得到明显标示？

• 娱乐设施区域。娱乐设施及其服务项目是否得到明显宣传？通往这些设施的路径是否明显地标出？娱乐区域的环境是否清洁并且维护得当？游泳池区域是否备有足够的浴巾？体育活动和游艺活动区域是否备有有关的用品，如球和球拍？

鉴于企业在运营中不可能总是做到使客人的各项需求都能得到满足，所以企业应就有可能发生问题的处理程序，对营销和运营人员进行全面的培训。客人投诉往往是因为人员运营未能兑现营销信息中所做出的承诺。在处理客人投诉时，请关注这些问题:

• 在解决客人不满方面，企业是否有明确的退赔原则和程序规定？本企业员工是否了解这些政策和程序？

• 在方便客人投诉方面，是否设有顾客意见卡或投诉电话或专门受理投诉的人员？

• 在如何及时回应和处理客人投诉方面，员工是否接受过训练？

• 员工是否受过训练，能够及时将所有有关客人投诉报知有关经理或主管人员？

在处理客人投诉方面，设置一名训练有素的专门人员以及规定有关的工作程序，有助于使客人感到满意，带来回头业务。保证该程序行之有效的方法之一便是建立“倾听和报告”制度。简单地讲，就是训练每一名员工都应留心听取客人的意见和谈话，从中发现客人不满意的线索，例如，“这个灯泡不亮”或“这个水龙头漏水”，等等。然后，该员工便应将这一信息传达给有关负责此事的人员或部门，使这一问题立即得以解决——如果可能，应在该客人回到其房间之前将问题解决。这一方法可减小对投诉客人做的安抚工作，使客人满意。

营销部门并不能指挥运营部门，运营部门也不能指挥营销部门，应该是客人在指挥这两个部门的工作。调研的开展不仅能摸清客人的需求，而且能确定满足这些需求的最佳方法。没有调研提供的信息，没有运营的具体落实，营销工作便无法开展。营销、调研和运营这三者乃是一整套彼此依存的支持系统，其中调研是基础，营销是沟通手段，运营是落实承诺，三者协同工作的结果则是顾客满意。

主要术语

客人角度 (Guest perspective)： 客人看待你的产品或服务的视角。

顾客满意 (Customer satisfaction)： 当客人觉得所接受的服务水平和产品质量达到或者超越了客人的期望时（卖方通过市场信息和相关的价格所制造的期望水平）所获得的满足感。

第 26 章

概　要

学习目标

1. 了解公司营销战略的历史基础。
2. 熟悉促成公司营销战略的内部因素和外部因素。
3. 了解有可能对旅游服务业及其市场营销产生重要影响的各种因素。

26 新变革

想要了解旅游服务业的公司营销战略，首先需要洞察影响这些战略的内部因素（行业内的因素）和外部因素（社会人口和心理因素）。20世纪，很多外部情况的发展和行业内部情况的变化促成了各种公司营销战略的出现。步入21世纪，新的驱动因素将会影响旅游服务企业的总体营销战略。在促成20世纪公司战略的各种因素中，有些因素将会继续影响未来。本章将讨论这些因素，并对影响21世纪的有关发展动向做出战略性评价以及对旅游服务业市场营销需要关注的发展方向进行简要说明。

公司营销战略的历史基础

为了了解旅游服务业中大多数公司营销战略的演变过程，我们有必要简要回顾一下历史。历史上，饭店只是为来到城市市区的旅行者提供住宿设施。在20世纪50年代，公路边为家庭驱车旅游者提供的住宿设施还很少。凯蒙斯·威尔孙和家人被路边拥挤不堪的汽车旅馆吓坏了。于是决心创办干净、便宜、宽敞的住宿设施。于是全国第一家连锁汽车旅馆“假日”诞生了。它开创了两个类别的产品，即被称为“饭店”的市区住宿设施和被称为“汽车旅馆”的路边住宿设施。前一种主要面向商务旅行者，后一种则将目标对准家庭市场。伴随这一发展而来的则是旅游服务业中大规模市场细分的开始。

在20世纪初期的几十年中，万豪、豪生等公司从最初经营麦根啤酒摊、冰激凌店和咖啡店成长为大型的餐饮公司。万豪和豪生从简单的小型餐饮店成长为提供各种美食的餐饮服务企业的发展战略一直在延续，直至其宣布自己进入下一个服务领域——向旅行者提供住宿服务。这便是产品多样化战略，即通过产品整合——通常为相关产品的整合——向消费者提供多种服务。

注：本章内容是对未来发展的思考。虽然这些思考在很大程度上是以目前现实情况为基础，但毕竟只是思考而已。鉴于这一原因，本章所述内容只是提供一些信息供你参考。

随着这些早期从事旅游服务的企业家开始取得成功，其扩大经营的要求受到了资金不足的困扰。解决这一问题的答案很快便被发现，这便是称之为特许经营的又一种开创性的公司战略，一种扩张战略。在这方面，假日集团的大发展是特许经营处于全盛期的最佳例证。人们只需看一下旅游服务业中其他特许经营公司的情况（如麦当劳、汉堡王、温迪等连锁餐馆公司），便会发现特许经营作为一种成长战略是何等的成功。

整个 20 世纪，这些基本的市场细分战略、产品多样化战略和扩张战略造就了旅游服务业的成长。这三大战略乃是当今公司营销战略的基础。当时的企业内部驱动因素和外部驱动因素都使得这些战略充满了活力，而不是停滞不前。

内部驱动因素

当今旅游企业所使用的那些早期战略都是内部驱动形成的战略。简单地讲，促成这些重大公司战略的驱动力是企业家，是他们希望看到自己的企业成长壮大的意愿及其新的经营思想。这一情况出现在 20 世纪 50 年代和 60 年代。在这期间，旅游企业关心的只是扩大规模和增长率。事实上，直到 20 世纪 70 年代初，"战略规划"一词才成为旅游企业谈论的话题。这一内部战略驱动力进一步导致了市场和产品的细分。这一点对于不同的公司来说有着不同的含义。对于假日旅馆公司来说，这意味着其经营地点是沿高速公路自驾旅行时需要停车休息的地方。此后，希尔顿和其他一些饭店公司开始进入"旅馆" 产品的经营行列，并通过特许经营去扩大这一产品的经营。对整个旅游服务业来说，被后来人们称为"品牌泛滥"的时代出现了。20 世纪 80 年代，伴随着喜来登、希尔顿和洲际等大公司的发展，华美达、凯丽、喜来登旅馆和希尔顿旅馆公司等也开始出现。

很明显，当时存在着一股双重性的战略推动力，即内部驱使的产品多样化和外部要求的市场细分。但是，在整个 20 世纪 50 年代和 60 年代初期，起主导作用的激励因素或动因都是来自内部，并且公司所追求的重点是其成员企业数量的增长。

外部驱动因素

早在约翰 · 内斯比特撰写或者酝酿撰写《大趋势》一书之前，有些对旅游服务业中的公司战略将会发挥持续性影响的重大外部因素已然存在。这些外部因素的力量之大，足以影响和决定有关市场、产品、质量、服务水平以及定价策略等方面的公司战略。那些能够跟得上潮流、与这些趋势同步前进的公司后来成了 20 世纪 80

年代的行业领袖，并实现了其规模成长。其中一些主要的外部因素可简列如下:

- 人口趋势（增长率、人口构成以及流动情况）。
- 富裕程度的提高（财产拥有、可随意支配收入等）。
- 社会阶层的出现（低层、中层、中上层、上层）。
- 交通运输体系的发展（洲际公路、机场、“交通枢纽”机场等）。
- 对价值观、兴趣爱好和心理类型的定性划分。
- 商务国际化：全球化视野同国家孤立主义的对垒。

问题的真正意义并非在于这些外部因素中每一项因素的重要程度如何，而是在于这样一个事实，即每一因素（例如，一个富有的美国、一个老龄化的人口、和雅皮士的出现等）的影响力之强，足以影响当今豪华住宿产品的供给和经济型汽车旅馆细分市场的迅猛发展。在 20 世纪 80 年代后期和 90 年代初期，旅游服务业不负众望，充满活力。然而，在 20 世纪最后 10 年中，人们所面临的却是房产存贷危机、房地产重新定值、实力差的公司退出市场、产权的频繁变更（不只是个别饭店的产权，而且包括整个连锁公司的产权）以及房地产投资信托的盛行。

公司战略

没有哪个因素可以单独决定旅游服务业企业的市场营销战略。一家公司当今应采取何种战略是由多种内部和外部驱动因素加之该公司的历史经验所共同决定的。正像旅游服务业中有很多种公司战略一样，对这些战略进行类别划分的方法也有很多。本节中所提供的观点以作者亲身参与多家公司规划工作的经验为例，并且参考了作者 30 年来对行业中其他公司的研究和观察。

公司战略 1：横向扩张。旅游服务业包括饮食、住宿等与旅行有关的服务。横向扩张指从一种旅游服务产品的经营扩大到另一种旅游服务产品的经营。万豪公司如今经营多种类型的服务：餐饮、住宿、养老社区等。假日旅馆公司如今提供多种类型的住宿设施。其他一些饭店连锁公司也在同时经营餐馆、度假饭店，以及博彩饭店等。

公司战略 2：地域扩张。一些旅游服务企业最初只是在相对较小的地域范围内经营。例如，直到 20 世纪 70 年代后期，万豪是一家主要在华盛顿特区周围经营的公司。进入 20 世纪 80 年代，该公司的住宿业务在密西西比河以西地区的迅速增长使其发展成为一个全国性的品牌。假日旅馆公司最初只是美国中南部地区的一家公司；华美达旅馆公司最初只是美国西南部地区的一家公司；拉昆达汽车旅馆公司最初只是得克萨斯州的一家公司。由于多方面因素的共同作用：市场增长机遇、特许经营权的出售以及 20 世纪 60 年代和 70 年代追求扩大成员数量的心态等影响因素，促使很多地方性和区域性的住宿企业发展成为全国性乃至最终发展成为国际性的公司。一些餐饮企业的情况同样也是如此，如丹尼、温迪、汉堡王和阿尔比餐馆连锁公司等。航空公司中，兼并和航线扩增造就出一些地区性乃至后来又成为全国性的航空公司。美国的南方航空公司、莫霍克航空公司、东北航空公司以及修斯西部航空公司等均被一些大型航空公司所吞并，而东方航空公司、泛美航空公司以及其他一些航空公司则都因破产而从市场上消失。

公司战略 3：产品杂交。或许是由于假日旅馆公司规模的迅速扩大以及其他的汽车旅馆开发者纷纷进入这一市场，没过多久，一些传统上采用高层建筑的饭店公司也开始发展低层的“旅馆”并开始出让特许权。20 世纪 60 年代后期和 70 年代初，先后问世的希尔顿旅馆公司和喜来登旅馆公司便是两例产品“杂交”（基本产品的变种产品）的产物。对于那些一开始只是经营低层汽车旅馆的公司来说，产品“杂交”同样也是合理的战略选择，所以此后很快也出现了采用高层建筑形式的汽车旅馆，这便是假日旅馆、华美达旅馆和万豪旅馆。此后汽车旅馆的“杂交产品”继续发展，出现了很多高层建筑和中层建筑的汽车旅馆，其提供的服务项目也比传统的汽车旅馆增加了很多。

公司战略 4：专门化。正像假日旅馆公司开业之初的经营思想是面向家庭旅游者提供其支付得起的住宿服务一样，其他一些同行进入市场之初也都是实行在价格或服务程度方面的专门化经营。例如，莫泰 6 汽车旅馆、戴斯旅馆公司、拉昆达旅馆公司和廉价旅馆公司最初都是经营专一性产品，所提供的服务项目很少：基本上只是提供客房住宿。当时餐饮业中出现的经营类别有快餐店、沙拉吧、比萨店、主题餐馆、牛排馆以及海鲜馆等。专门化经营后来在价格和服务程度方面也开始走向高端化。今天，我们仍可看到一些专门经营全套房的饭店公司，例如大使套房饭店公司，以及大量的只经营豪华产品的饭店连锁公司。颇有意思的是，在这些专门经营某些产品和服务的公司中，有一些公司因为其产品“层级化”的公司战略而被人们津津乐道。

公司战略 5：产品层级化。产品层级化是一个公司面对增长极限和自身优势产品的老化而做出的一种初始反应。造成增长极限的原因可能是因为市场饱和，或者是因为其传统产品经营的实际经济收益不被看好，或者目前这种经营做法不如其他做法有利。20 世纪 80 年代初期，华美达公司推出了它的三级经营：华美达旅馆、华美达饭店和华美达复兴饭店。其中每一个层级的产品都有其不同的定价、服务水准和经营方式。假日旅馆、假日饭店和皇冠假日则是假日公司最初的产品分级。其他一些公司随后也很快实行各种不同形式的产品分级，呈现出一种从旅馆向饭店再向超级饭店的高端攀升态势。产品层级化还使得以万豪为代表的一些旅馆公司改变发展方向，不再看重旅馆及出让特许权的经营，而转向经营饭店和当时被称为“万豪侯爵”的大型饭店（客房量 1000 间以上）。继万豪侯爵这种大型饭店之后，低层建筑的住宿设施万怡饭店，专门接待停留一周以上客人的饭店以及全套房饭店相继出现。丽笙饭店公司、精选饭店公司、凯悦公司以及其他一些饭店连锁公司也都开发了多种类型的住宿设施，实行不同的服务水准、服务项目以及价格体系。这类举措实际上就是住宿业对当时人口增长及其按人口统计因素特征、经济特征和心理类型特征细分市场的出现等重大外部因素做出的反应。住宿业中产品层级化的盛行期是在 20 世纪 80 年代初期，并在 20 世纪 90 年代中继续扩大发展。

公司战略 6：产品品牌化。产品品牌化是新近出现的公司战略。这一战略的出现部分源于产品层级化的泛滥以及随之而来的消费者和特许经营者的困惑。而这种困惑的产生则是大量产品的重新命名同某些真正的产品层级化混杂在一起。某一住宿设施外表看上去像汽车旅馆，并且给人的感觉也像是该公司的汽车旅馆，但实际上却往往是另一家公司的汽车旅馆。为了解决困惑和让客人搞清楚，产品品牌化战略开始出现。具有讽刺意味的是，住宿业作为世界上最古老的行业之一，此时才刚刚步入品牌识别时代。产品品牌化的核心是要（通过品牌的建立）清楚地传递某一产品或服务在服务水准、服务质量、地理位置、价格以及其他一些为消费者所重视的主要因素（例如，对“身份”或“节俭”的心理追求）。

在当今的产品品牌化方面有不少很好的例子。为了便于理解这些例子，人们不妨可将某一住宿业公司当作类似于通用汽车那样的企业去思考。例如，假日公司效仿通用汽车公司的产品品牌化概念，经营多种品牌的产品，如“假日”“智选假日”“假日度假村”以及“假日度假俱乐部”——就像通用公司提供从雪佛兰到凯迪拉克等各等级的不同汽车。万豪公司也采用了类似的战略，其经营品牌包括“万豪饭店及度假村”“万豪度假俱乐部饭店”“万怡”等。其他一些公司则选择了可能类似于保时捷汽车或者捷豹汽车的做法：只经营一个高品质的产品、一个品牌，而不搞其他变种产品。饭店公司中实行单一品牌战略的例子包括四季、丽兹·卡尔顿、威斯汀等。虽然这些品牌的产权可能会发生变更，但是它们的标记和名称始终都体现着其特定的产品定位。

公司战略 7：不搞特许权经营。为了保持对自己旗下的产品质量、所有权和管理工作行使较大控制，有些企业通常不搞特许权经营。这类企业往往资金实力雄厚，因而没有必要去搞特许权经营。住宿业连锁公司中不搞特许权经营的例子不多。四季、威斯汀、拉昆达和莫泰 6 汽车旅馆公司可属这类例子。

公司战略 8：特许权经营。在住宿业中，经营特许权的公司在数量上超过了不搞特许权经营的公司。假日、丽笙和精选国际都是住宿业中规模很大的特许权出让者。麦当劳、汉堡王、温迪、邓肯面包圈以及阿尔比等公司则是快餐业中名列前茅的特许权出让者。今天，人们无论是开办代理旅行社还是经营目的地度假饭店或其他旅游服务业务，都有可能购买到某品牌的特许经营权。

公司战略 9：品牌收购。被人们称为“品牌收购者”的公司出现于 20 世纪 80 年代后期和 90 年代。这类公司主要是在投资者的驱使下，利用相对较低的价格收购那些在借以开展全球特许经营方面具有增长潜力的连锁公司或品牌。圣腾集团拥有豪生、华美达和戴斯等品牌；精选国际拥有质量旅馆、凯富旅馆。以及凯富套房等品牌；希尔顿集团拥有希尔顿、大使套房饭店、逸林等品牌；喜达屋饭店及度假村拥有威斯汀、喜来登、W 等多个品牌。他们都是该行业中最大的“品牌收购者”代表。

公司战略 10：管理合同。从 20 世纪 80 年代后期到 20 世纪 90 年代初期，住宿业分类调整的另一副产品便是大型“管理合同”公司的发展。这类公司专门从事为银行、保险公司、信托公司、养老基金、合伙企业或个人等业主管理饭店和汽车旅馆。今天，这类大型的饭店管理公司有很多，其中之一就是 2002 年由魅力之星和洲际合并而来的公司（译者注：百仕通集团），它管理着多家饭店和数百家小型的管理公司。

公司战略 11：纵向和横向整合。纵向和横向整合这一公司战略是指一家旅游服务企业同时经营一种以上的旅游服务业务。其中一个例子便是拥有丽笙品牌的卡尔森公司。卡尔森公司所经营的旅游服务产品线中包括一家世界领先的商务旅行管理公司，1000 多家饭店和 1000 多家餐馆。1980 年以前，旅游服务业中的整合只是意味着一家企业同时拥有饭店和餐馆或者同时经营某一航空公司和某一饭店连锁公司。1980 年以后，美国政府放松管制为旅游服务企业提供了更多的机会，使它们能够通过拥有或投资于多种旅游服务业企业的经营去获得竞争优势。

公司战略 12：单一性经营。有些住宿企业选择只经营一项产品或服务，而放弃产品细分、产品分级、纵向和横向整合等战略。例如，四季饭店就选择只经营拥有产权和管理权的顶级饭店这样一种单一性产品。拉昆达旅馆目前采用的也是这种战略，只经营廉价旅馆。

公司战略13：反映价值追求的产品和服务。在迎合消费者中出现的价值追求和心理追求潮流去开发住宿产品方面，安居旅馆和大使套房饭店都是典型的例子。随着消费者成熟程度的不断加深，对新产品／服务的需求也会表现出来，企业应当学会识别这些需求并采取适当而应时的战略去满足这些需求。其他一些反映价值追求的产品和服务的例子包括推出各种各样的信用卡和信用服务（如各种“金卡”和“白金卡”的推出），各种各样的航空旅行选择（如全部实行头等机票和全部实行廉价机票），以及推出新的航空服务品牌等。

公司战略14：全球定位。对于旅游服务业来说，远隔重洋、意识形态差异以及其他的传统贸易障碍似乎都不再是不可克服的问题。如今，卡尔森、万豪、雅高、精选国际以及其他很多住宿服务企业都在全世界经营它们的产品。一些快餐连锁公司的招牌亦可见于全球大多数国际城市和机场。起源于美国的这些品牌在全球市场扩张的同时，其他国家的一些品牌也已进入这一市场，例如艾美饭店、特拉斯豪斯·福特饭店、日航饭店等。其中的投资理由、风险程度、发展战略，以及实行对外扩张的原因往往因公司而异并且因市场而不同，所有这些方面都会受到很多不同的社会、经济和政治因素的影响。这些公司对这些情况的看法不尽相同，就像其各自的产品、服务项目和目标市场存在差异一样。

公司战略的寓意。20世纪前期，住宿业的构成都是一些相对简单的家族企业，所经营的也都是单一品牌的住宿服务。今天，这一情况已让位于大大复杂化了的企业概念和多种品牌的经营。有些起源于家族企业的公司（如万豪）取得了巨大的发展，而其余的这类企业，如斯托福公司（其下属的饭店使用万丽饭店的品牌），则已被别人收购或兼并。在全球各地拥有产权、品牌转换、短期管理合同、产权变更、品牌收购、通过特许经营和合资经营实行品牌全球扩张以及发展纵向整合等，以上所有这一切都在改变着旅游服务业的发展，都在加速推进着旅游服务业的变革步伐。

对于消费者来说，旅游服务业变得更加令人眼花缭乱，因为自己所喜欢的饭店改换了品牌，更换了管理人员，或者已被新的理念或者产品所替代。对于市场营销专业人员来说，由于这些内部变化因素的影响，招徕新顾客以及保持住已有顾客的工作变得更具挑战性。但是对于当今的旅游服务营销者来说，更大的挑战在于必须回应新的外部驱动因素或趋势发展的变化。现在，让我们来简要地讨论一下将会影响未来旅游服务业发展的一些战略趋势以及这些趋势对市场营销工作的寓意。

战略评价

本章开头部分曾列出了在20世纪中影响旅游服务业及其市场营销工作的一些主要内部因素和外部因素。展望未来，也有一些因素可能会对21世纪的旅游服务业及其市场营销工作产生重要影响。这些因素包括:

- 全球化。
- 技术。
- 员工能力。
- 行为重心。
- 联合协作。
- 纵向和横向整合。
- 品牌建设。

上面列出的各项因素看来都是一些主要的因素或眼下正在出现的重大趋势。旅游服务业目前是世界上最活跃的产业之一, 我们正处在一个迅速变化的时期。换言之, 新的重大趋势随时都可能出现。

全球化。当今的市场正在日益全球化。随着企业投资和商务旅游客流在全球各地的扩大, 旅游服务企业要想吸引和争取市场份额, 将有必要实行多国和多文化定位。对于一个饭店公司来说，为了保持自己在世界市场上的竞争地位，则有必要同各客源市场——产生大量旅游者的地域——建立联系和结成网络。随着新的企业和企业投资流向新的地区，这些地区内的休闲旅游也会发展。亚太地区、拉美以及中国的经济增长将会主导旅游市场的多样化发展。了解这些地区并且了解如何在多国和不同文化的基础上开展营销，对于营销的成功将是必要的。

技术。将最先进的技术手段同一个公司的经营实践结合到一起可谓是一个万全的生存战略。市场营销工作以及运营必须要跟上技术发展的步伐，其目的不仅是要保持竞争地位，更重要的是适应消费者的需求变化。那些有助于缩减成本以及有助于方便消费者的新技术应该得到优先采纳。这些技术的采用将会使营销工作能够吸引消费者和赢得市场份额。此外，随着全球化的加速，加入适当的全球销售系统将成为一种竞争优势。在向客人提供便利和安保方面采用最先进的技术将成为重要的营销优势。先进技术的应用对营销工作有着多方面的寓意和利害关系。那些能够方便顾客购买过程的技术以及消费者希望在服务设施和服务方式方面采用的先进技术，不仅仅是21世纪提高运营效率的手段，而且也是营销工作的必备条件。

员工能力。寻找、吸引以及留住有能力的员工已经成为这个 10 年里最重大的挑战之一。服务行业尤其受到新生代员工追寻高薪工作的影响，并且很多其他人也没有做好在多元文化环境下工作的准备。正像对于有能力的、按小时被给予报酬的员工的需求正在增加一样，对于有多种语言沟通能力的员工的需求也在增加。能直接接触到客人的服务人员的能力水平、受到的培训以及态度是产生客人投诉的主要原因（进而影响到销售）。

行为重心。20 世纪 80 年代后期的经济衰退、90 年代初期的经济不稳定、21 世纪的恐怖主义和经济衰退、被迫的职业变动以及做生意的新方式，加之以上各项给人们造成的心理压力，所有这一切都使消费者的行为发生了深刻的变化。这些变化今后有可能继续存在。这些情况不仅在美国如此，世界上任何地方出现经济或政治动荡时，情况也会如此。除非我们进入的是一个全球富足的新时代，否则“价值”这一压倒其他的概念将会在我们的营销工作中始终存在。在经济繁荣时期，人们对“价值”认识的重心会比较多地摆向质量，在经济不稳时期，“价值”的重心则会移向价格。对营销人员来说，问题的关键在于要知道何时、何地应改变营销信息，以便尽可能地与世界各地消费者行为重心的变化相适应。

一个常见的分母就是对于速度和便利性的需求。越来越多的旅行者都感到时间永远是那么紧迫。事实上，有些人说及时的服务和便利性正在重新定义价值。价值现今等同于价平质优、及时的服务和购买的便利。这些价值所包含的新要素必须成为营销人员和运营人员所要关注的焦点。

联合协作。不论是通过兼并收购还是通过加盟和协议，同其他公司开展携手合作对于一个饭店公司的生存可能是必要的。企业必须同旅游服务业中其他企业建立营销联系，因为该企业能够帮助你销售你的产品或服务或者能够提供宣传你品牌的机会。这样做的好处是：大企业可能会做得更大，专营性的企业可能会做得更好。无论一家公司是大型企业还是专营性企业，都将会更多地依赖其预订源（提供顾客者，如旅行社）和重点消费者（主要的公司客户）。你的促销宣传工作做得越深入，就越有可能从那些正在成长的国际客源市场中，即那些正在开始产生较多旅游者的新兴经济发达地区吸引到市场份额。其根本原则在于，无论是在产品供给方面，还是在促销宣传方面，“关键规模”就是优势，就是说，你的规模越大，你在市场中所具有的营销影响力也就越大。

纵向和横向整合。在 21 世纪中，纵向和横向整合具有了新的含义。营销成效将会更加紧密地同协议、联合、兼并、合资、收购以及销售渠道的扩大等联系在一起。

所有这些方面工作的开展不只是受规模经济的驱使，而且更重要的是被消费者对“一次性解决问题”的期望所推动。消费者将更倾向于一站式购买，即通过打一次电话或者上一次网便可以解决机票、饭店房间以及租车等所有方面的问题，而不愿去分别跑三次路或者打三次电话。为了生存，企业将有必要同旅游业中的其他供应商发展所需要的联合协作关系，有必要通过广泛合作（同合作伙伴联合营销或联合提供产品，如美国航空公司与凯悦度假饭店合作推出的包价度假产品）去扩大营销开支的效用，并且有必要建设其他能够有助于扩大宣传你的品牌，从而有助于造就顾客忠诚的协作关系。

品牌建设。品牌建设将变得越来越重要，因为消费者总是要从全球各地新的市场进入者中进行选择。那些易于识别、定位独到，并且在全球多个市场中都能做到稳定如一的品牌将会成为竞争中的胜者。因此，打造具有普遍吸引力的全球性品牌形象将是取得营销成功的又一关键。

新变革

在新的变革中，市场营销将会具有新的含义。在新的营销思想中，“紧迫”或“危急”将会被“立即”和“马上行动”所取代。消费者所期盼的将是立即行动。顾客忠诚将会被“你仅有一次机会将我留住成为你的顾客”所取代。品牌忠诚要靠服务的表现去争取不仅是某一次的表现，而是每次的表现。所以，竞争力意味着能够提供最便于并且最适合于顾客的产品和服务。今天，营销人员必须能做到积极主动和立即反应方可生存。需求很可能会发生重大变化。了解具有不同功能的营销工具以及选择正确的营销手段对于在竞争中取胜是至关重要的。未来的竞争不会再有允许犯错误或出现缺点的余地，因为不会有第二次机会。营销工作中的个别“超级明星”将被“全明星”团队（和工作团队）所取代，其关注的核心也将由“把工作做到足以取胜即可”转为“不断改进，永无失败”。最重要的是：只有积极变革、适应新情况以及理解多元化等方面的能力才能构成成功的基础。

主要术语

特许经营 (Franchising)：一种通过出售品牌和相关服务使用权而达到品牌扩张目的的方法。

管理合同 (Management contract)：与一家针对饭店、汽车旅馆或者其他设施提供专业管理服务的公司所签订的合同。

大趋势 (Megatrend)：对于一个企业或者社会产品持续影响的大规模的定性或者定量的趋势。

产品品牌化 (Product branding)：为产品贴上易于营销和识别的名字的标签，如大使套房饭店或者安居旅馆。

产品杂交 (Product hybrid)：基于某个产品基础的变种，如一个高层建筑的旅馆或者汽车旅馆。

产品层级化（产品分级）(Product tiering)：对于一个公司的产品质量或者服务水平进行差别化等级设置，例如华美达旅馆，华美达饭店和华美达万丽饭店。

纵向和横向整合 (Vertical and horizontal integration)：一种一家公司提供两种或两种以上产品或者服务的方法。

译后记

很少读到像奈基尔博士这样的作者写的书。他既是作家，又是企业高管，还是大学教授和公司创始人。他丰富的经验和对市场睿智的理解是本书最大的亮点。

第一次浏览本书时，感觉这不仅是一本讲述营销的书。作者娓娓道来，把读者带进了一间没有边界的课堂，倾听专家对于公司战略、市场营销、消费者行为、品牌管理、服务运营和人力资源发展的真知灼见。这本书没有过于强调营销最基本的原理，比如说“4P 组合”，而是在案例的基础上，利用实用的分析和管理工具，从实战和营销管理人员的角度为读者提供系统的分析和专业的建议，帮助读者建立正确的营销观念，使他们能够专业地策划和执行营销计划，并有效地使用资源。作者介绍了很多有效的营销工具，包括营销调研、销售管理、宾客服务、广告、公共关系、促销方法、宣传印刷品和其他辅助性宣传工具等。

我最喜欢书中的案例，好像是在听故事，又像是在看电影。这些案例往往讲述的是旅游行业每天都在发生的再平常不过的事情，但是每个环节又丝丝相扣，营销理论和实际操作相得益彰。作者给案例里面的人物起了很形象的名字，一个自作聪明的销售总监叫作 Mr. Hospitality（我翻译成了“饭店大佬”先生），而扎扎实实为客户服务的销售人员叫作 Ms Tryharder（我翻译成“拼命三郎”女士）。

当我们阅读市场细分部分的内容时，不难体会到国内的饭店研究和营销实践是多么缺乏数据的支持。在美国，地理细分指的是按照地区、区域、州、行政区和大都市的统计区域，以及邮政编码区域来对市场进行划分。关键问题是这样细分以后，数据如何获取，有没有专业的公司在长期统计、分析、发布这些数据和分析报告。另外，企业会不会关注这些数据，而是关注会不会科学合理地使用这些数据。差距是现实存在的，我们只能努力做得更好。

正如作者在前言中所说“在旅游服务业工作可能是一个人最伟大的学习经历”。希望各位读者都能够在旅游服务业中体验到学习、研究和工作的快乐。

奈基尔博士文笔生动，我译笔笨拙；译文中一定有许多不妥乃至错误之处，诚心希望读者不吝指出。

译者

2015 年 5 月

于北京第二外国语学院中瑞酒店管理学院校园

责任编辑：李冉冉
责任印制：冯冬青
版式设计：何　杰

图书在版编目（CIP）数据

饭店与旅游服务业市场营销 /（美）奈基尔著；王立，王晓宽，赵夏玲译，-- 2 版 . -- 北京：中国旅游出版社，2015.12（2022.8 重印）

书名原文 : Marketing in the Hospitality Industry

ISBN 978-7-5032-5352-2

Ⅰ.①饭…　Ⅱ.①奈…　②王…　③王…　④赵…　Ⅲ.①饭店 - 市场营销学　②旅游业 - 市场营销学　Ⅳ.① F719.2 ② F590.8

中国版本图书馆 CIP 数据核字（2015）第 136756 号

北京市版权局著作权合同登记号：图字 01-2015-7516

书　　名：饭店与旅游服务业市场营销

作　　者：（美）奈基尔著；王立，王晓宽，赵夏玲译
出版发行：中国旅游出版社
（北京静安东里 6 号　邮编：100028）
http://www.cttp.net.cn　E-mail: cttp@mct.gov.cn
营销中心电话：010-57377108，010-57377109
读者服务部电话：010-57377151
经　　销：全国各地新华书店
印　　刷：三河市灵山芝兰印刷有限公司
版　　次：2015 年 12 月第 2 版　2022 年 8 月第 3 次印刷
开　　本：720 毫米 ×970 毫米 1/16
印　　张：20.5
字　　数：365 千
定　　价：92.00 元
I S B N　978-7-5032-5352-2